W0054593

Berühmte
Filmregisseure

Martin
Scorsese

Roberto Lasagna

Martin Scorsese

GREMESE

Berühmte Filmregisseure
Filmbücher für Schule und Universität

Originaltitel:
Martin Scorsese
© Gremese Editore, 1998

Fotorecherchen:
Enrico Lancia

Übersetzung aus dem Italienisch:
Irene Esters

Überarbeitung:
Isabel Leppla

Grafikdesign:
Pardini, Apostoli, Maggi – Rom

Umschlagfotos:
Großes Foto: Martin Scorsese – Kleine Fotos: von oben, Bilder aus *Kap der Angst,
Die Zeit der Unschuld, Nächte der Erinnerung.*

Bildnachweise:
American International Pictures: S. 7, 22, 37, 38. Universal Studios: S. 8, 92 (oben), 93 (oben), 94, 95, 96, 97, 104, 105, 106, 107, 108, 115, 116, 117, 118. Columbia Pictures Ind.: S. 10, 109, 110 (unten), 113. Ronald Paul: S. 14 (unten). Secchiaroli Tazio: S. 14 (oben). Selznick Inc.: S. 17. Tri-Mod Prod.: S. 18 (unten), 29. New York Univ. Dept.: S. 18 (oben), 19. Warner Bros: S. 24, 34, 43, 44, 45, 46, 48, 100, 101, 102. Productions: S. 30, 31, 39, 40. Corman Factory: S. 33. Italo-Judeo Prod.: S. 50, 51, 52, 53, 54, 55, 57, 58. United Artist: S. 60,, 61, 62, 63, 64, 65, 66, 67, 68, 70, 71, 72 (oben), 73. Hamill, Brian: S. 72 (unten), 98. Embassy Int: S. 75, 76, 77, 82. 20th Century Fox: S. 79, 80. Double Paz-Geffen: Comp: S. 83, 84, 85, 87, 88. Touchstone Picture: S. 89, 90, 91. Armani Emporio: S. 92. Aronowitz, Miles: S. 93 (unten). Caruso Phillip: S. 110 (oben), 112. Disney Prod.: S. 119, 120, 121. Buena Vista: S. 123, 124.

Fotokomposition:
Graphic Art 6 s.r.l. – Rome

Druck:
C.S.R. – Rome

Neubearbeitete Ausgabe
Copyright GREMESE
2002 © E.G.E. s.r.l. – Rom

ISBN 3-89472-376-9

Martin Scorsese, Filme der Unruhe

Martin Scorseses Filme sind Konfliktfilme. Sie beschreiben geschlossene Welten, die für den normalen Betrachter oft undurchschaubar sind; sie beschreiben Szenen des Unbehagens, das zuweilen von den dargestellten Charakteren selbst nicht ganz wahrgenommen wird, das aber in seiner unerbittlichen Wiederkehr stets beunruhigt. Das Objektiv dieses Regisseurs aus Long Island bevorzugt Milieus, die ihm vertraut sind, wie das New Yorker Viertel Little Italy oder die Welt der Möchtegern-Stars, die sich um einen Fernsehstar wie Jerry Langford scharen. Diese Vertrautheit darf jedoch nicht als absolute Vorliebe für bestimmte Milieus ausgelegt werden, obschon Martin Scorsese erst von dem Augenblick an als *Autor* anerkannt wurde, da *Hexenkessel* (1973) in die Amerikanischen Kinos kam, der von Kritik und Zuschauern als Fixpunkt des italo-amerikanischen bzw. italo-new-yorker Films betrachtet wird. Dieses Werk folgt den Erfolgsspuren des *Paten* von Francis Coppola und lenkt die Aufmerksamkeit vermehrt auf Filme, die sich an Themen der Immigration inspirieren, und die die anthropologischen Kenntnisse über die Verwurzelung des »Made in Italy« in den Straßen Amerikas vertiefen. Zugleich hat die Filmographie dieses Regisseurs nämlich bei ihrem Eintritt in die menschliche Konfliktwelt durch ihre komplexe Problemdarstellung das Wesen einer effektvollen und stark spürbaren Poetik vermitteln können. Das Stadtviertel Little Italy, das New-Yorker Milieu des ausgehenden 19. Jahrhunderts, die Lofts der Künstler von Soho in den ehrgeizigen 80er-Jahren, die Spielkasinos im mafiageprägten Las Vegas der 70er-Jahre, die Off-Broadway-Lokale der Jazzmusiker, das Palästina zur Zeit Christi werden zu »scorsesischen« Schauplätzen, da er die Fäden der Erzählung mit phantasievoll-objektivierendem Blick spinnt und seine kompositorische Wahl

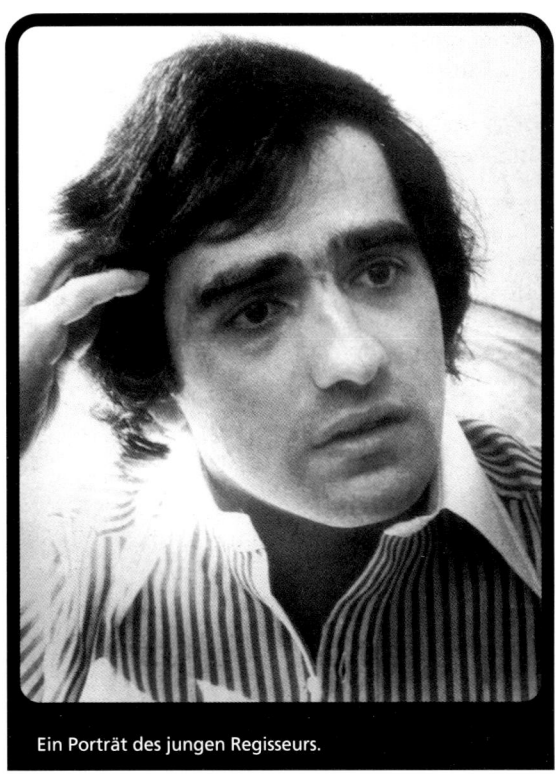

Ein Porträt des jungen Regisseurs.

kontinuierlich den dramaturgischen Ausdrucksmöglichkeiten anpasst. Diese kreative Spannung will die Sorgen und Unruhen der dargestellten Charaktere, die die Szenen seiner Filme bevölkern, in eine artikulierte und wahrheitsgemäße Form umsetzen. Auf diese Weise treten gar nicht so sehr die für Sorseses Filme zweifellos bezeichnenden formalen Konstanten in den Vordergrund, die erst in seinen jüngsten kinästhetischen und polyfonen monumentalen Filmepen von überbelichteter Beredsamkeit verschleiert werden, als vielmehr die dargestellten Charaktere. Der eigentliche thematische Kern seiner Werke lässt sich auf ein Filmkonzept zurückführen,

5

eine solche, problembewusste Annäherung das schicksalsträchtige Zaudern der Charaktere aufzufangen. Diese dialektische Vorgehensweise sucht im Stil des Films die rhapsodische und bedeutungstragende metaphorische Darstellung des Unbehagens des Einzelnen angesichts des ihn innerlich zutiefst berührenden weltlichen Zweifels; kosmologischer Weltschmerz ertönt im Gleichklang mit Fragen, die sich als »außerirdisches Verhör« herrausstellen. Eine durch prägnante Einführung der Handlungsorte minutiöse Milieubeschreibung lässt auch die vielen ausdrucksvollen Nebenfiguren des Rahmengeschehens in

das die Komplexität der Wirklichkeit widerzuspiegeln vermag und von den konkreten Schwierigkeiten ausgeht, auf die der Einzelne stößt, wenn er sich ernsthafte Gedanken über die eigene Rolle innerhalb eines Kollektivgeschehens macht und diese vermitteln will.

Prägnante, beunruhigende Filme, die die unter die Haut gehenden Schwingungen der Menschen spürbar machen wollen, der Menschen, denen sich der Regisseur ohne Umschweife und ohne intellektualistische Filter anvertraut. Andererseits vermag allein

Sequenzen (durch geschickte Kameraschwenks, die nicht selten dynamischen Nahaufnahmesequenzen folgen) Revue passieren, deren unterschiedliche und vielschichtige Charaktere stets dem Gesamtporträt dienen. Verzerrte Aufnahmen und schnelle, frappierende Sequenzen, die einem aufreibenden Rhythmus mit unvorhersehbarem Ausgang folgen.

Diese ungezügelte Zwanglosigkeit der Aufnahmen erinnert nahezu an die Filme der »Nouvelle Vague«, die die Enttäuschung über

Die Mutter (Catherine), der Vater (Charles) und der Sohn (Martin).

6

David Carradine und Barbara Hershey auf dem Set von *Die Faust der Rebellen.*

eine naturalistische und fälschlich objektive Sichtweise des Existierenden zum Ausdruck brachte. In Scorsese-Filmen hingegen lässt sich die Gegenwart des Autors nicht verleugnen. Er ist anwesend und soll spürbar werden, und hierin liegt der offensichtliche Unterschied Scorseses auch zur Hollywood-Fiction, die das Bezugssystem der wirklichen Welt völlig ersetzen will. Sein Werk lebt vielmehr vom Realen und Immaginären, vom Stofflichen und Triebhaften, vom Gegenständlichen und von Träumen, vom Wahrheitsgetreuen und von fatalen Täuschungen. Doch der Blick des Regisseurs, der sich stets in der Dimension des »Möglichen« bewegt, zielt letztlich auf eine unmissverständliche, einzigartige Perspektive. Trotz seiner außerordentlichen Leidenschaft fürs Filmische bleibt der Stil des Autors beharrlich mit der Realität verhaftet, die geprägt ist von der unduldsamen Sichtweise der Hauptcharaktere. Diese sind emotionale und frustrierte Antihelden, Einzelgänger, deren Träume und Illusionen oft zu unerfüllbarer Besessenheit werden. Die Welt ist für die scorsesischen Charaktere hart und erbarmungslos und entscheidet bedingungslos über ihr Schicksal. Zuweilen wird das soziale Umfeld derart beunruhigend, dass es nicht mehr entschlüsselt werden kann.

So träumt zum Beispiel der Computerprogrammierer in *Die Zeit nach Mitternacht* von einer wilden Nacht, oder die Worte der Erzählerin in *Die Zeit der Unschuld*, die aus dem konformistischen und kastrierenden Abgrund der New-Yorker Aristokratie des ausgehenden neunzehnten Jahrhunderts ertönt: So wie »Wir lebten in einer Welt rätselhafter Zeichen, in der das, was man wirklich fühlte, niemals gesagt und nicht einmal gedacht, sondern nur durch eine Reihe willkürlicher Zeichen dargestellt wurde«. So wie Anwalt Newland Archer aus dem Film nach dem Roman von Edith Warthon, der sich ständig selbst schadet, erlebt eine Reihe der scorsesischen Charaktere, von Travis Bickle (*Taxi Driver*) bis Henry Hill (*Goodfellas*) die Ungewissheit und Bedrohlichkeit eines traurigen, beklemmenden sozialen Umfeldes, das die Psyche des Einzelnen in eine immer auswegslosere Absonderung stürzt. Die Rebellion gegen die von der Erziehung aufgezwungenen Verhaltensregeln und Zielsetzungen ist nahezu unmöglich. Daraus folgen die verzweifelten Reaktionen der unterschiedlichsten von Scorsese in seinen Filmen beobachteten Charaktere und Umstände. Solche Grenzsituationen bringen jedoch hartnäckig bestimmte Hauptfiguren hervor, die zum

7

Martin und der Traum eines Lebens: Bei *Die letzte Versuchung Christi* Regie zu führen.

Triebwerk einer sich beständig entwickelnden Filmkunst werden.

Der Geschäftemacher von Little Italy, der launische und einsame Taxifahrer, der stolze, unbeugsame Saxophonist, der ungestüme Boxer, der sich selbst Strafen auferlegt, der großtuerische Komiker, der ein Fernsehstar werden will, der Künstler von Soho und selbst der Besitzer des Spielkasinos Tangiers in Las Vegas beschreiben einen dickköpfigen männlichen Charakter. Auf den ersten Blick erscheinen uns diese Personen weit entfernt, doch dann wird inmitten der vielen Wechselfälle existentielle Beständigkeit spürbar. Die Hauptfiguren der scorsesischen Filme entziehen sich insgeheim den Konventionen ihrer Umgebung, in der sie sich gegen ihren Willen und in einem Zustand der Verzweiflung befinden. Das soziale Umfeld, oder besser noch, die wirkliche Welt, erdrückt sie derart, dass sie sich gezwungen sehen, in einer emotionalen und geistigen Vorstellungswelt Zuflucht zu suchen. Frustrationen und Halluzinationen

berauben sie ihres Elans und führen schließlich so weit, dass die letzten Lebensinstinkte verloren gehen. Auch sind nicht alle dazu fähig, ein so verderbliches und tödliches Verhalten zur Schau zu stellen wie Anwalt Newland in *Die Zeit der Unschuld*, der seine Leidenschaft für die Gräfin Olenska unterdrückt, allein um den festgefahrenen Verhaltensregeln treu zu bleiben, die seinem gesellschaftlichen Rang entsprechen. Und nicht alle können es Jesus gleichtun und den Weg irdischen Gepflogenheiten – sich einer Arbeit widmen, eine Frau lieben, eine Familie gründen – opfern, um die Kraft für die Umwandlung des eigenen Daseins in ein »revolutionäres« Tugendideal zu finden, das an weitere Völker überliefert werden kann. Die Hauptfiguren in Scorseses Filmen schleppen sich dahin, sind den Schwächen ihres Fleisches ausgesetzt und ihre Ideale werden oft von narzisstischer Besessenheit und maßlosem Größenwahn diktiert. Alle scorsesischen Antihelden orientieren sich an Zielen, die von Leidenschaft und Idealismus verzerrt sind. Sie können ihren Vorsätzen indessen nur mühevoll nachkommen, da der aufgezwungene Determinismus des sozialen Umfelds von den traumverlorenen Protagonisten auf dramatische Weise unterschätzt wird. Die Realität des Mafiaclans oder das Nachtleben in der Metropole folgt eisernen Regeln, die die Seele der Verlierer aufseufzen lassen. »Mein Reich ist nicht von dieser Welt«, antwortet Charly/Harvey Keitel seinem Freund, der ihn ironisch gefragt hatte: »Bist du der König der Juden?!« Doch die ironisch gemeinte Antwort der Hauptfigur aus *Hexenkessel*, der am Anfang der scorsesischen Filmografie steht, deutet auf die untergründige, ehrgeizige Gier des Protagonisten hin, sich den Gewalttaten und Mühen eines entfremdeten und frustrierten Lebens zu entziehen. Bereits Big Bill, der Anführer der Anarchisten im vorausgegangenen Film *Die Faust der Regebellen* wird von den Pistolenkugeln seiner Gebieter niedergemetzelt und grausam an der Wand eines Eisenbahnwagons gekreuzigt, und auch der junge »Guy« aus Little Italy schickt die christologische Berufung der nachfolgenden Figuren voraus. In seinen weiteren Filmen erzählt der Regisseur von Menschen, die in einer unmenschlichen Welt von Einsamkeit heimgesucht werden. Das Höchstmaß an

8

Überschreitung der allgemeingültigen Regeln geht dabei stets einher mit der vollen Einsicht in das Dasein. *Die letzte Versuchung Christi*, der nicht so sehr aus ästhetischen Gründen, als vielmehr wegen der Diskussion um die Moral seiner Inhalte Scorseses meistkritisierter Film ist, wird von rechtschaffenen Menschen für gefährlich und aufrührerisch gehalten, wobei sich der Regisseur aber die Aufgabe stellt, die inneren Fragestellungen, die aus dem Menschen ein ungezähmtes und unentschlossenes Wesen machen, in ihrer ganzen Bedeutsamkeit darzustellen. Die Herausforderung ist daher die, Christus zuallererst als Menschen zu behandeln, als Überbringer dringender Problemstellungen im Einzelbewusstsein. Fragen, die das beunruhigte Dasein aufwirft, das »arm im Geiste« ist, die aber von der unersättlichen Gier der Massen verdrängt werden. Christus, der redet und schreit und sich an die Versammlung misstrauischer Zuhörer wendet, ist vor allem ein Mann, der den Mut findet, die Ängste und Unsicherheiten seiner Seele auszudrücken. Scorseses Jesus ist keine Granitikone, wie es eine gewisse Filmlegendenschreibung will, die von Cecil B. De Mille bis zu Franco Zeffirelli reicht. »Im Geiste« zu sein bedeutet hauptsächlich »Mensch« zu sein, das heißt, ein Tier zu sein, das zweifelt, das nie seinen eigenen Träumen gewachsen ist, das schwach, wankelmütig und unsicher ist. Im äußersten Falle bedeutet es, am Kreuz zu enden und wieder einmal unentschlossen zu sein über das, was gut ist und das, was hingegen schlecht ist, das heißt, ob es besser ist zu sterben und sich der rettenden Wiederauferstehung anzuvertrauen, oder aber vom Kreuze herabzusteigen, sich von der Halluzination der Ewigkeit zu befreien und eine vom Arbeits- und Familienalltag beschränkte Gegenwart zu leben. Jenseits einer wirklich empfundenen religiösen Perspektive mag diese, von einem ganz neuartigen Christus getroffene Entscheidung, sich in der Hoffnung auf eine bessere Welt dem Tod hinzugeben, pathologisch erscheinen. Und auch dies ist eine durchaus legitime Auslegung des scorsesischen Werkes. Bis zum Schluss unterlässt der Autor jedwedes Urteil und gibt die Zweifel Jesu an den Zuschauer weiter. Die Wahl zwischen Gut und Böse wird so für den Menschen außerordentlich hart, da die objektiven psychologischen

und sozialen Bedingungen den Einzelnen derart verwirren, dass er leicht das Opfer von Entscheidungslosigkeit und Unentschlossenheit wird. Jesus lehnt sich auf gegen seine Zeit und opfert die persönliche Existenz dem Glauben. Doch die teuflischen »bürgerlichen« Versuchungen können jederzeit Überhand nehmen, und in dem langen, mehr als fünfunddreißigminütigen halluzinatorischen Redefluss wendet sich der Autor unwiderrufbar von der Möglichkeit ab, dass die Bilder einen Lösungsvorschlag für die Wiederherstellung des »rechten Weges« sein können. Der revolutionäre Christus kann allein auf die stilistische Erfindungsgabe Scorseses zählen, der entgegen jeder Gewohnheit den Ablauf der Erzählung gerade in dem Moment unterbricht, da Jesus den Kreuzweg antritt, um an diesem Punkt die Zeit der Betrachtung neu zu schaffen und dem Blick des menschlichen Messias eine unvorhergesehene Bahn zu eröffnen.

Die Möglichkeit eines »zweiten Blicks«, die imaginäre Projektion eines anderen Verlaufs der Ereignisse nimmt auch in anderen Filmen dieses Regisseurs Gehalt an. Im Grunde ändert auch Travis Bickle, der sich um gesellschaftliche Wiedereingliederung bemühende Vietnamveteran aus *Taxi Driver*, seine Sichtweise, als er, der von allen enttäuscht ist, beschließt, ein Stadträcher zu werden und die Stadt durch eine Strafaktion reinigen will, die seine Vietnamerlebnisse wachruft. Auf diese dramatische Weise sublimiert Travis sein Trauma, auf einen falschen Krieg vertraut zu haben, während sein Ideal dazu bestimmt ist, in einer gefährlichen Form schizoider Überspanntheit auszubrechen. Die existentielle und geistige Ungewissheit des scorsesischen Christus ist hingegen nichts Pathologisches, sondern vielmehr ein höchst problematischer und menschlich nützlicher symbolischer Umstand.

Martin Scorsese untersucht in seinen Filmen tiefgehend die existentiellen Sorgen der Personen, indem er sich in die verschiedensten Formen des Schmerzes und in die Äußerungen eines immer größer werdenden psychologischen Unbehagens hineinwagt. Die deterministische Vorgehensweise seiner Filme der 90er-Jahre, von *Goodfellas* bis *Kasino*, tritt den engstirnigen Gesellschaftskreisen und dem falschen Bewusstsein, das zur seelischen Verzweiflung führt, unverfroren entgegen. Nach-

9

dem das Paradies der Erkenntnis vom rechten Weg abgekommen ist, tappt der Mensch unter immer größeren Schwierigkeiten im Räderwerk der Gewohnheiten herum. Eine verblüffende Veranschaulichung hierfür ist die Geschichte des Liebespaares in der Verfilmung des Romans von Edith Wharton *Die Zeit der Unschuld.* In jener überdrehten, reichen Gesellschaft der New Yorker Aristokratie des ausgehenden 19. Jahrhunderts bleibt selbst der kleinste, gegen die allgemein anerkannten Regeln verstoßende Gedanke auf den Bereich der Ideale beschränkt, und häufig haben die Gedanken nicht einmal den nötigen Schwung, um im Kopf des Einzelnen klar formuliert zu werden. Innerhalb der unbarmherzigen Regeln des Zusammenlebens und vermeintlicher Korrektheit stürzt jeglicher Lebenselan ab ins Unausgedrückte. Die aufgezwungene Zeremonie von Vorschriften, opportunistischen Ritualen, von allein auf persönlichen Nutzen gerichteten Aufmerksamkeiten und taktischen Zügen und Gegenzügen trägt auf groteske Weise jegliche Freude zu Grabe. Die Zensur eines grausamen und geschlossenen Umfeldes allem gegenüber, was von außen kommt, hat einen verbrecherischen Codex psychologischer Selbstzensur erzeugt, der so weit geht, dass der dargestellte Charakter nicht mehr zwischen Gut und Böse zu unterscheiden vermag. Denn er schafft es nicht, sich selbst dann von seinen atavistischen kulturellen Ver-

ankerungen zu befreien, wenn er die Notwendigkeit erahnt, sich mit konkretem Elan gegen seine geistige Gefangenschaft aufzulehnen. Selbst wenn es leichter erscheinen mag, sich passiv (und romantisch) dem eigenen »Schicksal« hinzugeben, so sind es in diesem Falle allerdings die Anderen, die für ihn entscheiden. Denn Newland entscheidet am Ende – und dies vielleicht nicht ganz aus sich selbst heraus – auch weiterhin bis in alle Ewigkeit den embryonalen Garten Eden herbeizusehnen und Ellens Wunsch ins Archiv der unverwirklichten Träume zu verbannen. May Welland hingegen, die affektierte und konformistische Ehefrau, gewinnt schließlich die Oberhand über Newlands Träume, indem sie sich – wie es uns der Film in der symbolischen und verwirrenden Szene des Bogenschießens zynisch veranschaulicht – auf der Palette persönlicher Ziele einen perfekten Platz sichert und durch ihre Ehe auch die vollkommene Beibehaltung der Traditionen bewahrt. Newland, der sich durchaus in die Reihe anderer Charaktere wie Jake La Motta (*Wie ein wilder Stier*) oder »Ace« Rothstein (*Kasino*) einordnen lässt, beschließt indessen, sich durch seine leidvolle Ehe und durch seine Schwäche selbst zu bestrafen, da er sich jede Möglichkeit nimmt, seine Freiheitsträume zu verwirklichen, indem er sein Leben wegprojiziert von dem kastrierenden sozialen Umfeld, das zweifellos sein Untergang sein wird.

Martin ist der einzige wahre Autor beim Blick durch die Filmkamera.

Die Versuchungen des jungen Cineasten

Scorseses Filmkarriere nimmt in den frühen 60er-Jahren an der New-Yorker Universität ihren Anfang, wo ein Klima leidenschaftlicher kultureller Schaffenskraft herrscht. Es sind die Jahre, in denen unter dem Einfluss der französischen »Nouvelle Vague«, der italienischen Filme Antonionis und Fellinis und der neuen osteuropäischen Schule (vor allem Jancsö und die ungarische Filmografie) eine neue Strömung entsteht. Die Hochphase Hollywoods geht zur Neige, neue Filmverfahren, die häufig mit intensivem und bewusstem theoretischen Bemühen einhergehen, werden eingeführt und in Amerika sind die Filmschulen ganz besonders auf alles bedacht, was jenseits des Ozeans aufkeimt. Zwei große Neuigkeiten führen ganz konkret zum »Bruch« mit den bis dahin herrschenden Herstellungsmustern: Erstens die Factory von Roger Corman, dem klarblickenden Produzenten und Regisseur, der sich zunächst auf produktiver, dann aber auch auf ästhetischer Ebene durchsetzt und in der Geschichte des amerikanischen Films geradezu einmalig ist. Es gelingt ihm mit seinen kostengedämpften Filmen nämlich einen großen Teil der Zuschauer wiederzugewinnen, die Hollywood nach und nach verloren gehen, indem er seine Werke hauptsächlich dem jungen Publikum der »Drive-in« widmet, das wirkliche Unterhaltung will und in seinen Bedürfnissen nach Identifikation mit den dargestellten Inhalten nicht betrogen werden will. Zweitens das von der New-Yorker Underground-Szene ausgehende kulturästhetische Signal, das regelrecht zu einer »Bewegung« wird, die von unabhängigen Filmemachern und Filmautoren kostengünstiger Dokumentar- und Fictionfilmen angeregt wird. Hieraus geht auch die Gründung der New American Cinema Group hervor und 1969 die New-York Filmmakers Cooperative unter der künstlerischen und kulturellen Betreuung von Jonas Mekas, dem Cineasten und Herausgeber der Zeitschrift »Film Culture«, sowie geistigem Führer einer intensiven und dauerhaften Saison.

Corman ist ein Gegner Hollywoods. Seine Filme sind langlebige Filme, haben geringe Produktionskosten und unglaublich kurze Herstellungszeiten. Außerdem bringen seine Werke den amerikanischen Film dazu, zielsicher den Geschmack der Jugend zu treffen: sie leiten mit den Filmen, die auf Poes Erzählungen gründen, die modernen Horrorstreifen ein, greifen Themen aus der Popkultur, der Psychodelia und dem damaligen Mythos des *On the Road* auf. Cormans Factory lässt jedoch auch eine neue Art unabhängiger Regisseure hervortreten: Francis Ford Coppola, Brian de Palma, Jonathan Demme und Martin Scorsese sind die bekanntesten Namen unter den neuen Talenten, die Corman zu organisatorischer Autonomie geleitet, nachdem er sie zur Suche nach ihrem eigenen Ausdruckscharakter angespornt hatte. Die Arbeit mit Corman und der charismatische Einfluss der Factory waren eine ausgezeichnete Lehrzeit für all diejenigen, die sich bei den Majors bemerkbar machen wollten. Für Martin Scorsese, dem ehemaligen Studenten an der New-Yorker Universität und dem Autor einiger Kurzfilme, die sich in die Experimentalreihe des New American Cinema einordnen lassen, sowie Regisseur eines mühevoll gedrehten, doch von der Kritik geschätzten Langfilmes (*Wer klopft denn da an meine Tür?*) bedeutet Corman vor allem den Einstieg in die professionelle Filmwelt und dass er die Zeit der beruflichen Unsicherheit hinter sich lässt. Der italo-amerikanische Regisseur gehört daher zu jenen wenigen angesehenen Autoren, wie auch Brian De Palma und Jim Mc Bride, deren Ausbildung vor allem aus dem New American Cinema hervorgeht und die erst nachfolgend die Ange-

11

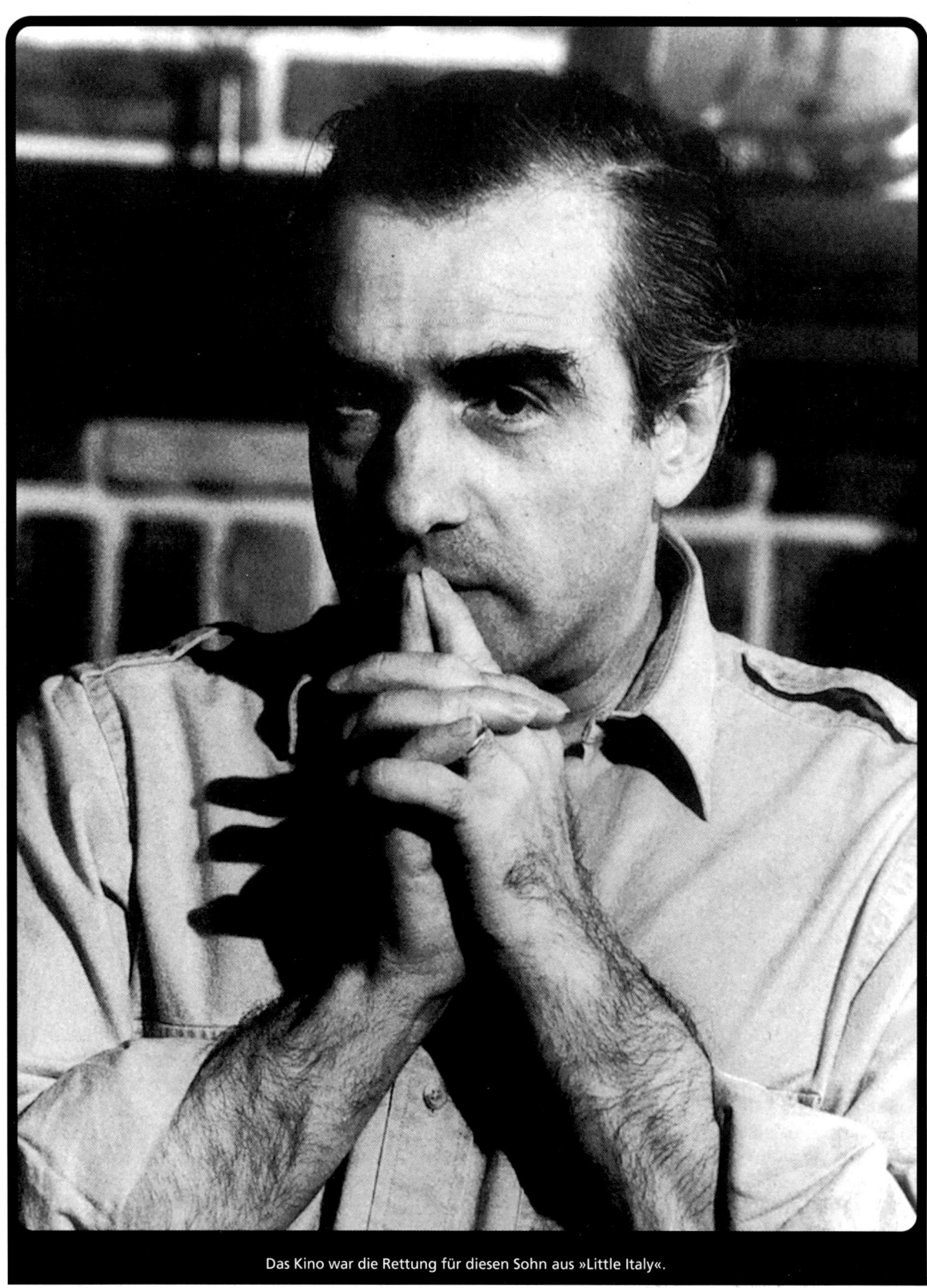

Das Kino war die Rettung für diesen Sohn aus »Little Italy«.

bote des kommerziellen Films wahrnehmen. Er taucht voll und ganz in die Welt des Kinos ein und diese Hingabe ist von Anfang an sein wesentliches Markenzeichen.

Martin Scorsese wird am 17.November 1942 in Flushing, New Island, geboren. Seine Eltern, Charles und Catherine, sind beide Kinder sizilianischer Einwanderer, die sich um 1910 in New York niedergelassen haben. »Meine Eltern wurden in der Elizabeth Street in der Lower East Side von Manhattan geboren und arbeiteten in dem Stadtviertel, in dem man Bekleidung herstellte. Bis ich sieben oder acht Jahre alt war, lebten wir jedoch im Bezirk Corona im Stadtteil Queens. Es war ein hübsches Viertel, wir hatten einen Hinterhof mit ein paar Bäumen. Dann bekam mein Vater geschäftliche Probleme, und wir mussten nach Manhattan zurückziehen in ein Mietshaus in dem Block, in dem ich geboren worden war. Bis wir eine andere Wohnung gefunden hatten, blieb ich vier oder fünf Monate bei meinen Großeltern. Das war eine schreckliche Erfahrung, denn ich war schon alt genug zu verstehen, dass es in der Gegend einige üble Typen gab. Man spielte im Sandkasten, und irgendwas knallte hinter einem herunter – kein Müllsack, wie man denken könnte, sondern ein kleines Baby, das vom Dach gefallen war!« (Scorsese über Scorsese, S.26). »Damals lebte die italo-amerikanische Gemeinde über etwa zehn Blocks verteilt, von Houston Street hinunter bis nach Chinatown an der Canal Street. Die drei zentralen Blocks lagen an der Elizabeth Street, Mott Street und Mulberry Street. Little Italy war in sich scharf abgegrenzt, so dass Leute aus dem einen Block kaum mit denen aus einem anderen zusammenkamen. Elizabeth Street war vor allem sizilianisch, wie meine Großeltern, und die Leute hatten hier ihre eigenen Gesetze. Wir kümmerten uns nicht um die Regierung, Politiker oder die Polizei: Wir hatten unsere eigenen Regeln«(ebd. S.25). Dieses selbstverwaltete Getto bereitet auf Verhaltensmuster vor, die der junge Martin unweigerlich annehmen muss. Little Italy flößt in seinen Kindern tiefe psychologische Ehrfurcht vor der Tradition ein. Die Familie hat allen anderen persönlichen Bedürfnissen vorzugehen, und dasselbe gilt für die Arbeit, die ein psychologisches System der Unterdrückung unterstützen muss, das die

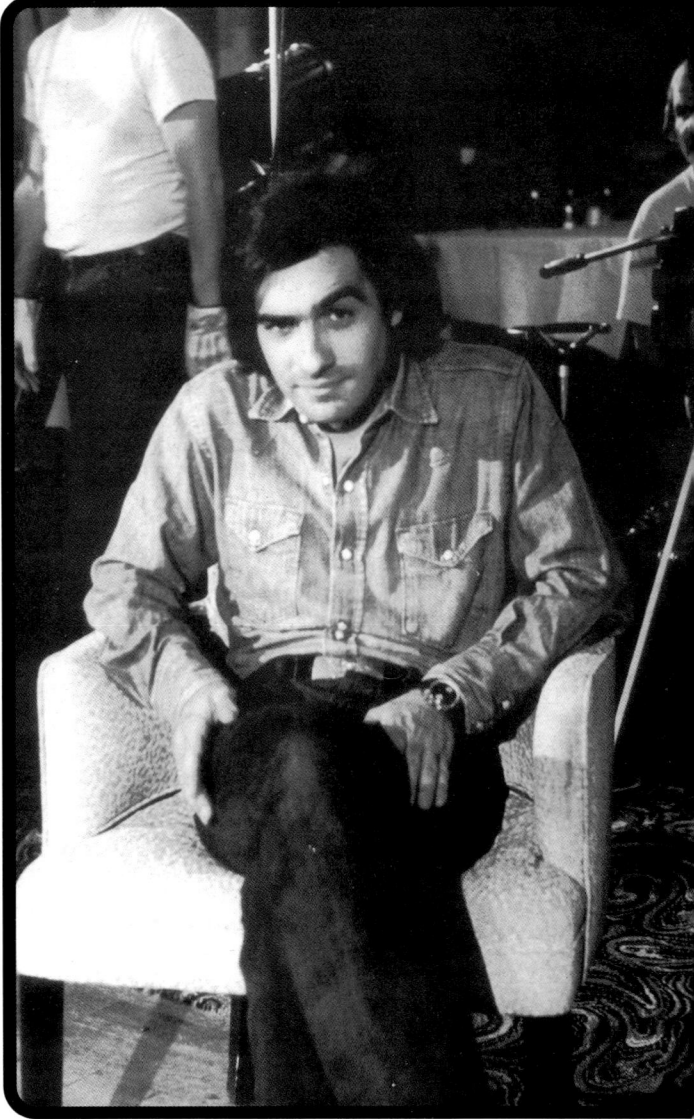

grausame Annullierung jeglicher Individualität fordert. In diesem stark neurotisierenden Milieu, dem Ursprung für *Wer klopft denn da an meine Tür?*, *Hexenkessel*, *Wie ein wilder Stier*, *Goodfellas*, *Die Zeit der Unschuld* ist Martin Scorsese sogleich fasziniert von den »Auswegen«, die die örtlichen Gepflogenheiten als legitim absegnen. Die Alternative zu einem erdrückenden geordneten Dasein wird in der Elizabeth Street nur zu oft sichtbar. Entweder kleidet man sich in Priestergewänder und verwaltet die eigenen Sünden in der Kirche, oder aber man arbeitet sich im Reich der lokalen

13

Der junge Student (*vorige seite*) ist von den großen italienischen Filmen fasziniert: *Achteinhalb* (*oben*), *Rocco und seine Brüder* (*unten*).

»Stars« empor, das heißt als Gangster wie der durchtriebene Opportunist Henry Hill in *Goodfellas.* Den jungen Martin bewahren seine schwache Gesundheit und vor allem seine lebhafte Phantasie vor einem solchen Schicksal. »Als Kind wollte ich Maler werden und fing an zu zeichnen. Aber auch Filme faszinierten mich, und da ich Asthma hatte, wurde ich oft ins Kino mitgenommen; man wusste nicht, was man sonst mit mir anfangen sollte.« Die Faszination der Leinwand führt ihn dazu, sich mit dem Geschehen zu identifizieren, sodass der frühreife Kinoliebhaber Martin sich als teilnehmender und aktiver Zuschauer erweist. »Am meisten staunte ich über die Größe der Bilder auf der Leinwand, und wenn ich nach Hause kam, zeichnete ich, was ich gesehen hatte. Ich erfand meine eigenen Geschichten, angeregt von Comicstrips in Zeitungen und durch Bücher, und obwohl ich es damals gar nicht merkte, fing ich bald damit an, Großaufnahmen zu zeichnen« (Scorsese über Scorsese, S.26). Dem kleinen Regisseur gelingt es sogar, mit Aquarellfarben ein großartiges römisches Epos zu entwerfen: »Ich habe diese Strips noch und wenn sie eingerahmt sind, sehen sie beinahe so aus wie die tradtionellen sizilianischen Puppenspiele von Ritterkämpfen« (ebd.S.26). Wegen des Asthmas begleitet Martins Vater, der ebenfalls ein Filmfan ist, seinen Sohn immer häufiger ins Kino, und der Junge entdeckt einige seiner Kultfilme: *Duell in der Sonne* von King Vidor, der von den kirchlichen Autoritäten aufs Schärfste verurteilt worden war. »Ich konnte am Ende nicht mehr hinsehen, alles war so furchterregend – die sengende Sonne, die blutenden Hände der Frau und diese beiden Menschen, die so sehr liebten, dass sie sich gegenseitig töten mussten. Ich glaube, auch die Musik von Dmitri Tiomkins machte das Ganze zu einem Horrorfilm« (ebd.S.27). Dann *The River* von Renoir, *The Red Shoes* von Powell und Pressburger, *Citizen Kane* von Welles und *On the Waterfront* von Kazan. Von all diesen Filmen stellt der Film von Michael Powell und Emeric Pressburger sowohl auf ästhetischer als auch auf der unmittelbaren Ebene der gefühlsmäßigen Faszination eine Enthüllung dar: »Ich weiß noch, dass ich das Archers-Logo von Powell und Pressburger, die Pfeile, die das Ziel treffen, zum ersten Mal in Farbe sah, als mein

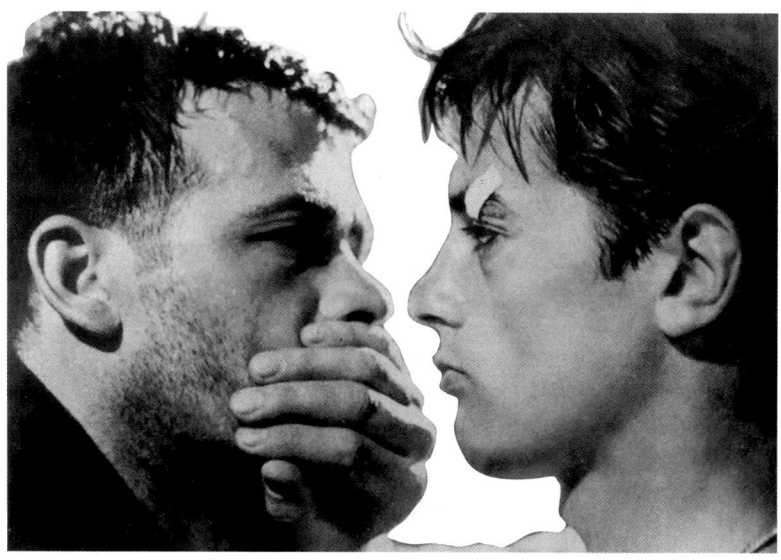

14

Vater mich zur Academy of Music in der 14th Street in *The Red Shoes* mitgenommen hatte, und natürlich war ich wie hypnotisiert. Ich glaube, bis dahin hatte mich nichts im Kino so gewaltig beeindruckt, vielleicht mit Ausnahme eines anderen Films, den ich mit meinem Vater im selben Theater gesehen hatte, Renoires *The River,* in dem es auch eine Tanzsequenz gab. Aber die Tanzsequenzen in *The Red Shoes* waren außergewöhnlich; ich weiß noch, dass ich unbedingt herausfinden wollte, wie Robert Helpmann während des Traum-Balletts in einen Fetzen Zeitungspapier verwandelt wurde. Aber besonders zog mich das Geheimnis, die Rastlosigkeit des Films in Bann, das war damals ganz erschreckend für mich. Als er schwarzweiß im Fernsehen lief, sah ich ihn mir immer wieder an, und später, als ich ihn in Farbe wiedersah, faszinierte mich Anton Walbrook als Impresario Lermontov, dessen Besessenheit alles um ihn herum zerstört. Was mich reizte, war die Grausamkeit und Schönheit seiner Rolle, besonders die Szene, in der er voller Selbsthass den Spiegel zerschlägt« (ebd.S.31-33).

Wenn man diese Bilder von Powell und Pressburger heute wiedersieht, so entdeckt man, wie dieser Film, vor allem auf der unmittelbaren Wahrnehmungs-, oder besser noch, Faszinationsebene ein Kinokonzept in sich vereinbart, das verwandt ist mit dem zukünftigen Werk Scorseses. *The Red Shoes*, 1948, ist ein bezaubernder Traumfilm, der von der Unruhe einer unmöglichen Liebe bestimmt wird, der Liebe zwischen dem Impresario Lermontov und der talentierten Tänzerin Victoria Page, die allein in der künstlerischen Sublimierung eine gewisse Verwirklichung ihrer selbst finden kann. Der Zuschauer wird von diesem überreizten und zweideutigen Film hypnotisiert. Dies ist nicht so sehr der eindringlichen filmischen Qualität der Darstellung der Tänze zu verdanken, die stets sehr stark symbolisch verankert sind, und auch nicht der – nie geäußerten, sondern vielmehr auf einer Ebene neurotischer und größenwahnsinniger kreativer Zusammenarbeit gelebten – Leidenschaft Lermontovs seinem »Geschöpf«, der rothaarigen Tänzerin, gegenüber, mit der er den Traum künstlerischer Unsterblichkeit planen will. Was in diesem Film tatsächlich bewegt, ist die Unfähigkeit zu lieben und der Umstand,

Der kleine Martin spielt »Kino«.

wie Menschen letzten Endes von einer blindmachenden Leidenschaft missbraucht werden können. Auf thematischer Ebene finden wir also einige Lieblingsmotive des zukünftigen Cineasten. Eine thematische Konstante ist zum Beispiel das vom Ehrgeiz besessene Individuum, das von Lermontov beispielhaft dargestellt wird. Lermontov ist außerdem in seinem Anspruch, alle Impulse und Gefühle an den totalisierenden Traum einer perfekten Schöpfung zu binden, bereits ein König »nicht von dieser Welt«. Auch die Tänzerin Vickie bleibt ein Opfer dieses Traums, denn sie muss ihr Privatleben aufgeben und Seele und Körper der schöpferischen Aufgabe und damit der Leidenschaft des geachteten Peinigers verschreiben, wenn sie weiterhin in der Gruppe des berühmten Impresarios tanzen will. Der männliche Charakter Lermontovs, dem jegliche Gefühlsbeziehung verschlossen bleibt, weist ein für Scorsese typisches Merkmal auf, das von J.P. in *Wer klopft denn da an meine Tür?* bis hin zu Lionel Dobie in *New-Yorker Geschichten* geht, dem New-Yorker Künstler, der nur die Früchte seiner künstlerischen

15

Arbeit liebt. Doch während der größenwahnsinnige und narzisstische Lermontov sich eine zu »abgehobene« Phantasiewelt schafft, die es ihm unmöglich macht, sich auf eine irdische und menschliche Dimension einzulassen, ist seine Besessenheit eng mit den scorsesischen Charakteren verwandt. Für sie sind die Unfähigkeit zu lieben und die Erfolgssucht zum Beispiel ganz typisch und in *New York, New York, Wie ein wilder Stier* und in *New-Yorker Geschichten – Lebensstudien* werden diese Themen ganz besonders ausgefeilt. Der Wahnsinn eines von Exzessen determinierten Lebens, die in allen möglichen Formen an den Tag treten, und zugleich die Unfähigkeit, die unkontrolliert besessene Egozentrik der eigenen Pläne zu bändigen, sind Motive, die wir sowohl in der bitteren Geschichte von *The King of Comedy* als auch in der kulturell unmenschlichen Dimension von *Goodfellas* wiederfinden. Lermontov ist jedoch vor allem deshalb ein »scorsesischer« Charakter, weil er als Künstler dazu verdammt ist, sich zwischen den heilsamen Versprechen der Kunst und den Versuchungen des Lebens zu entscheiden. Diese Polarität ist kennzeichnend für Scorseses Poetik, und man könnte sogar sagen, kennzeichnend für das Leben des Regisseurs. *The Red Shoes* sollte daher höher bewertet werden als einfach nur ein Lieblingsfilm oder eine ewige Quelle der Eingebung: Dieser Film von Powell und Pressburger zeigt die frühzeitige Vorliebe des künftigen Cineasten für Geschichten, die verschiedene Rezeptionsebenen anbieten, wobei Lermontov bereits die typische Charakteristik des heutigen Kinoregisseurs aufweist, der von der Kontrolle über das ganze Kunstwerk besessen ist, das sein haupsächliches und ausschließliches Kommunikationsmittel zur Außenwelt wird.

Scorsese Liebe zum Kino wird daher von Anfang an von Themen des Zweifels und des existentiellen Unbehagens bestimmt; sein Blick ist auf die Widersprüche des Lebens gerichtet, das sich in der Bipolarität des Körpers und des Geistes bewegen muss. Diese Liebe wird ihn dazu anleiten, mehr als nur ein Motiv aufzugreifen und darzustellen. Auch auf stilistischer Ebene stellt *The Red Shoes* für Scorsese eine Quelle der Eingebung dar. Dieser Film spiegelt die Rolle eines größenwahnsinnigen Künstlers und seine chronische Unfähig-

keit wider, sich auf die realen Bedürfnisse der Menschen einzulassen. Er zeigt auch, wie gefährlich es werden kann, wenn dieser Fluss der Besessenheit plötzlich abgebrochen wird, und wie gefährlich es gleichsam ist, ihm freien Lauf zu lassen. (Während der junge Hauptdarsteller in *Taxi Driver* am Ende Menschen umbringt, um seinem Ziel gerecht zu werden, die Stadt von allem Bösen zu befreien, erweist sich Lermontov, der seine Tänzerin in die Selbstzerstörung treibt, als nicht weniger gefährlich). Doch steckt dieser Film vor allem eine »offene« Erzählstruktur ab, da er auch in musikalischer Hinsicht verschiedene Rezeptionsebenen einsetzt. Wie in Powells und Pressburgers Film sind zum Beispiel in *The Band* die Musiknummern nicht auf eine abstrakte und undurchschaubare Dimension beschränkt. Das Schwanken zwischen einem dokumentarischen Blickwinkel und der Welt der Phantasie verläuft natürlich stets zugunsten Letzterer. Aber noch wichtiger ist, dass *The Red Shoes* Victoria Pages Tanzaufführungen auf spürbare Weise aus einem ständig wechselnden und doch stets gegenwärtigen Blickwinkel betrachtet. Die Kamera ist in permanenter Bewegung und ermöglicht somit das Eintauchen in das Geschehnis und die Atmosphäre. Außerdem führt die vor Lebendigkeit sprühende Choreografie dazu, dass die Szene traumhaft-schlafwandlerische Züge annimmt. Die Tänze, die wir zunächst auf der Bühne eines ständig gefüllten Theaters stattfinden sehen, nehmen nach und nach eine neue, eindringliche Dimension an, und der Blickwinkel weitet sich unmäßig und nimmt schließlich wie im Traum das Wasser des Ozeans und die Wolken am Himmel in sich auf, die sorgfältig auf dem Bühnenbild dargestellt sind, und schafft es so, dem Theater eine gespenstische Lebensillusion zurückzugeben. In *The Red Shoes* ist die Theateraufführung eine Widerspiegelung der eigenen heuristischen Entfaltungsmöglichkeiten und bietet auf der Ebene der Wahrnehmung einen Anreiz dazu, unsere Beurteilungskategorien in Frage zu stellen.

Weitere Filme, die den künftigen Cineasten beeinflusst haben, sind *Alexander Nevskij* von Eisenstein, den er zum ersten Mal anlässlich eines Sommerprogramms in der Neunundsechzigsten Straße gesehen hat, die Filme von Ingmar Bergman *Wilde Erdbeeren* und *Das siebte*

Siegel, *Die mit der Liebe spielen* von Antonioni und *Achteinhalb* von Fellini. Für den jungen Martin, der schon bald von seinem Vorhaben, Priester zu werden, ablässt (mit 14 Jahren tritt er in das Cathedral College, einem Seminar an der Upper West Side, ein, wird aber nach nur einem Jahr wegen mangelnder Leistungen und weil er sich in Mädchen verliebt hat, entlassen), bringt sein Interesse am europäischen Kino die Annahme einer Filmästhetik mit sich, die fest umschriebene kompositorische Kriterien hat. Der junge Filmliebhaber wird daher nicht von dem »Starsystem« angeregt, das Ende der 50er-Jahre spürbare Einbußen erleidet, sondern vielmehr von der Filmmontage, die er frühzeitig als Quintessenz der Filmkunst erkennt. Diese bewusste Einstellung zum Film überzeugt Scorsese davon, sich an einer Filmschule einzuschreiben. Vor diesem großen Schritt versucht er jedoch mit Hilfe einiger Freunde, Amateurfilme zu drehen. Einer dieser Filme hat den Titel *Vesuvius VI*: es handelt sich um eine Art »Peplum« in Miniatur (ein Genre, das den jungen Scorsese schon immer fasziniert hatte), der im alten Rom spielt. Am Schluss des Films erscheint die Schrift »Regie von Martin Scorsese«, die langsam Feuer fängt, und die das Ende von *Die letzte Versuchung Christi* vorwegnimmt.

Die Liebe zu den klassischen Hollywoodfilmen (*oben: Duell in der Sonne*)...

Die gesamte Ausbildung des Cineasten ist im Wesentlichen persönlich geprägt. Sein Werdegang zeichnet sich durch bewusstes Erkennen aus und ist stets von dem tiefen Wunsch beseelt, eines Tages in einem Film eine persönliche und zugleich wahrheitsgemäße Sicht der zeitgenössischen Welt zu vermitteln. Seine Filmleidenschaft ist außerdem ganz klar dem kulturellen Kontext zuzuschreiben, in dem der junge Martin lebt, und dem Bedürfnis, einem als frustrierend erlebten sozialen Umfeld zu entkommen. Nachdem er ohne Erfolg die Cardinal Hayes High School und an der Rhodes Academy einen Nachholkurs besucht hat, will Martin Scorsese zunächst noch seine geistliche Karriere weiterverfolgen, doch beurteilt das Jesuitenkollegium der Fordham University seine Referenzen als unzureichend. Die Entscheidung, sich 1962 an der New York University einzuschreiben, ist dann das erste Zeichen einer wirklichen Veränderung. Nachdem die Kurse für englische Literatur sein Interesse nicht sonderlich wecken, lässt der Filmkurs von Haig Manoogian (der erste, der an Scorseses Talent glaubt und dem nach seinem Tode *Wie ein wilder Stier* gewidmet wird) die Bestrebungen des leidenschaftlichen Studenten aufglühen. Der Kurs heißt »Geschichte des Kinos, des Fernsehens und des Radios« und besteht keineswegs aus nutzlosen Spekulationen: Manoogian verlangt von seinen Schülern vor allem bedingungslose Liebe zum Film. »Einmal zeigte er Stroheims *Grees*, und ein Student fragte, warum es darin keine Musik gäbe. Postwendend kam die Antwort: ›Denken Sie, Sie sind hier in einer Show? Machen Sie, dass Sie rauskommen!‹ Semester für Semester siebte er Leute aus. Dahinter stand die Absicht, die Sache so ernst wie möglich zu nehmen – ernst in dem Sinne, dass man über die Filme streiten, lachen und scherzen durfte, aber man ging hin aus Liebe zum Kino« (ebd.S.39). Im zweiten Jahr geht der Kurs dann über eine rein theoretische Annäherung hinaus, da es heißt, mit einer 16mm Ariflex einen eigenen dreiminütigen Film zu drehen.

17

...ist der Auslöser für seine ersten Regiearbeiten (*It's Not Just You, Murray!*, oben, und *Wer klopft denn da an meine Tür?*, unten).

Im dritten Jahr dürfen die besten Studenten, die auch in der Lage sind, ein eigenes Drehbuch zu schreiben, die Dauer ihrer Filme auf fünf oder sechs Minuten verlängern. Die Lehrzeit bei Manoogian bietet Scorsese daher die lang ersehnte Gelegenheit, über eine professionelle Ausstattung zu verfügen, und die Kurzfilme, die er während der Studienzeit plant und dreht, hinterlassen nicht nur im Universitätsbereich ihre Spuren. Sein zweiter Film *It's Not Just You, Murray!* (1964) gewinnt den Universitätspreis Jesse L. Lasky Intercollegiate Award. Nützlich sind aber vor allem die Wertschätzungen von Filmexperten. 1967 ist Jacques Ledoux, der Direktor der Cinemathèque Royale de Belgique bei einer Sondervorführung von *It's Not Just You, Murray!* und vom ersten Teil von *What's A Nice Girl Like You Doing In A Place Like This?* beeindruckt. Er trägt daher zur Sponsorisierung von *The Big Shave* (1967), dem dritten Kurzfilm und ersten Farbfilm des Regisseurs bei, der zum ersten Mal die Aufmerksamkeit der Kritik auf sich zieht und der Scorsese zur Verleihung des Age d'Or-Preises bei dem von Ledoux in Knokke-le-Zoute organisierten Festival des Experimentellen Films verhilft.

Seinem wirklichen Debüt mit dem ebenfalls während seiner Universitätszeit gedrehten Langfilm *Wer klopft denn da an meine Tür?* gehen somit drei Kurzfilme voraus. Die Bilder von *What's A Nice Girl...* stellen die Weichen für ein von Anfang an bewusstes und strenges Kinokonzept. Die Handlung dieses kurzen Films stellt uns Algernon, einen jungen Schriftsteller vor, der derart von einem »belebten« Bild mit der Darstellung eines Sees und eines Mannes in einem Schiff besessen ist, dass er die Hilfe eines Psychoanalytikers in Anspruch nehmen muss. Monate vergehen, und nachdem er sich um Zerstreuung bemüht und sogar geheiratet hat, sehen wir die Abschlussszene, in der Algernon in das Wasser des »belebten« Sees eintaucht und in den Fluten seines eigenen Wahns ertrinkt. Die Handlung selbst ist nichts anderes als der Ausgangspunkt für die Beschreibung des zeitgenössischen Menschen und seines Wahns und auch für die Unfähigkeit des Künstlers (oder besser, des Menschen, der sich »nicht wieder versöhnt« fühlt), eine Harmonie zwischen der Gewöhnlichkeit des Daseins und

18

dem Übermaß an Ehrgeiz zu finden. Das gesamte Leben Algernons wird beherrscht von der hartnäckig beunruhigenden Gegenwart des Bildes, das ein Symptom ist für seine Abgehobenheit und auch für seinen Alltagsfrust (bemerkenswert ist die Szene, in der Algernon nachts nicht einschlafen kann und fernsieht, während sich die Kamera um seine zur Hälfte vom Fernsehbildschirm beleuchtete Gestalt herum bewegt und durch ihre Bewegung, die der junge Mann verfolgt, nahezu den Verdacht aufkommen lässt, sie sei »aus dem Bildschirm« herausgekommen, um den gepeinigten Schriftsteller zu beobachten und ihn zu bedrohen). Da er es nicht schafft, seine eigenen Triebe zu kontrollieren, wird Algernon tatsächlich oft Opfer der Entscheidung anderer. Dies zeigt sich zum Beispiel, als er in Kontakt zum anderen Geschlecht treten muss. Wir sehen den jungen Schriftsteller auf einem Tanzfest, wie er sich wieder einmal von einem Bild zerstreuen lässt, auf dem das Wasser eines Meeres dargestellt ist. Das Bild wird gleichzeitig auch von einer jungen Frau betrachtet, die im Gegensatz zu ihm keine Hemmungen zu kennen scheint und den schüchternen Algernon sofort erobert, indem sie ihn ungestüm küsst. Diese Frau tritt unvermutet in sein Leben ein, und er scheint sich einen Moment lang vorzumachen, Frieden und Harmonie gefunden zu haben. (Sie ist Malerin und zufrieden mit der Problemlosigkeit ihrer Werke). Aber nach der Hochzeitsreise nehmen, wie die Stimme des Erzählers spöttisch bemerkt, »alle schönen Dinge ein Ende« und Algernon kehrt zurück in seinen Wahn vom belebten Bild. Das letzte Bild dieses Kurzfilms, das den in den Fluten seines Wahns versunkenen Hauptdarsteller zeigt, zeichnet die Vorherrschaft der Versuchungen über das psycho-existentielle Gleichgewicht auf. Doch dieses surrealistische Ende ist vor allem der Hinweis darauf, dass Scorsese zum Kreis der Regisseure gehören wird, die über sich selbst nachdenken. Wie in seinen künftigen Filmen wird auch hier kein endgültiger Blick auf das Verhalten des Protagonisten angeboten. Das abschließende Urteil bleibt offen, denn jeder muss für sich selbst die harte und oft zermürbende Aufgabe absolvieren, die Potentialität der eigenen Entscheidungen abzuwägen. Jedweder Anspruch auf

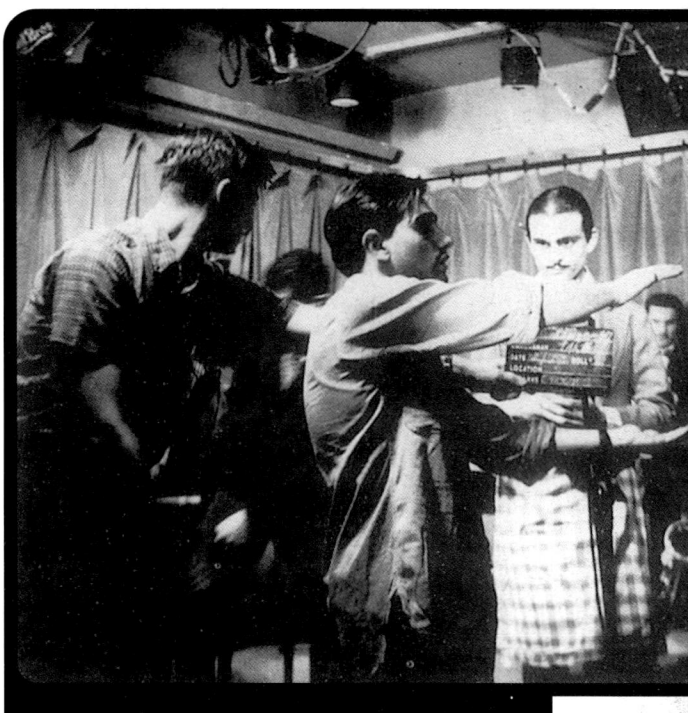

Während der Aufnahmen zu *It's Not Just You, Murray!*, dem zweiten Kurzfilm von Martin Scorsese.

Willensfreiheit als Widerspiegelung katholisch geprägter kultureller Orientierung wird von Anfang an ausgeschlossen, da die sozialen und psychologischen Bedingungen individuelle Entscheidungen erdrücken, deren Potentialität zu Recht nicht in ihrer Gesamtheit erahnt werden können. Vor allem wendet sich Scorsese jedoch von einem Konzept eines in sich geschlossenen Films ab: Der stark stilisierte und symbolische Stil, der an das New American Cinema und auch an Vigo, Clair und Buñuel erinnert, lässt ein Blickfeld entstehen, in dem sich die Kamera frei bewegt. Er steckt abstrakte Räume ab, die die Isolation des jungen Mannes in der Vorhölle der Unentschlossenheit bestimmen und auch volumetrischen Abstand schaffen (wie z.B. das puppenhafte Gesicht von Algernons Frau, das mit seinem unbeweglichem Lächeln nahezu im Raum des Bildes zu »schwimmen« scheint) sowie das Eintauchen der Darsteller in die materialistische und »verdinglichte« Dimension des Daseins. Es ist kennzeichnend für Scorsese, dass er innerhalb des nicht fort-

19

schreitenden Handlungsablaufs abstrakte Räume absondert, die die Skala symbolischer Möglichkeiten des Films bestmöglich ausnutzt. Schatten- und Lichtspiele, Farb- und Raumkontraste zeugen für die ungeheuren Möglichkeiten des Films und fungieren als psychologische Mittler individuellen Unbehagens.

Im zweiten Kurzfilm *It's Not Just You, Murray!* (1964) fügt Scorsese der avantgardistischen Prägung des ersten Experiments die stark objektivierende Perspektive eines vorgetäuschten Dokumentarfilms hinzu und führt uns auf ironische Weise erstmals in das Territorium urbaner Kriminalität ein. Überraschend ist, wie es der junge Regisseur geschafft hat, in nur fünfzehn Minuten die Bilder eines richtigen Films zusammenzufassen. Dieser kurze Schwarzweißfilm zeichnet sich aus durch Ironie, die auf einem durchbrochenen, teils beschreibend-linearen Stil basiert (die ersten Bilder sind realistische Aufnahmen des Protagonisten Murray, der dem Zuschauer die Achtbarkeit seines Reichtums zur Schau stellt: »Seht ihr diese Krawatte? 20 Dollar! Diese Schuhe? 50 Dollar. Diesen Anzug? 200 Dollar! Dieses Auto? 10.000 Dollar! ... Na, was sagt ihr?«), teils auf einem aufnahmetechnisch erschöpfenden Stil gründet, bei dem die Kamera nie stillsteht, um mit den raschen Bewegungen der Darsteller mithalten zu können (z.B. bei der rhythmisch frenetischen und bruchstückhaften Szenenfolge,

die an einen Gag Keatons und zusätzlich an die photographische Distanz Cormans und des New American Cinema erinnert, als die Polizei in das Lokal einbricht, wo Murray mit seinem Freund heimlich Schnaps brennt). Diese Dynamik, die von einer intellektuellen, häufig die unmissverständliche Wirkung der Symbolik suchenden Montage gebremst wird, charakterisiert die ersten Filme Scorseses. Er strebt nach visuellem Scharfsinn, der sich bereits im zweiten Kurzfilm zeigt, wo er das ihm vertraute soziale Milieu Long Islands unvergleichlich kühn umreißt. In diesem Film treiben die Gewinne des kleinen Ganoven Murray, die er in Zusammenarbeit mit seinem Freund Joe erzielt, all diejenigen zum frenetischen Wettlauf nach noch mehr Besitz, die sich dem Clan nähern. Doch ist dieser bedingungslose Besitzwahn das Ergebnis einer erdrückenden und kastrierenden Kultur (man siehe hierzu beispielsweise die archetypische, naive und unheilvolle Darstellung der Mutter, die nach italienischer Tradition ihren Sohn mit Spaghetti und anderer Nahrung voll stopft, damit dieser »ein lieber Junge« bleibt, wobei ihr allein daran gelegen ist, dass der Schein des Anstands eines Lebens gewahrt bleibt, das von skrupelloser Kriminalität aufgezehrt wird). Einer totalitären, kulturellen Dimension, deren vermeintlich familiäre Wurzeln nicht unbedingt positive Gefühle überwiegen lassen. (Murray merkt beispielsweise nicht, dass sein Jugendfreund Joe, der ihn auf

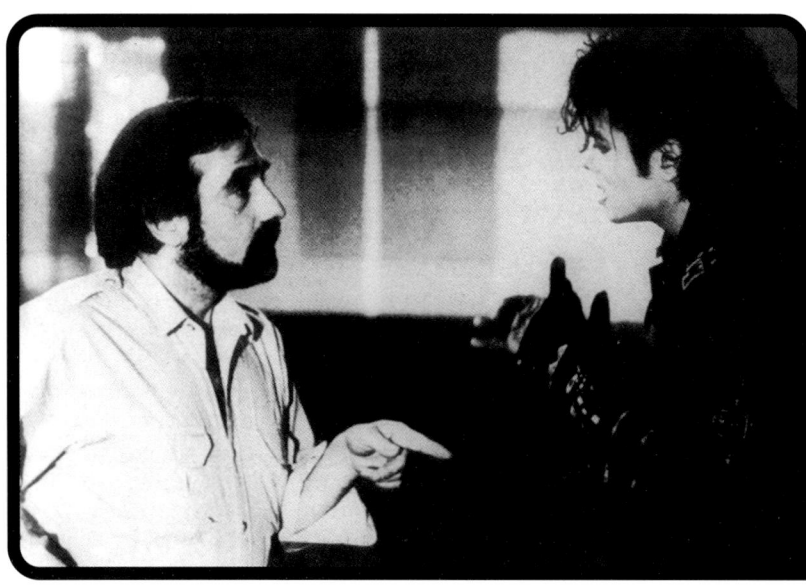

Scorsese mit dem Rockstar Michael Jackson bei den Aufnahmen für das Video *Bad*.

20

geschäftlicher Ebene kontinuierlich ausnutzt, eine Affäre mit seiner Ehefrau angefangen hat).

Noch eindringlicher als in *It's Not Just You, Murray!* sind die Bilder in *The Big Shave* (1967), dem dritten und berühmtesten Kurzfilm des Autors. Es handelt sich hier um einen »musikalischen« Film, bei dem mit Hilfe des Musikstücks *I can't Get Started* von Bunny Berrigan das Verfahren der Dialektisierung zwischen Geschichte und dokumentarischer Objektivität verfeinert wird, das bereits die vorhergehenden Kurzfilme charakterisierte und das in den künftigen Langfilmen noch deutlicher wird. Ohne das Lied und die Unbefangenheit der dem Rhythmus folgenden Montage wäre der Film nicht derselbe. Das Zeremoniell des jungen Mannes, der ins Badezimmer eintritt und sich immer wieder rasiert, bis sein Gesicht eine blutige Maske wird, wäre ansonsten bedeutungsarm. Die Musikalität der Montage hingegen – durch die die dürftigen Gegenstände, das Waschbecken und das Rasiermesser, die mit dem Gesicht des jungen Mannes in Wechselwirkung treten und in ihrer Nachlässigkeit mit dem totalitären und selbstzerstörerischen Eifer des »lieben Jungen« eine Einheit werden – ist Ausdruck für den einzigartigen Scharfsinn der symbolischen Sichtweise Scorseses. Am Ende führt die Schrift »Viet 67« bei den sich blutrot färbenden Schlusstiteln, die über die Brust dieses vermeintlichen Christus laufen, zum eigentlichen Sinn des Films. Um über Vietnam zu sprechen hat Scorsese einen sehr persönlichen und vom

Schicksal geprägten Stil gewählt. Er wählt den Gleichklang und bringt eine »unbeschwerte« und doch nicht rückgängig zu machende Bewegung mit seinen Aufnahmen in Einklang. Daraus ist ein entwaffnendes Bild des »anständigen« Amerikas entstanden, das, vom persönlichen Niedergang ausgehend, jedes Mal dann zum Tode führt, wenn man nicht wirklich verstehen will, wo das Böse und die Schuld liegen.

Größenwahnsinniger Narzissmus, schmerzvoller Masochismus, anmaßender Anstand sind die Merkmale der Kulturszene in den ersten Kurzfilmen des jungen Cineasten, die mit dem Wunsch nach Flucht aus einer als unlebbar empfundenen Realität einhergehen und mit dem dringlichen Bedürfnis danach, anderen Menschen das eigene Unbehagen über das Leben mitzuteilen. Diese Merkmale kennzeichnen sich durch einen Stil aus, der kontinuierlich zum Wandel bereit ist, da er die Ereignisse und die Psychologie mit dem jeweils angemessenen Tonfall der »Filmsprache« belegt. Zugleich begegnen wir unweigerlich dem persönlichen Elan des Cineasten, der sich im Gleichgewicht permanenter Gegensätze bewegt: im Abstrakt-Symbolischen (*What's A Nice Girl ...*), im Dokumentarisch-Existentiellen (*It's Not Just You, Murray!*) und Surreal-Metaphorischen (*The Big Shave*). Von nun an wird er es sich in seinen Filmen zur Aufgabe machen, die psychologische und existentielle Disharmonie, die das Leben der dargestellten Charaktere beunruhigt, in die Harmonie einer kohärenten filmischen Form umzusetzen.

21

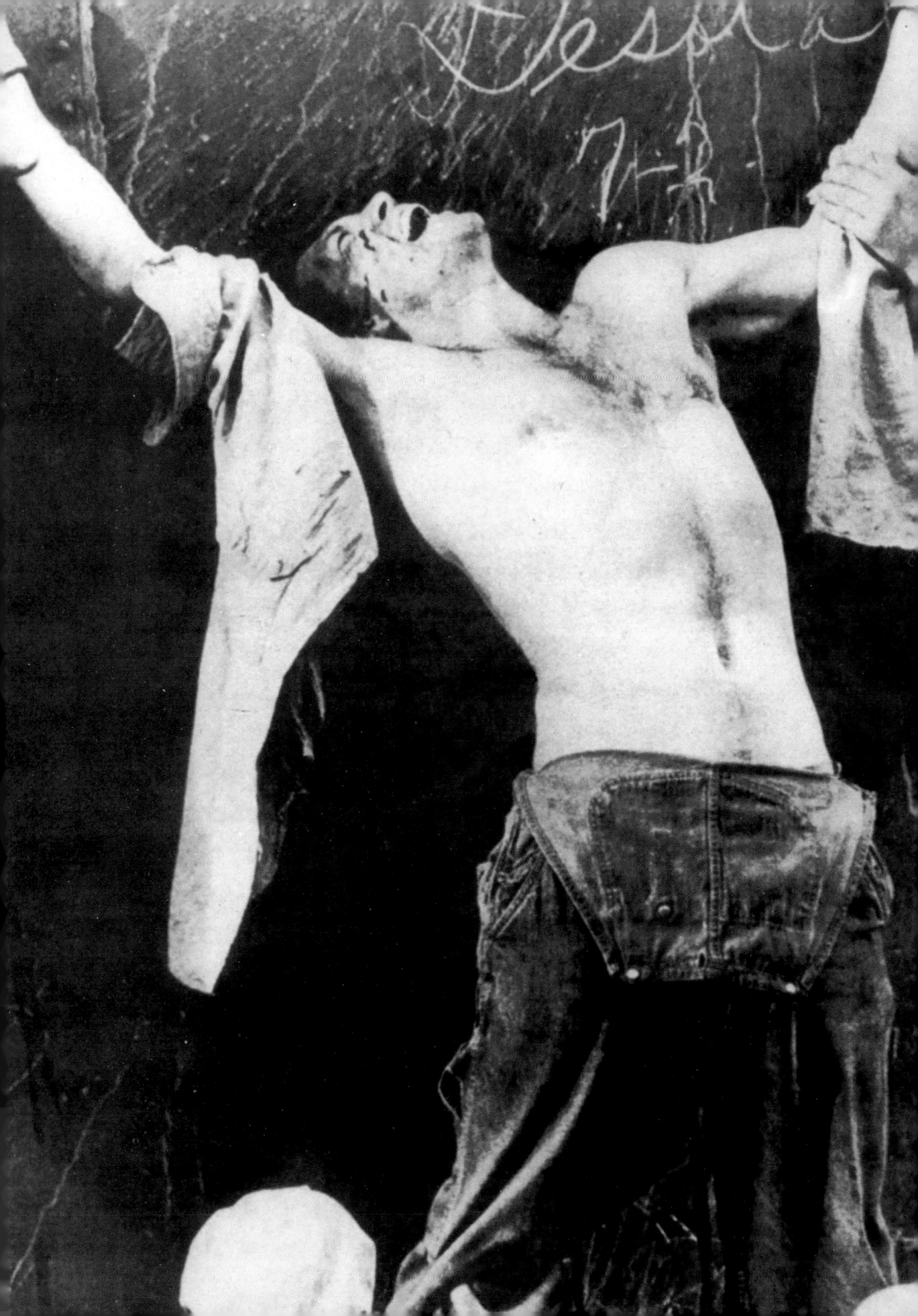

Avantgarde und Rebellion
(J.R., Charlie, Bertha, Big Bill, Alice)

Haig Manoogian, Scorseses Professor für Filmgeschichte an der New York University, wird zur Schlüsselfigur der Künstlerkarriere des jungen Autors. 1965 gelingt es Scorsese dank seiner Hilfe, die Aufnahmen seines ersten Langfilms *Wer klopft denn da an meine Tür?* in der frühen Version mit dem Titel *Bringing On The Dancing Girls* fertigzustellen. Die Zustimmung erfolgt – zumindest im Universitätskreis, wo der Film zum ersten Mal vorgeführt wird – nicht sofort. Martin dreht daraufhin seinen dritten Kurzfilm *The Big Shave*, gewinnt Abstand zu den Bildern seines Langfilms und beschließt, ihn durch neue Aufnahmen zu ergänzen. In der ersten Version ist die Begegnung von J.R. mit seiner Freundin unscharf, während die Bilder von Raufereien und Begegnungen mit seinen Kumpanen überwiegen. Manoogian selbst, der nunmehr unabhängiger Produzent ist, leitet den jungen Martin dazu an, die psychologische Konfrontation von J.R. mit der Protagonistin besser herauszuarbeiten. Der Professor und ein junger, mit Martin befreundeter Student und Anwalt, der ernsthaft an dessen Projekt glaubt, bringen 37.000 Dollar auf, die zur Vervollständigung der Aufnahmen nötig sind. Zina Bethune, eine junge Schauspielerin, ersetzt die alte Hauptdarstellerin. Außerdem werden die neuen Szenenfolgen mit einer 16mm Eclair gedreht und dann in das bereits mit 35mm aufgenommene Material eingefügt. Seit der ersten Version sind zwei Jahre vergangen und Michael Wadleigh, ein neuer Kameramann, tritt an die Stelle von Richard Coll. Die männliche Hauptrolle hingegen muss unweigerlich Harvey Keitel übernehmen, der in der Zwischenzeit eine Anstellung als Gerichtssteno-

graph gefunden hat und sich dagegen sträubt, zum Film zurückzukehren. Doch kann er seinem Freund Martin nichts abschlagen und der Film wird in der neuen Version vervollständigt. Er wird beim Chicago Film Festival unter dem Titel *I call first* vorgeführt, doch schafft er es wieder nicht, in die Kinosäle zu kommen. Hoffnungslos und müde folgt Scorsese dem Rat Richard Colls, verlässt für sechs Monate die Vereinigten Staaten und dreht in Amsterdam einige Werbespots. In Europa lernt er die Arbeit vieler italienischer Regisseure wie z.B. Cottafavi kennen und arbeitet am Drehbuch des Berliner Thrillers *Das Loch in der Wand* mit. 1968 erfährt Martin, der inzwischen nach Paris gezogen ist, von Manoogian, dass sein Langfilm in die amerikanischen Kinos kommen kann: Joseph Bremer, ein Pornofilmverleiher, sei bereit, den Film unter der Bedingung herauskommen zu lassen, dass eine weibliche Nacktszene gezeigt würde. Martin zögert nicht und nimmt das Angebot an. In einem traurigen Moment seines Lebens ist es ein rettender Vorschlag, doch aus verschiedenen und nicht zuletzt finanziellen Gründen kann er nicht nach New York zurückkehren (unter anderem war er aufgrund seines häufigen Fehlens von seiner Stelle als Lehrer für Kurse in Erzähltechnik und Produktionsorganisation an der New York University enthoben worden, die Haig Manoogian ihm besorgt hatte). Die erforderliche Szene wird daher in Amsterdam gedreht (Paris ist aufgrund der Studentenrevolte ebenfalls ungeeignet), nachdem der ungläubige Harvey Keitel aus New York an einen (einem *Loft* der Third Avenue nicht unähnlichen) Drehort herbeizitiert worden war. »Es machte besonderen Spaß, *The Doors* für den Soundtrack zu verwenden: wir nahmen den Freud'schen Teil von *The End*, damit die Botschaft wirklich ankam. Es bestand aber keine Chance, die Sache durch den Zoll zu bringen, also

Die »Kreuzigung« von Big Bill am Ende von *Die Faust der Rebellen* (*linke Seite*).

23

steckte ich den Film in die eine Tasche meines Regenmantels, den Soundtrack in die andere, und im Flugzeug rasierte ich mich, um seriös auszusehen. Ich kam durch, fügte die Szene ein, und der Film kam heraus. Es war der erste Film, der zeigte, was Italo-Amerikaner wirklich waren, und das war das gute daran« (Scorsese über Scorsese, S.53).

Um den ganzen kulturellen und politischen Wert des Debüts dieses Regisseurs zu verstehen und um den ideologischen Bezugsrahmen und die ästhetischen Voraussetzungen entschlüsseln zu können, die ihn in der ungewissen und bewegten amerikanischen Kinoszene der ausgehenden 60er-Jahre erwarten, muss man zu den Wurzeln der Gegenkultur zurückgehen, von der die New Yorker Szene seit mehr als 10 Jahren wachgerüttelt wurde. Vor allem aber muss man aus dem erstickenden Bereich Little Italys heraustreten, von dem Martin sofort Abstand nehmen will, indem er in der Palette des »wiederentstehenden« amerikanischen Films den unvergleichlichen Versuch unternimmt, die Traditionen zu objektivieren.

Obschon die nachfolgenden Filme *Die Faust der Rebellen, Hexenkessel, Alice lebt nicht mehr hier* und *Taxi Driver* einen weitgestreuten »soziologischen« Einsatz bezeugen, sind die Filme des jungen Cineasten doch unauslöschlich

Auf dem feurigen Set von *Woodstock* (*rechts*). Martin ist der Protagonist der Kulturrevolution, die die USA in den 60er Jahren aufmischt.

von Little Italy geprägt, das immer dann durchscheint, wenn es heißt, die Einsamkeit der Charaktere zu beschreiben oder die Unerbittlichkeit des Zusammentreffens einer schwierigen Einzelperson mit der gewalttätigen sozialen Gruppe (von *Die Faust der Rebellen* bis *Kasino*). Der New Yorker Underground, die Beat Generation und die Liebe zum europäischen Kino und zu den erfinderischen Hollywoodfilmen sind die Hauptbezugspunkte des jungen Autors auf seiner Suche nach einer persönlichen Art, das Dasein durch den Film zu sehen.

Nach dem Zweiten Weltkrieg beginnt in den Vereinigten Staaten eine Krise, die verschiedene soziale Aspekte betrifft, und Literatur, Kunst, Politik, Poesie, Religion und Philosophie stimmen einen rebellischen Ton gegen die von der Konsumgesellschaft verursachten Schäden an. Die Dichter der Beat Generation klagen die menschliche und kulturelle Leere an, die vom Amerika der 50er-Jahre und den Verfolgungen des McCarthysmus ausgeht, und die ein auf entfremdende Arbeitsorganisation und auf einem Massenkonformismus beruhendes Sozialsystem mit sich bringt. Die Kultur schafft im New Yorker Untergrund einen fruchtbaren Boden; der Ausdruck Beat, der von den schwarzen Jazzmusikern abgeleitet ist, bedeutet »Außenseiter«, d.h. derjenige, der sich selbst vom System ausschließt und seine Fremdheit in Bezug auf künstliche Träume und Paradiese ausdrückt, für deren Aufrechterhaltung das Establishment sorgt. Beat bedeutet Anderssein, sich für ein Leben zu entscheiden, das sich gegen die Ungleichheit der Klassen und der Feindseligkeit des Südens gegen die Bürgerrechtler auflehnt. Beat ist ein Rhythmus, Beat ist die Zeit von Charlie Parkers Jazz, der Jack Kerouac inspiriert. »Doch Beat ist auch die Wurzel des Wortes beatific, einer Ekstase, die vom schlimmsten Wahnsinn bis zum unkontrollierten Lebensdrang reicht, der Seligkeit, deren Vorläufer Dan Moriarty war (der Hauptdarsteller von *On the Road*, der sich von Neal Cassidy, Kerouacs Herzensfreund inspirieren ließ)« (Raffaella Fabbri, *Cinema e culture giovanili*, S.30). Die Werke dieser Künstler gründen auf gemeinsamen Idealen und Lebensstilen und keineswegs auf Marktstrategien. Dies ist der Grund, warum ihre Aktionen und Vorschläge so stark und einheitlich sind. Romane wie *Das Geheul* von Allen Ginsberg und *Unterwegs* von

24

problemen führen, schlägt der Kreis um Kerouac ein Lebensmodell vor, das bis in die Tiefe und voller Elan gelebt werden muss. Eine freie Sexualität symbolisiert eine Aufwertung der Körperlichkeit und die Niederlage des Puritanismus, und die Straße wird zum Ort des Bruchs mit dem unduldbaren Bezug zur unterdrückenden Vergangenheit. Die Reise ist das Mittel, sich dem Leben, der Natur und Gott zu nähern. »Die Reise außerhalb des Ichs der Vernunft, des unterdrückten Ichs, die Reise weg von der Vernunft: ›Wohin fahren wir, Mann? Ich weiß nicht, aber wir müssen weiter‹. Reisen, fahren, sicheren Orten entfliehen, um sich lebendig, frei, glücklich und auch ein bisschen verrückt zu fühlen« (ebd., S.29). Antirassismus, Antikonformismus, Antimilitarismus sind die unanfechtbaren Regeln dieser Bewegung, von denen auch der Stil dieser Werke beeinflusst wird. Die Rhythmen des Jazz und des Bebop revolutionieren die klassische Sprachordnung, und die neue Prosa formt sich nach dem Atem des Künstlers und seinen Sätzen auf dem Saxophon, »bis ihm die Puste ausgeht, und wenn ihm die Puste ausgeht, so ist auch der Satz, d.h. das, was er sagen wollte, zu Ende....« Das Werk wird, so wie es Kerouacs Gegen-Methode will, sehr lebendig und impulsiv. »So trenne ich meine Sätze wie Trennungen des Atems vom Verstand .... Ich habe für Prosa und Poesie die Theorie des Atemmaßes aufgestellt« (ebd.).

Der Ausdruck Underground soll auf das Außenseitertum der Kreativität hinweisen, die am Anfang der 60er-Jahre neues Leben in die Gegenkultur der amerikanischen Künstler der neuen Generation bringt. Ihre Aktionen finden meist in den Unter- oder Dachgeschossen New Yorks statt und werden von der Polizei bekämpft, da sie den bürgerlichen Vorurteilen zuwiderlaufen. Zunächst entfaltet sie sich im experimentellen und avantgardistischen musikalischen Ausdruck von Velvet Underground, die Dank Andy Warhols die Begründer eines einfachen und doch mitreißenden Rocks sind, der unter seinen provozierenden Thesen die kodifizierten Verhaltensmuster durchbrechen

Jack Kerouac werden zu Bezugspunkten der Beat Generation, die sich den Erpressungen des konservativen Nachkriegsamerikas nicht beugen will, das beherrscht wird von den Mythen des Reichtums und des Erfolgs, von den Medien und ständigen Ängsten vor z.B. einem Atomkrieg oder der »Roten Gefahr«. Als Alternative zur Karrieremacherei und Entfremdung, die unweigerlich zu extremen Kommunikations-

25

will und Sadomasochismus, Drogen und homosexuelle Erfahrungen vorschlägt. Diese neue Kultur bekämpft jegliche Zensur in all ihren Erscheinungsformen. Sie wertet die seit jeher als »minder« betrachteten Kunstformen auf, wie zum Beispiel die Comics, die zu einem der künstlerischen Markenzeichen der *Underground*-Kultur werden (Kim Deuth, Robert Crumb) und widmet sich Themen wie Sexualität, Drogen, Gewalt und Horror. Von der in Eigenproduktion der Bücherei Ferlinghettis aufgelegten Literatur bis hin zu den anarchischen Vorführungen des Living Theatres (»Ich hoffe, dass wir niemals zuviel Geld verdienen« ist eines der Mottos von Julian Beck) lehnt sich jede Kunstform gegen eingefahrene Verhaltensmuster auf.

Als Widerstand gegen die Zensur, die erst gegen Ende der 60er-Jahre vom Obersten Gerichtshof als verfassungsfeindlich erklärt wird, entsteht die Filmbewegung des Underground. Sie ist nicht so sehr ein einheitliches poetisches Konzept als vielmehr eine methodisch unterschiedliche Auflehnung, die gemeinsame Themen wie Rassismus, politischen Kampf, Nuklearwaffen und den Krieg behandelt. Soziale Probleme und experimentelles Verfahren charakterisieren die Leidenschaft dieser freiheitlichen Bewegung, die sich in der Film-Makers Cooperative von Jonas Mekas (1962) dank einer sich von Hollywood abwendenden Filmverleihung zusammenschließt. Die unabhängigen Filmemacher verteidigen den freien künstlerischen Ausdruck, ihnen ist die wissenschaftsorientierte und industrielle Lernmethode fremd, sie hören nicht auf den Konformismus der offiziellen Kritik, und sie sehen eine revolutionäre und globale Neubetrachtung der formalen und mechanischen Elemente des Films voraus. Warhol, neben Kenneth Anger der bekannteste Filmemacher des Underground, realisiert damals schon jene »strukturale« Ausrichtung des experimentellen amerikanischen Films, die alle möglichen Eingriffe auf den Filmstreifen vorsieht und zugleich die Merkmale der Minimalkunst definiert. Das Kino soll nämlich für sich selbst benutzt werden, ohne den Einflüssen der Industrie des Show-Business unterliegen zu müssen. Martin Scorsese gliedert sich in diesen kulturellen Kontext ein, da er mit seinem Werk eine große Skala an Möglichkeiten ausnutzt,

die das Kino in dieser Phase des bewussten Wandels anbietet. Diese völlige Erneuerung geht bei Scorsese mit dem Programm einer kontinuierlichen und belebenden Entdeckung der Sprache und ihrer Ausdrucksmöglichkeiten einher, wobei er einem ganz persönlichen, wechselhaften Weg folgt, der sich nicht auf die Suche nach einer im tatenlos Experimentellen eingeschlossenen Ästhetik beschränkt. Scorseses Sprache weist sofort einige charakteristische Züge auf, die mit der Zeit zu formalen Konstanten werden. Seine grundlegende Besonderheit ist die, dass die Sprache und deren Verständlichkeit der Inhalte vom Bewusstsein bewegt werden müssen, dass eindringliche, kurze Sequenzen zur Erkenntnis psychologischer Konflikte und idealer Gegensätze leiten. Scorsese ist mit seiner Zeit verbunden und der Stil muss es ihm ermöglichen, die zeitgenössischen Themen so bewusst wie möglich zu vermitteln. In seinen ersten Langfilmen zeichnet sich sein persönlicher Stil bereits dadurch aus, dass er permanent auf den Film und seine Entwicklung im Kontext und damit auf das kulturelle Umfeld verweist, das die »Verfilmung« des Unbehagens kennzeichnet. (*Wer klopft denn da an meine Tür?* 1996), sein erster Langfilm, übernimmt diesbezüglich einige Züge Cassavetes (keine Hauptdarsteller, Handkamera, spontane Aufnahmen) und wird belebt von der unbefangenen Zusammenfügung von Sequenzen, die die konventionelle Methode von Feld/Gegenfeld und Synchronschaltung von Blickfeld und Stimmen der Darsteller ausschließt, während die beschriebene Welt keine mythische Welt oder eines der von Hollywood diktierten, künstlichen irdischen Paradiese ist, sondern eher – wie Little Italy – ein Ghetto der Entfremdung und eine geistig verschlossene Hierarchie. Scorsese zeigt daher keine Verherrlichung New Yorks (1977 werden wir in New York den dekadenten Glanz einer geliebten und gehassten Stadt sehen können, die das Symbol so vieler zerstörter Träume ist und die ihre Bewohner in der ewigen Illusion eines »unrealisierbaren Einklangs« von Kunst, Liebe und Geld verharren lässt), sondern er entscheidet sich sofort dafür, die Übel seines Herkunftsortes zu objektivieren. Als er 1971 mit Roger Corman, dem berühmten Regisseur und Produzenten zusammenarbeitet, der mit seinen Filmen *The Wild Angels* (1966) und *The Trip* (1967) auch das kommerzielle

Die anarchische Rebellion der Bertha Thompson und der selbstzerstörerische Konformismus des jungen Amerikaners in *The Big Shave* (folgende seite).

amerikanische Kino mit der von der Psychedelie und vor allem von den Hippies verkörperten Gegenkultur bekannt gemacht hat, dreht Scorsese den Film *Die Faust der Rebellen* (1971). Dieser Film ist sein Debüt im professionellen Film und gibt ihm die Möglichkeit, sich mit den wichtigen sozialen und wirtschaftlichen Veränderungen des laufenden Jahrhunderts zu befassen, wobei er bereits seinen Willen nach mehr Freiheit und die Abkehr vom Puritanismus durchblicken lässt. Der Regisseur nimmt in die kinematographische Übertragung seiner Themen eine Skala unterschiedlicher Stilformen auf, um sie in Funktion der spezifischen Dringlichkeit seiner Botschaft zu setzen; er benutzt avantgardistische Stilformen wie z.B. in *Wer klopft denn da an meine Tür?*, doch kehrt er, wie in *Die Faust der Rebellen*, auch ohne weiteres auf die stilistische Kompaktheit Cormans zurück, wobei alles von den Gefühlen und der ästhetischen Prägung abhängt, die dem Film gegeben werden soll. Aber ob es sich nun um einen ostentativ experimentellen Film wie *Wer klopft denn da an meine Tür?*, oder um einen im Kino Cormans verankerten Stil handelt, letzten Endes werden die ersten Filme Martin Scorseses stets von einem umstürzlerischen realistischen Standpunkt gesteuert, der die wechselhaften und veränderbaren Möglichkeiten ausprobieren will, die das Kino bietet. Diesbezüg-

lich äußert sich Corman: »Marty hatte – und hat – eine ausgezeichnete Vorstellungskraft. Schon früh hatte er ein beispielhaftes Bewusstsein seiner selbst und seiner Zukunft. Er wusste, dass er Filme machen wollte, und traf zielsichere Entscheidungen. Er hätte sicherlich ein exzellenter Genrefilmregisseur werden können, wenn er damit weitergemacht hätte, aber ich glaube, er wusste, dass er mehr konnte. In technischer Hinsicht konnte er die Kamera bedienen, doch hatte er eine besondere Gabe fürs Geschichtenerzählen und für die Aufnahmekomposition, was für einen so jungen Menschen wirklich selten ist. (...) Die Filme von Scorsese sind ungeheuer leidenschaftlich und hingebungsvoll. Sie sind oft schwierig und nicht nur deshalb, weil sie gewalttätig wirken mögen, sondern vor allem, weil sie so persönlich und voller Ausdrucksstärke sind« (in: A.G. Mancino, Vorwort zu *The Wild Angels*, S.9-10). Der Scorsesische Stil scheint in seinen ersten Werken konstant durch. *Wer klopft denn da an meine Tür?* hat den Filmen Cassavetes und seiner krampfhaften Suche nach einer »wahren« und »wesentlichen« Sichtweise viel zu verdanken, während die Darstellung »realer« Menschen, die im Alltag ihres Daseins stehen, die Szenen beleben. Und doch läuft die erregte Kameraführung auf eine symbolisierend verfremdende und auf keine naturalistische Seh-

27

liebt, wendet der Regisseur beispielsweise einen bewundernswerten Effekt der Anziehung und zugleich des Abstandes an, indem er uns zunächst das Gesicht des Mädchens zeigt, das J.R. anzulächeln scheint, der auf der Fähre nach Staten Island neben ihr sitzt. Dann nimmt er das Gesicht von J.R. im Schatten auf, der, diesmal jedoch unerwartet, auf dem Festland an einem Tisch in einer Bar sitzt; schließlich sehen wir J.R. wieder auf der Fähre, und er hegt die Absicht, sich dem Mädchen zu nähern. Durch eine Montage, die nicht angrenzende Räume und Orte miteinander verbindet, wird die Aufmerksamkeit auf die metasprachliche Ebene gelenkt. Es ist ein auf Gefühlen basierender Vorgang, der mittels einer Perspektive realisiert wird, die sich von den Ereignissen entfernt, aber zugleich darin eintaucht. Wie ein idealer Kinoregisseur, der durch die intellektuelle Montage logisch »unmögliche«, aber durchaus zulässige Zusammenhänge herstellt, so nimmt der an der Bar sitzende J.R. – der das Mädchen auf

weise hinaus. Die dichte Erzählweise sieht schnellfahrende Kamerawagen, vernichtende Panoramaaufnahmen, sich auflösende und übereinandergelagerte Bilder, die unvermutet erscheinen und verschwinden, wobei die experimentell-avantgardistischen Merkmale der französischen »Nouvelle Vague« eindeutig hervortreten. Zugleich lässt Scorsese bereits seine erstaunliche Fähigkeit spüren, die Elemente der europäischen Schule mit den formalen Konstanten des NAC und des neuen Hollywood zu vermischen und dabei sicherzustellen, dass eine gute Form tatsächlich zu einer ganz persönlichen Übermittlung dringlichster kultureller Inhalte verhelfen kann, anstatt allein die Stumpfheit und den Reichtum des Stils zu begünstigen. Ganz besonders nützlich ist der Einfluss Godards. In mehr als einer Sequenz kristallisiert sich die Dialektik von visueller und verbaler Ebene heraus, zwischen Bild und Erzählstimme, wobei Scorsese jedoch nicht nur auf die Nicht-Synchronie der Ebenen bedacht ist. In einer Sequenz, in der zum ersten Mal Katie (Zina Bethune) erscheint, das Mädchen, in das sich der Protagonist J.R.(Harvey Keitel) ver-

dem entfernten Schiff »sieht« und »doch nicht sieht« – in seiner Vorstellung das vorweg, was tatsächlich in der Realität des Films passieren wird. Seine tatsächliche Annäherung, bzw. Entfernung von der fatalen »offenen Tür« (wie J.R. die Mädchen nennt, die keine Jungfrauen mehr sind, wobei er drastisch die Zartheit und die verständnisvollen Gesten Katies vergisst) ist der Vorläufer für die ewig unentschlossenen Charaktere, die in dem Moment misstrauisch werden, wenn es heißt, sich dem anderen zu öffnen. Es können, wie J.R., Charaktere sein, die fähig sind, begeistert zu reden und Begeisterung zu zeigen, doch im hintersten Winkel ihrer Gedanken bleibt stets ein Geheimnis, das lieber verschwiegen wird und das oft auch dem Bewusstsein derer verborgen bleibt, die dieses Geheimnis hegen. Die italo-amerikanische Mentalität hat mit ihren kastrierenden Traditionen in der Psyche des Individuums ein antikes Drama erzeugt, das der Film im Hinblick auf die wichtigsten Verhaltensäußerungen auf den Punkt bringen möchte. In der Mafiawelt von *Hexenkessel,* der als Fortführung und vor allem als Erweiterung der ersten Langfilme betrachtet werden kann, verkörpert Harvey Keitel den Neffen eines Mafiabosses namens Charlie. Besagter Boss will ihm helfen, Karriere zu machen, und vertraut ihm die Verwaltung eines gutlaufenden Restaurants an. Auf seinem »glorreichen« Weg tauchen jedoch vor allem auf menschlicher und gefühlsmäßiger Ebene zahlreiche Hindernisse auf: Johnny Boy, der unvernünftige Freund, der bei allen Schulden hat, und Teresa, eine Epileptikerin, mit der der Protagonist eine schwierige und geheime Liebesbeziehung hat. Oder aber, wenn Charlie in *Hexenkessel* ein Gefangener von Narzis-

J.R. mit Katie, der fatalen »offenen Tür« in *Wer klopft denn da an meine Tür*?

smus und Selbstzerstörung wird und sein Streben nach Ruhm und Erfolg nicht wirklich durchsetzen kann, da er es nicht schafft, sich weder von Johnny noch von Teresa zu befreien, an denen er hängt und denen gegenüber er ein erstarrtes kalvinistisches Verantwortungsgefühl hegt (das sich vor allem in seiner kameradschaftlichen Beziehung zu dem unnachgiebigen und konfusen Johnny Boy widerspiegelt). J.R. ist eine embryonale, einfache und feierliche Darstellung des italo-amerikanischen Charlie, der 1973 in Little Italy lebt.

In der vorher erwähnten Sequenz, in der J.R. die weibliche Gestalt, die er kurz darauf kennen lernt, sieht und doch nicht sieht, scheint daher die typische Doppeldeutigkeit der scorsesischen Charaktere durch. Während er in seiner Vorstellungskraft ungeheuren Schwankungen unterliegt, legt die Regie voller Verstand und Phantasie offen, wie sich die erlebte Realität im imaginativen Delirium in einen symbolischen Stil umformt. Die formale Prägung des Films ist in der Tat der Mittler zwischen der von der Person konkret erlebten Realität und ihrem psychischen Hintergrund. Doch im Falle von J.R. kristallisiert Scorsese das heraus, was auch für seine künftigen Hauptcharaktere ein psychologisches Schachspiel sein wird: für Travis Bickle, den unter Platzangst leidenden Taxifahrer in *Taxidriver* und für Jimmy Douglas, den größen-

wahnsinnigen Saxophonisten in *New York, New York*, für Newland Archer, den selbstzerstörerischen Anwalt in *Zeit der Unschuld* und schließlich für »Ace« Rothstein, den ehemaligen Glücksspieler in *Kasino*. Der Regisseur beschreibt die existentielle und moralische (in einem Wort »menschliche«) Niederlage von Menschen, die auf tragische Weise im beklemmenden Umkreis ihres Narzissmus' eingeschlossen sind, für die die Grenzen der Welt stets mit den Grenzen eines einäugigen und entrückten Blicks auf die Tatsachen übereinstimmt. Leider geht die Vorstellungskraft dieser Personen nicht so weit, sie von der Leere zu befreien, die sie um sich herum geschaffen haben. »Die Vorstellung steht in Bezug zur konkreten und wahrnehmbaren Außenwelt, sie nimmt sie auf, ändert unsere Erlebnisse ab und verändert somit wiederum diese äußere wahrnehmbare Welt. Obschon sie aus unserer »inneren Welt« schöpft, verliert die Vorstellung, wenn sie fruchtbar bleibt, niemals den Kontakt zur äußeren Welt, da sie stets transzendiert« (V.Kast, *Aktive Vorstellung*, S.9). Und für J.R. wie für Charlie, Travis und Newland stimmt die Vorstellung ganz einfach mit der äußeren Welt überein. Deshalb bringen die vom Lustprinzip gesteuerten Halluzinationen Newland Archer (*Die Zeit der Unschuld*) und Rupert Pupkin (*The King of Comedy*) dazu, magische Urheber eines

29

großartigen und traumhaften Schicksals zu werden, das auf einem pathologisch imaginativen Delirium beruht. Die Möglichkeit, dass die Geschehnisabläufe eine andere gegenteilige Richtung einschlagen, was teilweise von einem verblüffenden »zweiten Blick« auf die noch offene Handlung angedeutet wird, wird sogleich in dem Moment zunichte gemacht, wo die Realität unvermutet in die goldene Vorstellungswelt einbricht. J.R., der das Mädchen, von dem er sich angezogen fühlt, sieht und doch nicht sieht, ist emblematisch für einen unausgefüllten Charakter, der unfähig ist, eine aufrichtige und ausgeglichene Beziehung zu jemandem zu haben; er selbst ist es, der voller Groll in einem psychologischen Konfliktzustand lebt. Sein Unbehagen wird von einem starrsinnigen Verhaltenskodex kontrolliert, der stolz ist auf den Status des Italo-Amerikaners. In diesem Sinne erscheint Charlie, der Protagonist von *Hexenkessel* auf eine andere Weise problematisch. Sein Zögern ist offensichtlicher, obwohl keiner der scorsesischen Charaktere jemals, wie Jesus in *Die letzte Versuchung Christi*, die Kraft findet, den aufgezwungenen Ereignisfluss abzubrechen, um über einen gerechten Weg nachzudenken, der das eigene Schicksal echter und wahrer macht. Scorseses Antihelden, die vom unaufhörlichen materialistischen Wirrwarr

J.R./Harvey Keitel, der eifrige Kirchgänger, wie auch Charlie aus *Hexenkessel*.

verschlungen werden, leiden unter den Schmerzen eines Bewusstseins, dem es oft nicht gelingt, das Leben und sein häufiges Scheitern zu begreifen. So ist es sehr schwer, wenn nicht gar unmöglich, die Schale des Misstrauens zu durchbrechen und tatsächlich in Berührung mit Menschen zu treten, die sich um wirkliche Konfrontation bemühen. Dies kann nämlich riskant sein, weil eine neue Situation dazu führen kann, dass man weniger achtsam ist und dass die eigenen Schwächen, das eigene Zögern aufgedeckt werden können. Es ist daher besser, alle von unserer Herkunft zubereiteten Vorurteile zu hegen und zu pflegen und die Lücken unseres unsichtbaren Unbehagens sogar vor uns selbst zu verstecken.

In *Wer klopf denn da an meine Tür?* geht J.R. scheinbar unbefangen und zwanglos mit den zwischenmenschlichen Beziehungen um, und aus einer geheimen Leidenschaft heraus scheint er anderen helfen und sie unterstützen zu wollen. Er scheint vor allem im Vergleich zu seinen Freunden weniger dazu zu neigen, seine guten Absichten in Wutausbrüchen zu ersticken. Beim näheren Hinsehen kann sein gefälliges Verhalten eine von Konventionen bestimmte Oberflächlichkeit bezüglich menschlicher Beziehungen nicht verbergen, da er eine unkritische und fetischistische Anpassung an ruchlose Traditionen pflegt. J.R. scheint daher auf den ersten Blick eine gute Seele zu haben, da er z.B. die Schönheit eines Ausfluges in die Berge genießen und erkennen kann (während es seinen brüderlichen Freunden in ihrer Brutalität nicht gelingt, die romantische Eingebung einer Landschaft in sich aufzunehmen), aber in Wirklichkeit ist es sein Anstand, der ihn nach außen hin gut und entgegenkommend erscheinen lässt. Seine Kultur basiert auf Ehrgeiz und Pflichtverletzung, auf Vorurteile und Paternalismus, auf der Liebe zur Familie und seinen Freunden, obwohl sie Tiere der schlimmsten Sorte sind. Der engstirnige katholische Einfluss kommt bei diesem jungen Mann zum Vorschein, der sich seiner Freundin gegenüber als vorurteilslos hinstellt und eine gewisse geistige Offenheit zur Schau stellt (J.R. erfindet z.B., dass er einen Job in der Bank aufgegeben hat, weil ihm diese Art Arbeit nicht gefiel). Bei einem etwas aufmerksameren Blick ist er jedoch ein übermäßig geschwätziger und irrationaler Aufschneider, der sich an seiner Her-

Scorsese mit De Niro (*links*) und Keitel (*rechts*) auf dem Set von *Hexenkessel.*

kunft rächt, die ihn im Inneren seiner Psyche stets unterdrückt hat, und er stellt sich selbst als glorreich und schlau hin. Die wahre »geistige Offenheit« von J.R. tritt da zu Tage, wo es sich um die Tugend der Jungfräulichkeit handelt. Als unser Protagonist nämlich Katies Worte hört, die ihre Scham und ihr verständliches Unbehagen überwindet und ihm anvertraut, von seinem Vorgänger und ihrem bisher einzigen Verlobten vergewaltigt worden zu sein, ist er nicht bereit, ihrer Version zu glauben, da es ihm realistischer (und leichter) erscheint, sich davon zu überzeugen, dass sie den früheren Liebhaber in die Falle der Gefälligkeit gelockt habe. Auf das Unbehagen eines Mädchens, das aus Liebe intime und »riskante« Geheimnisse enthüllt (sie weiß sehr wohl, was J.R. über die Mädchen denkt, die er ordinärer Weise »offene Türen« nennt), reagiert der junge Mann aus Little Italy mit Bigotterie, für den die Ehrfurcht vor der Muttergottes der blendende Blitz wird, der es verhindert, dass er den Leuten bis ins Herz sehen kann. Am Ende zieht das Mädchen es vor, sich von J.R., der sie so schlecht behandelt hat, der sich aber verliebt zeigt und sie heiraten will, abzuwenden und in würdevoller Einsamkeit zu leben, anstatt eine Verbindung einzugehen, bei der sie Gefahr laufen würde, lebenslang wegen nicht begangener, aber von

rückständigen Vorschriften abgesegneter Schuld angeklagt zu werden. J. R. ist am Ende wieder allein, aber dermaßen in seinen Überzeugungen eingefangen, dass er sich seiner selbstzerstörerischen Haltung nicht im mindesten bewusst ist. Er nimmt Zuflucht in der Kirche, um dem Priester seine »vermeintlichen« Sünden mit der »gefährlichen« Katie zu bekennen, während ihm gleichzeitig die pulsierenden und diabolischen Bilder der Vergewaltigung in den Sinn kommen, deren Opfer Katie gewesen ist. Im Eifer des Gebets verletzt er sich mit dem Kreuz sogar die Lippe und das Blut befleckt wie aus göttlicher Strafe diesen potentiellen Sünder (der seine Nächte für gewöhnlich mit Prostituierten und leichten Mädchen verbringt, sich um Gott jedoch erst kümmert, als er seinen Ruf mit einer »offenen Tür« aufs Spiel gesetzt hat).

J.R. ist noch rückständiger und heuchlerischer als der Protagonist von *Hexenkessel* (ebd. 1973), dem dritten Langfilm von Martin Scorsese. Dieser erkennt nämlich, dass man seine Sünden nicht in der Kirche abbüßen muss, sondern auf der Straße, d.h. an den Orten des eigenen Alltags, und dass jeder für sich alleine über die Strafe zu entscheiden hat, die er sich auferlegt. Aber da, wo der Protagonist von *Hexenkessel* dennoch die Zweideutigkeit eines neuen urbanen Christus zum Ausdruck bringt, der von den Zweifeln seines falschen Bewusstseins geplagt wird, ist J.R. noch eine eher stilisierte Darstellung des scorsesischen Italo-Amerikaners. In ihm dominieren vor allem ein stolzer Größenwahn und der Anspruch, immer und überall der Beste zu sein. Diese Haltung drückt er im monologisierenden Eröffnungsdialog auf der Fähre aus, in dem er neben der Liebe zu Filmen mit John Wayne schamlos (selbst wenn er oft ironielos lächelt) einen Realitätsbegriff zur Schau stellt, in dem die Welt ihm zur völligen Verfügung steht und immer bereit ist, nach seinen Wünschen geformt zu werden. Diesbezüg-

31

lich ist die bedingungslose Bewunderung von J.R. für jene, oft von Wayne oder Marvin dargestellten Leinwandhelden, beispielhaft, weil sie den »Mut« finden, unter allen Umständen zynisch und herabschätzend zu sein, wobei er vollkommen einverstanden ist mit der hervorgekehrten italo-amerikanischen Hochachtung für den »Schlauesten« im Lande (der in Little Italy auch noch mit dem »Gewalttätigsten« identisch ist).

J.R.: Also, hast du den Film gesehen?
Katie: Nein, ich glaub' nicht.
J.R.: Das war ein Farbfilm!
K.: Hab' ich nicht gesehen.
J.R.: Nein? Schade. Vielleicht wenn ich dir sage, dass Nathalie in dem Film eine Nebenrolle hatte, eine ihrer ersten Rollen überhaupt. Sie hatte ... am Ende eine schöne Szene ... mit Hunter ... als er durch die Wüste gelaufen ist und sie ihm sagt ... (Charlie spricht an dieser Stelle einen Satz in Indianersprache aus) Mit anderen Worten ... sie versucht ihn zu überzeugen ... wegzugehen.
K.: Nein, ich hab' ihn wirklich nicht gesehen.
J.R.: Da hast du einen tollen Film verpasst!
K.: Da kann man nichts machen.
J.R. Und da war auch noch eine andere klassische Szene in dem Film. Da gab es, wie üblich, den jungen Helden des Indianerstammes namens Narbe, der Name kommt von den Spaniern. Und der sprach mit John Wayne auf Englisch und Wayne sagt ihm: »Wer hat dich unsere Sprache gelehrt?«. Aber er sagt es ihm mit finsterer Miene. Und spricht dann weiter auf Komantschisch ... Komantschisch ist die Sprache der Indianer. Narbe antwortet ihm daraufhin: »Wer hat dich gelehrt wie eine Rothaut zu sprechen?« Verstehst du diese Bemerkung?
K.: Der hat's ihm aber zurückgegeben!
J.R.: Wer?
K.: Der, der... den Indianer gespielt hat?
J.R.: Narbe. Ja, der hieß so, hatte in Wirklichkeit aber gar keine Narbe. Der war der Böse und Wayne war der Gute. In solchen Filmen ist das immer so.
K.: Stimmt!
J.R.: In dem Film waren sogar alle Komantschen böse.
K.: Ein Film mit lauter Bösen! (Sie lachen).
J.R. Aber Achtung. John Wayne konnte auch hinterhältig sein, wenn er wollte.

K.: Ah, einen Moment. Vielleicht hab' ich ihn doch gesehen! Ist das nicht der Film, in dem Jeffrey Hunter im Geheimen mit den Indianern verhandelt und als die Weißen das dann herausbekommen...
J.R.: Richtig!
K.: ... muss er alles zugeben?
J.R.: Genau der!
K.: Ja, der hat mir gut gefallen.
J.R.: Glaub' ich, war ein Meisterwerk.
K.: Aber ich schäme mich ein bisschen zuzugeben, dass mir Westernfilme gefallen.
J.R.: Wieso denn? Alle sollten das zugeben. Die Welt würde besser laufen, wenn alle das zugeben würden.

Dieser bedrängende und widersinnige Dialog spiegelt den Ehrgeiz dieses Charakters wieder und kristallisiert seine Mythen und seine Gewohnheiten heraus. J.R. ist vor allem daran gewöhnt, seinen Standpunkt selbst dann blind weiterzuvertreten, wenn dieser der Mehrheit diskussionsbedürftig erscheint. Indem er die Dreistigkeit seines Filmhelden halsstarrig und impulsiv mit dem Schwert verteidigt, frönt er hingebungsvoll seinem Ehrgeiz- und Mutkult. Dem Mädchen bleibt keine andere Wahl als seine Begeisterung für den wilden Westen zu gestehen. Doch diese Bezugnahme auf die Leidenschaft für Filme erlaubt es dem Regisseur, sich in einer subtilen metalinguistischen Überlegung auszulassen. Das Kino ist somit die erste Kommunikationsebene zweier Welten, der Welt von J.R. und Katies Welt, die sich als vollkommen unvereinbar erweisen werden. Außerdem können Westernfilme sowohl einem förmlichen und rückständigen Menschen wie J.R. gefallen, als auch einer sensiblen und ehrlichen Persönlichkeit wie Katie, aber mit dem wesentlichen Unterschied, dass J.R. sich mit dem heldenhaften John Wayne identifiziert, Katie von diesem Thema jedoch Abstand nimmt und Probleme damit hat, zuzugeben, alte Westernfilme gut zu finden. Das Gespräch über das Kino lässt Little Italy durchscheinen und gleichzeitig erweist Scorsese dieser großartigen Volkskunst Ehre, die sich in soziologischer Hinsicht fähig gezeigt hat, kulturelle Unterschiede unter einem Nenner, und zwar dem der Zuschauererfahrung, zu mildern. Der Mann aus Little Italy und die gebürtige New-Yorkerin können sich kennen lernen und sich lieben,

Bertha Thompson hat keine Probleme, sich denen zu öffnen, die ihr Vertrauen erwecken.

bereits im Laufe des 19. Jahrhunderts das Aufblühen einer ganz eigenen Gemeinschaft, nämlich der *Sisters of the Road*. Die weiblichen „hobos" werden in der offiziellen Studie über Landstreicher fast überhaupt nicht berücksichtigt und von ihren männlichen »Kollegen« ebenfalls nicht weiter beachtet, oder, da sie ihnen keinerlei Weiblichkeit zugestehen, höchstens mit Argwohn betrachtet und als anormal empfunden. (Roberta Mazzanti, Le »Sorelle della Strada«, S.8., Kritische Anmerkung in *Die Faust der Rebellen, Autobiographie einer amerikanischen Landstreicherin*).

Somit nimmt Scorsese mit seinem Film aus dem Jahr 1972 die Gelegenheit wahr, zu den Wurzeln der Emanzipation der Frau des 20. Jahrhunderts zurückzugehen und kann die Aufmerksamkeit auf eine Frau lenken, die wie ein Mann lebt und mit ihrer außerordentlichen Sensibilität denselben Alltagsproblemen begegnet wie jene Einzelmenschen, die aus politischen oder sozialen Gründen zu Landstreichern werden. Das Drehbuch von Joyce und John Carrington, das frei nach der wahren Autobiographie Bertha Thomsons bearbeitet wurde, bietet zahlreiche Anhaltspunkte, die Zeit, in der der Film spielt, mit zeitgenössischen Momenten zu verbinden.

auch weil sie Zeugen derselben Leinwandereignisse sind, wobei sich die Frau im Gegensatz zu dem farblosen und gehemmten Mann als positiv und strahlend offenbart. Die ersten Langfilme Scorseses folgen übrigens diesem konfliktbetonten Verlauf, bei dem der weibliche Charakter antikonformistisch und fähig ist, eine gewisse Unabhängigkeit vom Mann zu wagen, und den starken Willen zeigt, das Schicksal selbst in die Hand zu nehmen: eine Bewusstseinseinstellung, die dem Mann fehlt, der weniger dazu in der Lage ist, selbst seine eigenen Gefühle und Liebe zu erkennen und zu erleben. Katie aus *Wer klopft denn da an meine Tür?* ist die erste Frauengestalt, die an dieser kulturellen Revolution teilnimmt.

In *Die Faust der Rebellen* (1972), dem nachfolgenden Langfilm Scorseses, der von Roger Corman produziert und kulturell betreut wurde, wendet der Regisseur den Blick von der Männerwelt Little Italys ab (in *Hexenkessel* wird er jedoch wieder dorthin zurückkehren) und umreißt in Bertha Thomas, der »Schwester der Straße« im Amerika der 20er-Jahre, die weibliche Kultgestalt des anarchischen Amerikas. Auf Amerikanisch heißen sowohl männliche als weibliche Landstreicher „hobo" und die Gemeinsamkeit ihres Lebensstils begünstigt

Der Sturm der 68er-Bewegung ist noch nicht vorbei und der Autor, der schon bald als experimentellster Filmemacher und Erneuerer des neuen Hollywood anerkannt werden wird, hat kurz zuvor an der Realisierung von *Street Scenes* teilgenommen (als Art Director und Direktor der Nachproduktion), einem Dokumentarfilm über die Studentendemonstration gegen den amerikanischen Einmarsch in Kambodscha. Außerdem hat er zusammen mit Michael Wadleigh, der bei den 16 mm – Sequenzen von *Wer klopft denn da an meine Tür?* Kameramann war, an der Montage von *Woodstock* (70), dem großen Rockfestival im Sommer 1969, teilge-

33

Scorsese mit Michael Waldleigh und seiner alten Freundin Thelma Schoonmaker bei der Arbeit zu *Woodstock*.

nommen. Als Martin Scorsese im Januar 1971 Roger Corman in Kalifornien von Freddie Wientraub, dem Vizepräsidenten der Warner Brothers, den er bei dem Dreharbeiten von Woodstock kennen gelernt hatte, vorgestellt wird, weiß der Regisseur sehr wohl, dass Corman derjenige ist, der neue Regisseure wirklich zum Erfolg führt und ihnen dabei genügend eigenen Spielraum lässt. Corman erweist sich wirklich als idealer Produzent für den jungen Cineasten, denn sie sind sich in ihrer Einstellung bezüglich der Gegenkultur der Jugend einig. Der Produzent schlägt Scorsese zunächst vor, die weitere Leitung seines *Barkerclan* (1969) zu übernehmen, und er vertraut ihm einige »Geheimnisse« an, mit deren Hilfe man das Interesse der Zuschauer wach halten kann. »Lies das Drehbuch, schreibe es nach deinem Willen um, aber erinnere dich, dass es zumin-

dest alle 15 Seiten eine Nacktszene geben muss. Nicht unbedingt eine ganze Nacktszene, aber man sollte wenigstens eine nackte Schulter oder ein Bein sehen können«, und diese »praktischen« Vorschläge des Produzenten sind für Martin Scorsese wirklich lehrreich, da er sich als Filmliebhaber dem Dialog mit dem Publikum nicht entziehen will. »Erinnere dich daran, dass du den ganzen Film innerhalb von drei Tagen mischen musst: neun Filmrollen in drei Tagen. Die erste Rolle muss gut sein, denn die Leute, die ins Drive-in fahren, müssen spüren, worum es geht. Vergiss dann den Rest bis zur letzten Filmrolle, weil die Leute wissen wollen, wie es ausgeht«.

Mit einem Budget von 600.000 Dollar kann Martin endlich seine ersten professionellen Filme drehen und sich jenem Publikum zuwenden, das der vorhergehende, in seiner Universitätszeit hergestellte Film *Wer klopft denn da an meine Tür?*, nicht erreichen konnte. (Corman selbst sah den Film 1970 an der East Coast

34

unter dem Titel *J.R.*, auf dem der Verleiher bestanden hatte, da ihn der Originaltitel nicht überzeugt hatte. Obwohl die Kritik diesen Film bereits lobend erwähnt hatte, musste er sich nun mit der positiven Aufnahme bei Filmvorführungen und Festivals und der Verleihung des Preises »Sirena d'oro« (1970) in Sorrent begnügen). *Die Faust der Rebellen*, der Langfilm, der die vorhergesehene Folge von *The Clan of the Barkers* ersetzt, entsteht unter – zumindest für in Hollywood geltende Verhältnisse – beachtlicher Ausdrucksfreiheit. Die endgültige Drehbuchversion hat wenig mit dem Buch von Bertha Thompson gemein (im Film wächst die junge Frau, die von der strahlenden Barbara Hershey dargestellt wird, am Anfang bei ihrem Vater auf, der in der Autobiographie völlig fehlt, wo die Hauptbezugsperson die Mutter ist, die im Film überhaupt nicht erscheint. Als der Vater bei einem Arbeitsunfall tödlich verunglückt, schließt sie sich einer Gruppe von Rebellen an, die aus einem illegalen Gewerkschaftler (Big Bill Shelley/David Carradine), aus einem jüdischen Glücksspieler und einem Neger besteht. Der Film lässt daher die Stelle im Buch aus, wo Bertha mit den »Sisters of the road« Momente der Solidarität erlebt. Er konzentriert sich vielmehr auf das Schicksal der Gruppe als ein Ganzes, wobei diese »kollektive« Sicht in der ungefilterten Freiheit des Ausdrucks wiedergegeben wird, die den jungen Filmemacher in den letzten Jahren geprägt hat und die auch dann durchscheint, wenn Scorsese andere geschichtliche Perioden behandelt. (Von *New York, New York* bis zu *Die Zeit der Unschuld* möchte sein lebendiger und phantasievoller Blick auch in *Die Faust der Rebellen* die Vergangenheit durch eine geschichtliche und doch aktuelle Kohärente in der Erzählung wieder aufleben lassen, die die Lebensweise der Charaktere dem sich ständig verändernden Kontext und der Landschaft anpassen. Auf der Ebene der thematischen und sprachlichen Auswahl macht sich *Die Faust der Rebellen* das neue Filmgenre zu Nutzen, das von Arthur Penn und seiner *Gangster Story* (1967) eingeführt worden war, ein Genre, in dem die persönlichen Erlebnisse wichtiger sind als die dargestellten Verbrechen, und wo die Entgleisung der »Ganoven« auf den amerikanischen *Highways* einem regelrechten Road-Movie gleichkommt, das dem Elan der Gegenkultur der

Jugendlichen, die das Amerika der 60er-Jahre bevölkern, nicht unähnlich ist. Gerade auf der Ebene der Sprachwahl bringt der Film, der trotz allem den Produktionsrichtlinien der Factory von Corman gehorchen muss, die poetische Spannung des Regisseurs zum Ausdruck, indem er eine »glühende« Sicht auf das freie und ungehemmte Leben der Bertha Thompson bietet, die sich unbefangen innerhalb der Rebellengruppe bewegt, die durch die Häuser der »Besitzer« streunen und für die Befreiung der Arbeiter eintreten, wobei ihre Opfer von ihren Zeitgenossen jedoch nicht verstanden werden (als Big Bill die vom Postüberfall stammende Beute dem heuchlerischen Schatzmeister der Gewerkschaft übergibt, empfängt er von diesem beispielsweise nichts anderes als eine scharfe Missbilligung seines Vergehens und wird ziemlich schnell als Verbrecher abgestempelt). Und doch entsteht Big Bills Clan ganz spontan und ausgerechnet Bertha wird von der Filmhandlung zum Bindeglied der künftigen Rebellengruppe bestimmt: Sie schließt sich zunächst Big Bill an, weil seine Männlichkeit und seine wirklich antikonformistische Haltung sie anziehen (er wird von den Konservativen als Bolschewist bezeichnet, weil er sich hartnäckig für die Arbeiter einsetzt und die aus seinen Freiheitskundgebungen tönende Stärke selbst seinen Genossen Angst macht). Als Bertha dann wieder alleine ist, schließt sie sich dem Glücksspieler Rake Brown an, der für sie nicht schlimmer ist als viele »ehrliche« Typen aus dem Süden. Sie hilft ihm auch bei seinen Hochstapeleien und rettet ihm das Leben, als zwei Glücksspieler ihn entlarven und umbringen wollen. Als sie am Ende Big Bill wiederfindet, schließt sie sich ihm wieder an und verlässt Rake mit der fatal ehrlichen Entschuldigung: »Mit ihm ist alles ganz anders«. Diese Offenheit, die im Gegensatz steht zum falschen Bewusstsein vieler scorsesischer Männercharaktere, ist der Beweis für das Fehlen kultureller Vorurteile, das Berthas Lebenseinstellung charakterisiert, obschon diese junge Rebellin zu der Kategorie Frau gehört, die aus einem politischen oder sozialen Grund zur Landstreicherin wird. Ihre Spontaneität und ihre freiheitlichen Handlungen stimmen dabei der Aufrichtigkeit der anarchischen Rebellion Big Bills und seiner Verbündeten zu. Diese Frau hält damit diese kleine Rebellengruppe zusammen (Big Bill und Rake werden trotz ihrer anfänglichen Rivalität bald Freunde) und sie ist diejenige, die die Genossen von der Zwangsarbeit befreit, zu der sie nach einem Überfall durch die Polizei gezwungen worden waren. Als die Gruppe schließlich auseinander bricht, hat sie keine Bedenken, für kurze Zeit auf den Strich zu gehen und sich so anzuziehen, wie es die »Schwestern jener Zeit« zu tun pflegen. Ihre Unbefangenheit geht einher mit der zurück gewonnenen Körperkontrolle, die die Hippy-Bewegung und die Beat-Generation (die, chronologisch gesehen, nach der Geschichte von Bertha Thompson kommen und der wahre kulturelle Nährboden des neuen Amerikas sind, in dem Scorsese seine Ideale erfährt) als unverkennbaren Fixpunkt kennzeichnen, der den Werten des herrschenden Konformismus entgegentritt, um die Fülle der Seele zu erlangen. Die Sprache dieses Films will die Natürlichkeit und Lebendigkeit des spontanen Lebens zum Ausdruck bringen, wobei sie sich über Ansprüche der erzählerischen Klarheit hinwegsetzt, um im Sinne Rossellinis die Dinge zu zeigen und nicht zu beweisen. Die Offenkundigkeit der Situationen tritt um so wirksamer zu Tage, je dynamischer die Dramaturgie ist und um so weniger diese von den Erfahrungen der Einzelpersonen zerstreut wird. Emblematisch hierfür ist die Liebesszene im Zug zwischen Bertha und Big Bill, wobei die Kamera, die von sanftem Gitarrenklang bedrängt wird, die Bilder von ihrem beschreibenden Charakter befreit, um sich auf das von den Fingern des Mannes aufgeknöpfte Hemd, auf die Zähne Berthas zu konzentrieren, die durch ihr erwartungsvolles Lächeln strahlen, auf den Slip, der die Beine des Mädchens heruntergleitet, auf die Augen, den Mund und die Haare, die vor Erregung lebendig werden, und die durch ganz präzise Großaufnahmen jene direkte Sprache spricht, die die Menschlichkeit jener Momente darstellen kann, und sich als tiefgründiger Plan der komplexen und oft unbewussten Beziehungen herausstellen, die den Menschen an das Theater der kollektiven Wechselfälle fesselt. Diese subtilen und kaum wahrnehmbaren Beziehungen, die der Regisseur in seinen folgenden Filmen immer sorgfältiger untersuchen wird (siehe *Kasino*), werden in *Die Faust der Rebellen* durch eine beständige Kamera- und Bildbewegung verfolgt, um eine »geschichtete« und heterogene Sicht der Rea-

lität wiederzugeben, wobei die Idee zugrunde liegt, dass sich die Realität auf der Überlagerung verschiedener Blickwinkel aufbaut. Über die Ausgangsszene dieses Langfilms sagt Umberto Mosca: »Das erste Bild des Films, das sich noch vor Anfang der Titel leicht bewegt, ist ein etwas schwerer blauer Himmel, der von weißen Wolken durchzogen ist, die so aussehen, als wollten sie sich von einem Moment zum anderen zur Ruhe begeben. Sie spiegeln sich in den träumerischen Augen (Detailaufnahmen) der Protagonistin wieder, die die Flugkünste ihres Vaters bewundert (die Flugzeugszene wird in der dritten Einstellung gezeigt), während sie selbst die Felder eines Grundbesitzers sprengt. Es handelt sich um einen kurzen Eindruck, der plötzlich vom neuen Detail der Nägel unterbrochen wird, die in die Eisenbahnschiene eingehauen werden. Das Flugzeug landet dann, und im Hintergrund des Bildes werden einige Männer sichtbar, die an der Eisenbahnschiene arbeiten, während Berthas Vater und sein Arbeitgeber angeregt über die Gefahren reden, die sich daraus ergeben könnten, wenn er zur Vollendung des Werks weiterfliegen würde. In einem kurzen Wortwechsel legt die Kamera eine Reihe von Beziehungen zwischen den Personen und unterschiedlichen Situationen fest, in denen sie sich bewegen und die Großaufnahme einer der Fabrikarbeiter ändert nichts daran, dass man die junge Frau im Hintergrund deutlich sehen kann. Die Realität baut sich auf und wird komplexer, indem die verschiedenen Elemente am selben Bildraum teilnehmen und der Zweideutigkeit der Szene Dichte verleihen. Eine derart deutliche und präzise, ja sogar überrealistische Perspektive ist das unvermeidbare Vorzeichen von etwas, das sich für immer verändert (U. Mosca, *Bertha und die Bewegung: Die Revolution nach Martin Scorsese*, »Garage«, N.8, S. 106-107).

Die stilistische Erneuerung innerhalb eines ganz spezifischen, aber noch nicht streng kodifizierten Genres wie das »Road Movie«, geht einher mit einer nicht progressiven und ruckartigen Vorgehensweise, mit der Übernahme einer substantiellen semantischen Entrophisierung, die die Aphasie und das notwendig Unorganische der Reise im Schatten der Gerechtigkeit widerspiegelt. Liebesabenteuer und freier Sex in den Zugwagons oder auf dem kalten

36

Boden großer verlassener Häuser wechseln sich mit Gewaltszenen ab, die oft von starkem allegorischem Ausdruck belebt werden, wobei die Dynamik des Road-Movies letztlich eher durch Fülle als durch Wegnahme erzeugt wird. In diesem Sinne muss der Überrealismus verstanden werden, der von einigen Kritikern als überflüssig und rein effekthaschend beurteilt wurde. Seit *Wer klopft denn da an meine Tür?* befolgt Scorsese diese phantasievolle Erweiterung des Blicks und des Symbols, indem er aus der Hypertrophie ein Element macht, das nötig ist, um die Gewalt in allen Winkeln ausfindig zu machen und aufzuzeigen. Emblematisch hierfür ist in diesem Film die Szene mit dem Fest im Haus von Freunden, die aus langen Aufnahmesequenzen besteht, welche sich mit Kontrasten und anderen Eindrücken kreuzen und sich mit makabrer Gier über den entfremdenden Effekt der Verlangsamung legen, mit der unerbittlich die »Scherze« der »lieben Jungen« festgehalten werden; durch diesen Effekt wird erreicht, dass die ganze groteske Bosheit ihres Verhaltens mit eindringlicher Kälte aufgezeigt wird. Der sogenannte überrealistische Blick Scorseses macht demnach die dunkle Nüchternheit des Dramas ausfindig. Es bestehen keine Zweifel darüber, dass ein Film wie *Gangster Story* und ein Regisseur und Produzent wie Roger Corman mit alten Tabus gebrochen haben, aber Scorsese hat die Filmsprache dazu gebracht, durch den Triumph sprachlicher Vielschichtigkeit, das ganze psychologische und anthropologische Potential, das Gewaltszenen kennzeichnet, in seinen ursprünglichen Besonderheiten aufzuzeichnen. Als in diesen Jahren *Uhrwerk Orange* von Stanley Kubrick die kollektive Gerechtigkeit erneut zur Sprache bringt, um bei den bürgerlichen Massen den schrecklichen Zweifel aufkommen zu lassen, dass Gewalt ein Teil der menschlichen Persönlichkeit ist, führt Martin Scorsese ganz entschieden eine neue »Sehweise« der verschiedenen Gewaltformen ein, indem er seinen Stil den anthropologischen Dringlichkeiten des konservativsten und entgleistesten Teil Ameri-

Liebe und Rebellion: Bertha Thompson, die »Schwester der Straße«, und Big Bill, der »Bolschewik« aus *Hexenkessel*.

kas anpasst. Der Adrenalinstoß in diesem Film wird zusammen mit den Filmen von Coppola und dem stets zeitgenössischen Peckinpah (erweiternd könnte man auch die umstürzlerischen Beiträge von Altman und Aldrich und Sam Fuller erwähnen) hauptsächlich Ende der 70er-Jahre spürbar, als eine ganze Reihe von Regisseuren, wie zum Beispiel auch Michael Cimino, unter anderem auf Grund der Erfolge Martin Scorseses, endlich jene Ausdrucksweise anwenden können, die es ihnen erlaubt, zensurlos den Schrecken zu beschreiben (nicht umsonst können sich die Regisseure gerade zu dieser Zeit, da sie die realen Wunden des Vietnamkrieges sehen, auf eine der widersprüchlichsten und schmerzvollsten geschichtlichen

37

Familienbild: John und David Carradine (*oben*), David und Barbara Hershey (*unten*).

Tragödien zurückbesinnen). Die Gewalt so zu zeigen, wie sie ist, bedeutet andererseits, einen realen und unerschütterlichen Aspekt des Lebens auf sich zu nehmen und Scorseses Blick kann kaum mit grausamer Gefälligkeit verwechselt werden. Zweifellos wohnt man in seinen Filmen einer radikalen und notwendigerweise ungebremsten Scharfeinstellung bei, die sowohl Travis Bickles »Amoklauf« am metaphorischen und höllischen Ende von *Taxi Driver* einschließt, als auch die Entstellung des Gesichts von Karens Nachbarn durch den bestialischen Henry Hill in *Goodfellas* und auch die markerschütternde Kreuzigung Big Bills am Zugwagon zum christologischen und wortlosen Schluss von *Die Faust der Rebellen*. Doch der Autor geht der Frage nach der Darstellbarkeit der Grausamkeit bis auf den Grund, indem er beweist, wie gut er die »passive« Faszination, die diese beim Zuschauer hinterlassen kann, zu behindern vermag. Diesbezüglich kreuzt sich Scorsese mit verschiedenen Regisseuren des narrativen Films, die alle die groteske und schreckliche Seite der Gewalt unterstreichen, während er nicht vergisst, seine oft mitreißende Einführung wirklich zu machen und einen Abstand aufkommen lässt, der auch die Künstlichkeit der filmischen Übertragung entlarvt. In dieser Hinsicht ist sein dritter Langfilm *Hexenkessel* (ebd.1973) ausgehend von den Aufnahmen von den Raufereien unter Charlies Genossen und den Streifzügen zur Begleichung offen stehender Rechnungen in den »unter Schutz« stehenden Lokalen wirklich bewundernswert. Scorsese setzt die gesamte Neurose seines kleinen und zugleich großen katholischen Protagonisten frei (dargestellt wiederum von Harvey Keitel, der seine harte Arbeit in der Hölle von Little Italy mit noch größerer Symbolik weiterführt), indem er ihm und seinen Anhängern eine stets dynamische und willentlich »scharfe« Erzählstruktur einrichtet, die durch kontinuierliche syntaktische Abweichungen belebt wird, was auf der Ebene der emotionalen Wahrnehmung ein lautes »Sich-Aufbäumen« erzeugt. Die Gewalt ist in die deterministische Welt von Little Italy eingeschrieben und man kann sagen, dass *Hexenkessel* die erste anthropologische Phase dieses Autors geschickt zusammenfasst, dessen Filmografie über einige bedeutungsvolle Zeitperioden definiert wird. Er widmet sich stets der Entlarvung

38

Scorsese, hier mit Richard Romanus, spielt den Killer in den Schlusssequenzen von *Hexenkessel*.

konformistischer Fallen und der Plagen psychologischer Unterdrückung und bewegt sich von der christologischen Konfliktphase der ersten Langfilme über die weltlich-deterministische urbane Erfahrung in *Taxi-Driver* bis hin zu den großen anthropologischen Beschreibungen der 90er-Jahre, die kinematographische Besessenheiten wie *Goodfellas, Die Zeit der Unschuld* und *Kasino* produzieren, in denen das bürgerliche Milieu auf absolutistische Weise die Stelle des Unbehagens eines jungen und von den Traditionen geplagten Spielmannes einnimmt, wie Charlie in *Hexenkessel*. Zwischen diesen Polen bewegt sich der Regisseur, indem er sich sehr persönliche, langatmige Betrachtungen erlaubt (*Die letzte Versuchung Christi*) und seinen Arbeiten stets eine persönliche Note gibt (wie die wilde Nacht zum Beispiel, die in *Die Zeit nach Mitternacht* dem nach Abwechslung suchenden Kleinbürger Paul Hackett übel mitspielt, oder die Wiederauferstehung einer Figur wie Eddie »Fast« Felson in *Die Farbe des Geldes*, der unter den entfremdenden und verzweifelten Folgen einer in den tragischen Wechselfällen der ersehnten »magischen Überstimmung« zu leiden hat.

In *Hexenkessel* muss vor allem die Gewalt spürbar werden, denn sie spiegelt das wieder, was tatsächlich passiert und was die sozialen Beziehungen auf den verschiedensten Ebenen regelt. Von den alltäglichen Abmachungen bis hin zu den hinterhältigsten Ratschlägen, damit »Charlie, der liebe Junge«, würdevoll, das heißt, rücksichtslos, seinem beruflichen Werdegang in der skrupellosen Routine seines Milieus entgegentreten kann. (Onkel Giovanni, ein geachteter Mafiaboss, hat ihm die Führung eines Restaurants versprochen und Charlie fiebert seinem Traum von »Ehrbarkeit« entgegen). Doch die Gewalt macht sich vor allem als niederträchtiger psychologischer Bruch bemerkbar (Charlie führt in seiner Leidenschaft für Theresa bittere innere Kämpfe aus, da Theresa von seinem Onkel nicht gern gesehen wird, und da sie nicht ihr ganzes Leben in Little Italy unter dem Druck und der Kontrolle der Familie leben und lieber mit Charlie in eine Wohnung weit weg von Little Italy ziehen will) und in der bedingungslosen Verteidigung der Traditionen und »alten Freundschaften« (auch wenn sich diese als unvereinbar mit den bürgerlichen Bestrebungen nach einer sicheren Arbeit und nach Ehrbarkeit erweisen: wie zum Beispiel Johnny Boy, der in den Tag hinein lebt, bei allen Schulden macht und sich sicher ist, dass sein Cousin Charlie alles wieder in Ordnung bringt).

Die Belastung durch psychologische Unter-

39

drückung muss daher vor allem auf der Ausdrucksebene übermittelt werden, während, und es ist angebracht, dies zu wiederholen, die spürbare Gewalt mit der Symbolik einhergehen muss. Das Dekor hat daher den grausamen Anstrich der Hölle, man denke beispielsweise an das Überwiegen von starken roten Farben in Tonys Bar, vor denen sich oft das »echte« Blut der Mafia-Abrechnungen abzeichnet (David Carradine, die gespenstige Erscheinung aus *Die Faust der Rebellen*, schleppt sich betrunken den Tresen des Lokals entlang und wird dann bei tobender Opernmusik im gefährlichen Toilettenraum des Lokals abgeschlachtet). Das Blut soll die Körper überströmen und sichtbar sein, denn in *Hexenkessel* ist es der Lebenssaft einer ganzen Generation. Die Beobachtung von Alberto Pezzotta in Bezug auf das umstrittene Ende von *Taxi Driver*, dem auf *Hexenkessel* folgenden Film, ist bezeichnend: »Viele Zeitkritiker haben den großen scorsesischen Guignol nicht verdaut, und auch Kolker konnte nicht umhin, aus der Perspektive seines akademischen Marxismus ein Urteil zu fällen. ›Scorsese kann nicht völlig von der Absicht freigesprochen werden, Spektakularität erzielen zu wollen‹, und bedauernswert ist sein weiterer Kommentar, in dem er gesteht, ›ganz konkreten Ekel empfunden zu haben‹. Heute, nachdem man *Die letzte Versuchung Christi* gesehen hat, kann man vielleicht besser verstehen, warum Scorsese den Amoklauf Travis' mit soviel Realis-

mus dargestellt hat: Finger, die von einem explosiven Geschoss in die Luft gesprengt werden. Blut, das reichlich (und geräuschvoll) durch die Luft spritzt, Hände, die von Messern durchbohrt werden« (Alberto Pezzotta, *Martin Scorsese, Taxi Driver,* S.52). Der Regisseur beschreibt diesen ganz konkreten Kontext mit unerbittlicher Bissigkeit: »Das Blut ist ein Element einer katholischen Kultur, wie die von Scorsese, wo die blutigen Bilder – vom Heiligen Herzen bis zur Kreuzigung – kein Tabu sondern der höchste Ausdruck an Pathos sind, nämlich die Offensichtlichkeit, dass Gott gelitten hat und zur Rettung der Menschen gestorben ist, oder dass die Toten durch ihr Fleisch den eigenen Glauben bezeugen«(ebd.). Das Blut ist daher wie die kirchlichen Riten der Beichte oder das Gebot der »jungfräulichen Reinheit« unversöhnlicher Auszug einer Kultur, die keine Ausnahmen kennt, und wenn, dann nur unter der Bedingung untragbarer Anstrengungen des Bewusstseins (J.R., so wissen wir, wäre bereit gewesen, Katie »auf alle Fälle« zu heiraten , wenn ihre »Sünde« erst einmal aufgedeckt wäre. Die Dimension prosaischer Sachlichkeit hat sich dermaßen in die Psychologie eingenistet, dass der Autor dazu gebracht wird, die Entwicklung widersprüchlicher und erschöpfender Gefühle in ein rostfreies System von Verhaltensregeln aufzunehmen.

Heil und Schicksal sind indessen wahrnehmbare Kerne, um die sich Charlies Welt dreht. In

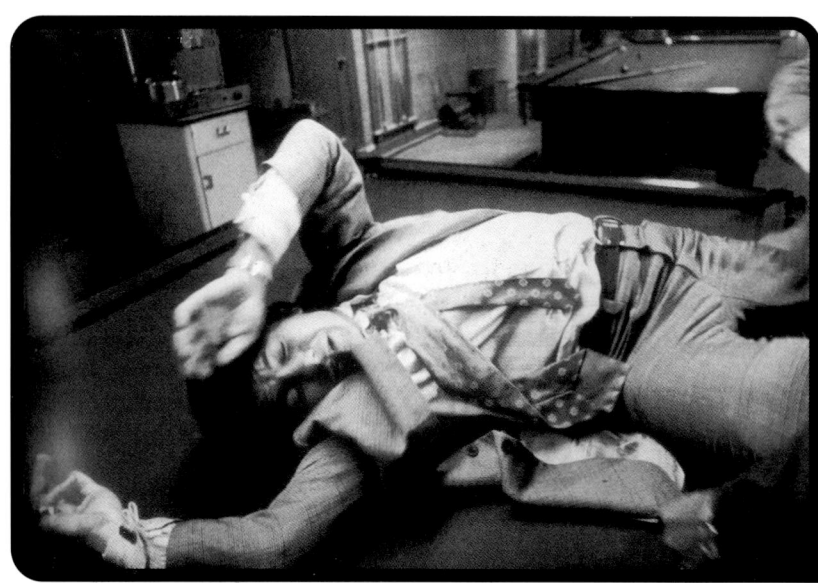

Die Schlägerei auf den Billardtischen in *Hexenkessel.*

den Mythen des engstirnigsten Katholizismus ist die Wiederkehr Christi als Opfer und Richter das Vorbild einer inneren Disziplin, die in der Darstellung der geheimsten existentiellen Fragestellungen Scorseses durchscheint. Wenn das Opfer Christi das Opfer aller Menschen gewesen ist, so nimmt jeder scorsesische Charakter, der sich selbst geißelt, nicht die eigene Schuld, sondern die Schuld der Sünder auf sich, die ihn umgeben. Dies gilt auch für Charlie, der das Bedürfnis empfindet, Johnny Boy zu helfen und Teresa nicht zu verlassen, und dies nicht, weil in seiner Seele wahre Gefühle der Freundschaft oder der Liebe vorherrschen, sondern wegen seines Wahns der Allmächtigkeit, die ihn sagen lässt: »Mein Reich ist nicht von dieser Welt«, nachdem sein Freund Michael ihm die vielsagende Frage gestellt hat (»bist du der König der Juden!?!«). Dies ist gewiss ein immer wiederkehrendes Merkmal in der Psychologie des jungen Italo-Amerikaners, aber auch des ewig kindlichen Amerikaners. Scorsese betont hier die katholische Note einer *Forma Mentis*, die von der, unter Anleitung Erwachsener, aufgezwungenen Disziplin geprägt, vom Pflicht- und Opfersinn erdrückt wird und Opfer eines Gefühls der Vorherbestimmung ist, die das Ego in ein fatales und imaginäres »Zentrum der Welt« projiziert. Es ist daher ganz logisch, dass sich Charlie letzten Endes nicht dazu entscheiden kann, sein Leben durch Selbsterkenntnis in die Hand zu nehmen, sondern dass er seine Probleme vielmehr zu beseitigen glaubt, indem er sich ins Zentrum allen Übels der Welt stellt, um damit in einer heuchlerischen und naiven »messianischen« Investitur eine Lösung zu finden (bevor er sich am Anfang des Films vor den Spiegel in seinem Zimmer stellt, sagt Charlie, dass »man die Strafe nicht in der Kirche, sondern auf den Straßen und in uns selbst abbüßt«, und dass jeder sich selbst die Strafen aussucht, die er sich auferlegen will, wobei er auf halbem Weg zwischen der Annahme einer bewussten inneren Rückbesinnung und der apriorischen Anpassung an die katholische Verkettung von Anstand-Schuld-Sühne-Opfer stecken bleibt; später macht Teresa auf das »kollektive Bedürfnis« aufmerksam, sich an der guten Lehre des Heiligen Franziskus von Assisi zu inspirieren, da »keiner keinem mehr hilft«). Der katholische Charlie spricht von Hochherzigkeit und Brüderlichkeit, verhält sich aber wie

der perfekte Erbe dieses Self-Made-Landes (Amerika) und ist eingegliedert sowohl in die kastrierenden italienischen Familientraditionen, als auch in den ruchlosen Wettkampf um den Erfolg amerikanischer Emporkömmlinge. Dass ein solcher Charakter überall auf den amerikanischen Straßen der 70er-Jahre zu finden ist (auf weltlichere und temperamentvollere Weise), wird der Film zum Ausdruck bringen, mit dem Scorsese drei Jahre später internationalen Erfolg erlangen wird: *Taxi Driver*.

Paul Schrader, der protestantische Drehbuchautor eines wesentlich katholischen Films, sagt dazu: »Travis' Problem ist das Problem eines existentiellen Helden: Warum existiere ich? Doch Travis versteht nicht, dass dies sein Problem ist, also projiziert er es anderswohin, und ich glaube, das ist ein Zeichen der jugendlichen Unreife und Naivität unseres Landes. Der selbstzerstörerische Impuls wird nicht nach innen gelenkt, sondern nach außen. Der Mann, der spürt, dass sein Tod herannaht, geht nach draußen und bringt die anderen um anstatt sich selbst« (R. Thomson, *Screenwriter, Taxi Driver's Paul Schrader* »Film Comment«, vol. 12, Nr. 2, 1976, S. 13). Im Gegensatz zu Charlie, dem vermeintlich franziskanischen Protagonisten von *Hexenkessel*, ist Travis Bickle, der leidende Taxifahrer in *Taxi Driver*, der Botschafter einer noch solipsistischeren Ideologie, da er wie Charlie nicht nur mit seiner Herkunft aus Little Italy zu kämpfen hat, sondern darüber hinaus noch ein Vietnamheimkehrer ist und somit in der entfremdenden Realität der Stadt das Trauma eines falschen Krieges wieder erlebt. Wie dem auch sei, sowohl Travis als auch Charlie verspüren das Bedürfnis, ihrem Nächsten zu helfen und dieser naive Glaube ist der wesentliche Grund für das Scheitern des Taxifahrers, der, da er sich selbst nicht helfen kann, den Anspruch hat, über sich selbst hinaus zu gehen und sich anderen gegenüber großzügig zu zeigen.

Charlie und Travis sind zentrale Figuren des amerikanischen Films der 70er-Jahre: sie sprechen für die schmerzhafte und aufbegehrende anthropologische und kulturelle Spaltung der Zeit nach den Protesten. Der Mythos vom Selfmade-Man entsteht an jeder Straßenecke neu, und damit zugleich auch die psychologische Isolation. In diesem fahlen sozialen Klima wird die Gewalt ein unumgänglicher Zusatz zu dem

41

von wilden Regeln bestimmten Leben. Die Widersprüchlichkeit ist Teil einer Kultur, die um die Herabkunft eines »Racheengels« fleht, der all das vernichten möge, was im Bösen wirkt, und die Angst vor Gewalt nährt ihrerseits den Groll und erzeugt eine tief gehende Agressivität, die sich selbst in ganz alltäglichen Verhaltensweisen widerspiegelt. Es gibt tatsächlich keine Willensfreiheit, wie es die katholische Denkweise will. Auch Big Bill Shelley, der anarchische Rebell aus *Die Faust der Rebellen* konnte das Gesetz der Gewalt nur dadurch überleben, indem er sich bewaffnete (und sich selbst gegenüber aufrichtig zugibt, für ein solches Leben nicht geschaffen zu sein). Doch sein Opfer, das im Prinzip der Vergangenheit angehört, schien uns bewusster und freier zu sein als jene der nachfolgenden scorsesischen Charaktere. Zum Schluss wird er von den Männern des Magnaten Sartoris an einen Eisenbahnwagon gekreuzigt und dieses Ende ist das Symbol für das Ende der Hoffnung. Der Schmerzensschrei von Bertha/Magdalena folgt diesem besiegten messianischen scorsesischen Helden, dessen Freiheitstraum von der Gestalt des sozialen Regimes begraben wird.

Mit seinen alles umfassenden Filmen, seinen Filmen der Widersprüchlichkeit, radikalisiert Scorsese in den 70er-Jahren die Sicht auf die Gewalt. Er arbeitet sowohl auf der Ebene der Fragmentierung und Verformung der Einstellung (die von Pistolenkugeln des schwarzen Rächers in *Die Faust der Rebellen* zu Boden geschleuderten Körper der Killer), als auch durch die Schaffung von Räumen zur Betonung des metaphorischen Wertes (die Ausstattung der Bar in *Hexenkessel* mit ihren höllengleichen blutroten Farben), und indem er auf der Ebene der Wahrnehmung des Zuschauers für einen verschlingenden und kompromittierenden Einbezug sorgt (die Panoramaaufnahmen von den Raufereien in *Hexenkessel*, die einem Ballett der Verfolgung gleichkommen). Indem er Zeitlupen, Beschleunigungen und gleichzeitig optische Kamerafahrten benutzt, hinterlässt Scorsese den bedeutendsten Regisseuren der nachfolgenden 90er-Jahre (von Tarantino bis Ferrara und Woo) einen hegemonischen Filmbegriff, der aus der Verzerrung und Wiederzusammensetzung durch die Stilisierung eines in der Komplexität des Realen verwurzelten Blicks ein persönliches Mittel zum besseren Verständnis des

Daseins macht. In diese phantasmagorische Sichtweise gliedern sich alle Werke ein, deren stilistische Komplexität ihre Stärke ist. Scorsese selbst wird im Laufe seiner langen Karriere versuchen, dieser Linie stets treu zu bleiben.

Die lobende Kritik von *Hexenkessel* ist für den Regisseur und seinen Freund, den Drehbuchautor Mardik Martin ein rettendes Ziel, da sie beide beachtliche emotionale Energie in diesen Film gesteckt haben, was in Hollywood nicht eben üblich und ratsam ist. Diese emotionale Anteilnahme spiegelt sich in der subjektiven Perspektive des Films durch die Darstellung Charlies wider, der ein lebendiger und gequälter autobiographischer Charakter ist. Scorsese kennt seine Zweifel sehr gut und mit Charlie fühlt dich der Autor sicherlich mehr verwandt als mit Travis Bickle, den Hauptdarsteller von *Taxi Driver*, der dennoch eine zentrale Figur sein wird, die die von der Einsamkeit der Großstadt erzeugte Leere zu begreifen hilft. In Charlie spüren wir den dringlichen Wunsch, sich zum Wohle anderer positiv zu zeigen, doch auch das Zögern eines Menschen, der nicht wirklich an die Welt seiner eigenen Werte glaubt, denn wohlmöglich haben sein Onkel Giovanni und seine »finsteren Genossen« bezüglich der wichtigsten Fragen des Lebens doch nicht Recht, sondern die zweitrangigen Verlierer wie Teresa. In dieser Situation des ständigen Zweifels wankt der Mythos der Selbstverwirklichung auf Grund der Sorge, dem verantwortungslosen und unsozialen Johnny Boy zu helfen. Doch genauso wie es zwischen Travis und der jungen Prostituierten Iris in *Taxi Driver* passieren wird, so ist es auch hier keineswegs sicher, ob Charlie ein wahrer »Retter« der Seele seines Freundes sein wird. Er selbst ist voller Zweifel darüber, wie man am besten leben sollte. So wie Iris glaubt, dass sie ihr Dasein nicht auf schlechteste Weise lebt, so kann auch Johnny Boy höchstwahrscheinlich keine großen Vorteile aus den Bitten Charlies ziehen, der aus ihm einen ehrlichen Arbeiter machen will. Die nachdrückliche Beobachtung der unterschiedlichen und vielschichtigen Blickwinkel der Charaktere lässt, wie bereits in den vorhergehenden Filmen – und wird vor allem in *Hexenkessel* von einer intensiven syntaktischen Verbindungsfunktion unterstützt – latente Bedeutungen und versteckte seelische Verletzungen durchscheinen. So zum Beispiel in der

Alice (*rechts*) und ihre Freundin Flo (*links*) sind die frustrierten Kellnerinnen aus *Alice lebt nicht mehr hier*. Die Schauspielerinnen sind Ellen Burstyn und Diane Ladd.

berühmten Anfangssequenz: Nach dem dunklen Halbschatten, aus dem die Stimme Charlies ertönt, zeigen uns die Bilder den Darsteller, der sich dem Spiegel nähert, wobei die Handkamera nach anfänglichem Zögern das heikle Dasein eines »stets nach einem Stützpunkt suchenden Menschen« plastisch darstellt. (Gian Carlo Bertolina, *Martin Scorsese*, Il Castoro, S.52). Mit *Hexenkessel* beginnen in der Tat die berühmten stilistischen »Tours-de-force« dieses Autors: Vom häufigen Gebrauch der Handkamera, der eine aktive Anteilnahme am Zaudern der Personen spürbar macht, von der Schaffung neuer und noch nie versuchter Aufnahmen, wie die wirklich entfremdende Aufnahme, die dadurch erzielt wird, dass die Kamera direkt auf Harvey Keitels Brust gehalten wird, damit durch eine Großaufnahme auf das Gesicht des Schauspielers seinem tragischkomischen Taumeln im Alkoholrausch auf dem Boden der Bar Volpe's beigewohnt werden kann. Diese Technik, die nie nach Effekten hascht und doch voller Intensität und (oft) »mit ihren brutalen Zuckungen, ihren undurchforschbaren Einblicken, die die Erzählzeit durcheinander bringen und ihr gleichzeitig ihre

wahre Dimension geben« (Michael Henry »Positif«) sichtlich störend ist, führt ein unaufhörliches Werk der Aufarbeitung des Verdrängten durch, um durch die Darstellung der Körperlichkeit von Erfahrungen die wahre und mysteriöse Seite der Realität zu zeigen.

Im nachfolgenden Langfilm *Alice lebt nicht mehr hier* (*Alice Doesn't Live Here Anymore*, 1974) hat der Kultschauspieler der ersten Filme, Harvey Keitel, eine zweitrangige Rolle (er ist der besessene Verehrer Ben Eberhart). Dennoch gliedert sich auch dieser Film in die Logik der Filme ein, die vor allem in Bezug auf die Frauenfrage nicht vergessen, das tiefe Unbehagen aufzuzeichnen, das von der männlichen Unterdrückung verursacht wird. *Alice lebt nicht mehr hier* ist die Antwort Scorseses auf das Kino der Erinnerung und der Sehnsucht. Obschon er im Wesentlichen den Filmen der Erinnerung zugeordnet werden kann, weist er doch eine Reihe von Abweichungen von der überkodifizierten

43

Alice Graham Hyatt (Ellen Burstyn).

Sichtweise eines Genres auf, zu dessen berühmtesten Autoren Robert Benton und Peter Bogdanovich zählen. Mit Ausnahme des Prologs, der die Kindheitsträume der in New Mexico lebenden enttäuschten Ehe-und Hausfrau wachruft, in dem die pathetischen Töne und die weiche Fotografie der Technicolor der 40er-Jahre vorwiegen, wird der ganze Film spürbar von überrealistischen farblichen Bildern beherrscht. Die thematische und linguistische Zugehörigkeit zum Road-Movie erscheint ebenfalls eingegrenzt, was sich darin zeigt, dass die Aufmerksamkeit nicht so sehr auf die lange Flucht von Alice und ihrem Sohn Tom als vielmehr auf die Charaktere konzentriert wird. Die Reise geht von New Mexiko nach Phoenix in Arizona, wo Alice eine Arbeit als Sängerin sucht, nachdem ihr Mann, der als Lastwagenfahrer gearbeitet hat, tödlich verunglückt ist; dann geht sie weiter nach Tucson, um den Gewaltakten des psychopathischen Verehrers Ben Eberhart zu entfliehen. Die größte Abweichung dieses Films von den anderen kodifizierten Genres und von der Frauenkomödie, deren bedeutendsten Vertreter Hawks und Cukor sind, lässt sich in der Kühnheit des Scripts erkennen: das Drehbuch hat wenig gemeinsam mit den tadellosen Scripts der gekünstelten Komödie, während es für Improvisationen offen ist, die einem Re-Writing gemeinsam mit

den Schauspielern folgen, die der Regisseur bereits bei anderen Gelegenheiten ausprobiert hat, wie z.B. in den verworrenen Dialogen von Harvey Keitel/Charlie und Robert De Niro/Johnny Boy in Hexenkessel. Durch eine experimentelle Methode, die den geschriebenen Text, Improvisation und Verdichtung mit der Montage vermischt, kommt Scorsese einer Dramaturgie nahe, die voll und ganz die Erfahrungen der Darsteller berücksichtigt, die der Ausgangspunkt für die Wiederaufarbeitung des ursprünglichen Textes ist. In der Montage werden dann die so von der Truppe realisierten Episoden durch formale Stilisierung ausgewählt und komprimiert. Ähnlich wie Robert De Niro, der Scorsese von Brian de Palma anlässlich eines Weihnachtsessens vorgestellt wurde, tritt Ellen Burstyn, die später für ihre Darstellung der Alice mit dem Oscar ausgezeichnet werden wird, über Francis Ford Coppola mit Scorsese in Kontakt (Sie hatte auf der Suche nach einem jungen Regisseur, der ein Drehbuch, das ihre Begeisterung geweckt hat, in einen Film verwandeln kann, den ihr wärmstens von Francis Ford Coppola gegebenen Rat angenommen, das Script dem Autor von Hexenkessel vorzulegen). »Er hat meinen Namen genannt, sie hat sich Hexenkessel angesehen und mir dieses Thema vorgeschlagen. John Calley von den Warner Brothers hat mir gesagt, dass preisgünstig gedreht werden könne. Das Drehbuch wies einige Fehler auf, aber die Charaktere und ihre Beziehungen fand ich interessant. Und dann gefiel mir auch die Idee, Verantwortung zu haben, und diese Situation einer Frau, die nach dreizehn oder vierzehn Ehejahren mit einem Kind alleine dasteht: sie hat zahlreiche Entscheidungen zu treffen und weiß nicht, was sie will. Was sind ihre Verantwortungen sich selbst und ihrem Sohn gegenüber?«(»Action«, '75). Die Alice von Scorsese erscheint klarer umrissen (und vielleicht auch wahrheitsgetreuer) als die im hitzigen Klima von Cormans Factory wachgerufene »Boxcar Bertha«. Zum ersten Mal hat eine Frau die Hauptrolle in einem Film des Regisseurs aus Long Island, eine Frau, die Tag für Tag ihre Träume vom Glück in den unterdrückenden Forderungen des Machos erstickt (ihr Leben lang wird sie sich danach sehnen, eine berühmte Sängerin zu werden). Ihr Leben ist so dramatisch, denn abgesehen davon, dass ihr menschlicher Elan enttäuscht

44

wird, (die Sequenzen vom häuslichen Leben mit dem ersten Ehemann sind die Darstellung einer gefühlsmäßigen Lähmung, die einer feministischen Satire nicht unähnlich ist), macht ihre emotionale Schwäche sie ewig von einem Mann abhängig (der Freundin Flo, ihrer Arbeitskollegin im Drugstore von Tucson, die ihr eine strenge »männerfreie« Diät empfiehlt, vertraut sie an, »ich kann nicht ohne einen Mann leben«). Und obwohl es kein wirklich feministischer Film ist, führt *Alice lebt nicht mehr hier* jene aktive Teilhabe an den Ängsten der Charaktere weiter, die mit *Hexenkessel* eingeleitet wurde. Ganz kohärent ist daher auch die Entscheidung, Frauen in seine Crew aufzunehmen: Von Sandy Weintraub als Produktionsmitglied bis Maria Lucas als Cutterin. Das hat uns geholfen, »so ehrlich wie möglich zu sein. Aber es sollte nie ein feministisches Traktat werden. Der Film handelte von Eigenverantwortung und auch davon, wie Menschen immer und immer wieder dieselben Fehler begehen. Am Anfang dachten wir sogar, dass Alice sich scheiden lässt und ihrem Mann wegläuft, aber wir entschieden uns anders, nämlich, dass er starb und ihr somit keine Wahl blieb« (Scorsese über Scorsese, S.86).

Der Regisseur fotografiert einen weiblichen Charakter, der wegen einer systematischen und anhaltenden Aufopferung des eigenen Lebenselans im Schatten des unterdrückenden Ehemannes in unerträgliche Einsamkeit abstürzt; ihr Zaudern ist auch deshalb so zermürbend, weil sie sie sich täglich um ihren Sohn sorgen muss, den unnachgiebigen kleinen Teufel Tom, den sie während ihres vorhergehenden Ehemartyriums bekommen hat. Die Unterdrückung durch den Mann kommt daher auf mehreren Ebenen zum Ausdruck. Von Alices flehentlichen Bitten an verschiedene kleine Geschäftsbesitzer, eine arme Witwe doch bei sich arbeiten zu lassen, bis hin zu anzüglichen sexuellen Angeboten seitens der Verehrer. Aber die schmerzvollste Niederlage besteht darin, zugeben zu müssen, nicht ohne einen Mann an ihrer Seite leben zu können. Scorsese, der mit *Alice lebt nicht mehr hier* einen Film gedreht hat, der voll in seine existentiellen Vorstellungen passt, schlägt für den Werdegang dieser Frau, die nach Gleichgewicht (der magischen Übereinstimmung von Liebe, Arbeit und künstlerischer Größe) sucht, keine leichten Lösungen vor. Alice

ist keine typische Rebellin wie *Die Faust der Rebellen* und das Umstürzlerische ihres Charakters ist in der »Alltäglichkeit« ihres Zustandes als gesunde, idealistische und träumerische junge Frau zu suchen, die ihren Sohn alleine aufziehen muss und die verborgensten Energien aufbringt, um das Leben nach dem Kreuzweg emotionaler Qualen, zu dem sie das Zusammenleben mit einem Mann geführt hat, bewältigen zu können. Der Begriff von einem Macho wird von der Erscheinung Harvey Keitels/Ben Eberhart heraufbeschworen, einer dem Wahn verfallenen Ikone aus vorherigen Filmen, der hier die skrupellose Durchdringlichkeit des unterdrückenden Mannes im Leben der Frau hervortreten lässt. Symptomatisch für das Fehlen eines wirklichen Dialogs zwischen den Geschlechtern ist indessen die Art der Annäherung in den Filmen dieses Regisseurs: Es handelt sich immer um Anmacherei, bei denen die Frauen sich vergebliche bemühen, ihre dreisten Verehrer abzuschütteln. In den langen Wortstreitereien, in denen sie mehr über ihre »Beute« wissen wollen, weisen die scorsesischen Männercharaktere – von J.R. in *Wer klopft denn da an meine Tür?* bis hin zu Jimmy Doyle in *New York, New York* – eine schamlose, eiskalte Unbefangenheit auf, da sie sich ihrem Gesprächspartner durch die systematische Negierung dessen Gesichtspunktes nähern. In diesem ruchlosen Klima geht das

Der Traum, Sängerin zu werden.

45

Der schwache Trost, in einer Bar zu spielen und zu singen.

A.: Nein.

B.: Warum nicht?

A.: Weil ich lieber alleine sitze;

B.: Was soll das denn! Keiner ist gern allein.

A.: Da haben Sie Recht! Der eigentliche Grund, warum Sie sich nicht setzen sollen, ist, weil ich nicht will. Das ist alles.

B.: Warum?

A.: Weil ich zufällig schlecht gelaunt bin.

B.: Na, kann ich Ihnen helfen, dass es Ihnen besser geht?

A.: Da hab' ich meine Zweifel.

B.: Warum sind Sie denn schlecht gelaunt?

A.: Möchten Sie das wirklich wissen?

B.: Na klar will ich das wissen!

A.: Na gut. Mein zwölfjähriger Sohn ist in einem Motel eingesperrt und schimpft, weil er sich langweilt. Hier verdiene ich nicht genug. Und heute Morgen hab' ich mir in den Finger geschnitten, als ich eine Büchse mit Pfirsichen aufmachen wollte. Ich hör' die Engel singen, wenn ich's vergess', und eins ist mir klar: Dem Nächsten, der's bei mir versucht,

berühmte Fair Play der verschiedenen Cary Grants in der klassischen Hollywoodkomödie endgültig verloren und weichen dem undurchschaubaren Groll des modernen neurotischen und unzufriedenen Menschen.

Ben: Gefällt mir, wie sie singen.

Alice: Danke.

B.: Und?

A.: Und?

B.: Wie Sie sehen, ich bin allein. Darf ich mich setzen?

hau' ich eine runter.

B.: Tut mir Leid um den Finger. (Unvermutet brechen beide in Lachen aus)

A.: Na gut...setzen Sie sich. Nein! Da hinten hin, bitte, nicht so nah.

Diesem Dialog folgt drei Jahre später der höhnische Dialog zwischen Jimmy Doyle und Francine Evans in der langen Anbändelungsszene auf dem Fest in Times Square anlässlich der Niederlage Japans (New York, New York, 1977). Es sind Sequenzen, die von einer intensiven filmischen Syntax gestützt werden, in denen der reduzierte Blickwinkel des Mannes dargestellt wird, für den die Frau im Wesentlichen eine Beute ist, zu deren Eroberung jede Lüge und jede verbale Strategie recht ist. Zu diesem solipsistischen Blickwinkel der Beziehung zwischen den Geschlechtern, der ungebremst in den wirbelartigen Wettbewerb des entfremdeten Sozialfeldes eintaucht, gehört zweifellos auch die extrem besessene Einstellung Travis Bickles/Robert De Niro, des neurotischen Protagonisten in *Taxi Driver*, der in der anmutigen Betsy/Cybill Shepherd, der Angestellten im Pressebüro des Senators Palantine, Merkmale der Einsamkeit zu erkennen glaubt. Sein ungeschicktes Angebot, ihr durch seine Freundschaft zu helfen, ist emblematisch für eine psychologische Projektion des triebhaften Unbehagens dieses jungen Mannes (Travis ist ein Heimkehrer aus dem Vietnamkrieg, der aufgrund des unseligen Kriegsgeschehens keinen Frieden findet und der in der Hölle der Metropole New York eine absurde Möglichkeit sucht, sich zu rächen).

Travis: Hallo! Ich würde gern mitarbeiten.
Kollege von Betsy: Ah, gut. Kommen Sie an meinen Tisch.
T.: Entschuldigen Sie, ich würde mich gern bei ihr einschreiben.
Betsy: Und warum soll ausgerechnet ich Sie einschreiben?
T.: Weil Sie meiner Meinung nach die schönste Frau sind, die ich je gesehen habe.
B.: Danke … aber was halten Sie von dem Kandidaten?
T.: Na … mmh …
B.: Charles Palantine, dem Sie helfen wollen, Präsident zu werden?
T.: Na, … ich glaube, der wird ein guter Präsident … ich weiß nicht, was Sie davon halten, aber er wird ein guter Präsident … jawohl.

B.: Möchten Sie Propaganda machen?
T.: Was auch immer… ja.
B.: Was halten Sie von Palantines Sozialpolitik?
T.: Entschuldigung, aber was weiß ich denn von Palantines Sozialpolitik … aber ich bin sicher, dass sie in Ordnung ist.
B.: Sind Sie sicher?
T.: Klar!
B.: Also … wir arbeiten hier rund um die Uhr, Tag und Nacht. Gehen Sie mal da drüben hin, dieser Herr wird was finden, was Sie tun können.
T.: Ja, ja. In Ordnung. Klar. Aber… aber ich … ich fahre nachts Taxi, und deshalb ist es ein bisschen schwer für mich, tagsüber zu arbeiten … also …
B.: Aber was wollen Sie eigentlich?
T.: Möchten Sie einen Kaffee mit mir trinken gehen?
B.: Warum?
T.: Warum?
B.: Ja,
T.: Ich sag's Ihnen sofort. Weil Sie sich alleine fühlen. Ich komme oft hier vorbei und sehe Sie … ich seh' Sie immer in einem Pulk von Leuten … und seh' all diese Telefone, all dieses Zeug auf dem Tisch … das hat alles keine Bedeutung. Und dann, als ich hier reingekommen bin und Ihre Augen gesehen habe und wie Sie Ihren Kopf bewegen … da hab' ich verstanden, dass Sie nicht glücklich sind. Und das Sie was brauchen. Und meiner Meinung nach brauchen Sie einen Freund.

Das Gespenst der Einsamkeit ist in Travis' Worten spürbar und es ist so, als finde der junge Mann, indem er sich an Betsy wendet, den Mut, vor seinem Spiegel sein Bekenntnis abzulegen, so wie Charlie im Incipit von *Hexenkessel* oder Jake La Motta im Rahmenepilog von *Wie ein wilder Stier (Raging Bull)*.

47

Die Versuchung, wieder eine Familie zu gründen. Ellen Burstyn und Kris Kristofferson in *Alice lebt nicht mehr hier*.

Höllische Herausforderungen
(Travis, Jimmy, Francine, Robbie, Jake)

Taxi Driver, der beim Festival von Cannes 1976 die Goldene Palme erhielt, bezeugt die Perfektionierung der Ausdrucksfeinheiten des Regisseurs, dessen innere Einstellungen in diesem phantasievollen und zugleich bitteren Werk ganz besonders durchscheinen: Hier beeinflussen und vermischen sich die unterschiedlichen sprachlichen Instanzen und passen sich der sicheren Vorgehensweise einer Erzählform an, die sich behände in den Straßen New Yorks bewegt und gleichzeitig der objektiven Welt und der Traumwelt anzugehören scheint. Der Blickwinkel des Protagonisten Travis, eines jungen Heimkehrers aus dem Vietnamkrieg, der sich um Wiedereingliederung in das Sozialnetz des »neuen« Amerikas bemüht, liegt dieser so subjektiven Perspektive der Metropole zu Grunde. Er, Travis/Bob De Niro, ist der einzige, wirkliche Protagonist der Szene, so wie Charlie/Harvey Keitel in *Hexenkessel*. Doch der Blickwinkel des Hauptcharakters und der auf den Hauptcharakter haben in *Taxi Driver* das Höchstmaß an gegenseitigem Durchdringen erreicht; dieser neue Film, der auch in Europa zum Durchbruch gelangen und einen neuen Autor willkommen heißen wird, während der dritte Erfolg in Scorseses Box-Office bleibt (ihm werden *Kap der Angst* und *Die Farbe des Geldes* vorausgehen), stellt vor allem die ausgereifte Synthese eines sich entwickelnden Stiles dar; während *Wer klopft denn da an meine Tür?* und *Hexenkessel* die neoavantgardistischen Züge im Stile Godards umwandeln, bewegt sich die Erzählung jetzt auf einer nüchterneren und spannenderen Erzählebene, und ist doch stets bedacht, den Aufbau des traditionellen Scripts (das heißt, den der klassischen Erzählung im Stile John Fords) zu überschreiten. Der Weg Scorseses in den Straßen von New York nimmt die vielstimmige Form eines sichtlich komplexen Werks an, das seine Kraft aus der Liebe zu all dem schöpft, was synthetisch und verständlich ist. Zugleich bemüht er sich um einen nicht kodifizierten, uneindeutigen und keineswegs platten Blickwinkel auf die urbane Realität. So wird dieser Film mit De Niro für den Zuschauer umgehend überzeugend, da er sich auf das doppelte Gleis einer gleichzeitig subjektiv entfremdenden wie subjektiv faszinierenden Perspektive einzustellen vermag. Es handelt sich hierbei um eine Lektion, die Scorsese vom besten amerikanischen Kino gelernt hat, von Minelli und auch von Michael Powell (während es sich bei den direkten Zitaten, wie zum Beispiel, als Travis Pistolenübungen vollführt, um eine »amerikanische« Interpretation der Sequenz Bressons *Pickpocket* handelt, wo die Hände der Taschendiebe ständig in die Taschen der Leute hinein- und hinauswandern; aber wir können auch andere Zitate erkennen, wie zum Beispiel *Murder By Contract*, ein Film von Irving Lerner aus dem Jahr 1958, bei dem der Protagonist tötet, um zu leben, und Travis hat außerdem, wie Scorsese selbst zugibt, etwas von John Wayne in *Der schwarze Falke*, worauf wir noch zurückkommen werden). Wenn wir es später bei *Die Zeit der Unschuld* und *Kasino* mit einer filmischen Schreibweise zu tun haben werden, deren intelligibler Charakter immer spürbarer sein wird, so verwirklicht Scorsese in *Taxi Driver* vermutlich das erste Mal jenes virtuose Gleichgewicht, das dazu bestimmt ist, nahezu ein Markenfabrikat von formaler Vollständigkeit und inhaltlicher Prägnanz zu werden.

Die Inspiration entsteht, abgesehen vom Drehbuch seines protestantischen Freundes Paul Schrader, aus der Überzeugung, dass Filme eine Art Tagtraum sind, oder, um mit dem Regisseur zu sprechen, »wie ein Drogenrausch sind« (Scorsese über Scorsese, S.90); auf diese Weise erscheint *Taxi Driver* als völliges Eintauchen in die Gedanken und Visionen seines Hauptcharakters: die formale Physiognomie des Films möchte das visuelle und emotionale Erbe eines Autors widerspiegeln, der in New York geboren

Die »Bekanntschaften« von Travis Bickle/Robert De Niro: »Sport«, der Zuhälter (*oben*), Betsy, die kühle Angestellte (*nächste Seite*). Die Schauspieler sind Harvey Keitel und Cybill Shepherd.

und aufgewachsen ist, der am eigenen Leib den Zustand der Einsamkeit in einem feindlichen urbanen Umfeld erlebt hat. Doch diese autobiographischen Daten machen einer neuen Figur des Verlierers den Weg frei, einem Gesellschaftstier in tödlicher Erwartung einer lang ersehnten Eingliederung, die gleichzeitig als nicht praktizierbar erlebt wird. Die Familie mit ihren Regeln und Zweideutigkeiten ist hier weniger spürbar. Die Eltern werden fern gehalten, sind physisch abwesend, aber als Symbol des völligen Fehlens einer wahren Kommunikation anwesend, da sie oft falsche Briefe von ihrem Sohn erhalten, in denen er ihnen über seine Bekanntschaften und seine Arbeit schreibt (so denkt er sich aus, dass er als treuer Patriot, der keine Niederlagen kennt, inkognito für die amerikanische Regierung arbeitet). Tatsächlich ist der Vietnamheimkehrer Travis keineswegs einer der vielen Italo-Amerikaner aus Little Italy, deren streng geordnetes Leben jetzt nach der Front von vorne beginnen kann; er ist vielmehr ein allzu empfindlicher junger Mann, der an den Krieg glaubt, der nunmehr verloren ist, und der Wahn, den er mit sich bringt, hat unheilbare Züge, die in der Hölle des Unverständnisses, in der er verzweifelt, nicht wirklich

bemerkt werden. Die Einsamkeit ist in der von Robert De Niro dargestellten Figur ein radikalisiertes Beispiel. Travis Bickle ist 26 Jahre alt, es fällt ihm schwer, zusammenhängend zu reden, er schläft nachts extrem wenig, hegt unausgesprochenen Groll in sich gegen den »Abschaum« der heruntergekommenen Stadt, mit dem er primär Drogensüchtige, Zuhälter und Prostituierte meint. Seine Schlaflosigkeit hat einen ganz konkreten Grund: Der Vietnamkrieg hat ihm gezeigt, was es heißt, sich ständig zwischen Leben und Tod zu befinden, und ihn dazu gezwungen, in seinem Bewusstsein eine Abschirmung aus Misstrauen und Feindseligkeit einzurichten, was sich nun in seinem Verhalten anderen Menschen gegenüber widerspiegelt, die er bei seiner Arbeit als Taxifahrer trifft. Es ist kein Zufall, dass sich Travis nach seiner Rückkehr von der Front dieser Arbeit zuwendet: Seine Angst kann nämlich innerhalb der vier Wände seiner schäbigen Wohnung kaum besänftigt werden, die nur von einer Art Militärbett und dem Fernseher »bewohnt« wird, der beständig Seifenopern sendet, deren Zynik ans Groteske grenzt. Sie muss vielmehr ein Umfeld finden, wo sie täglich an den vielen Zielscheiben »abreagiert« werden kann, die das Gespenst eines Krieges wieder aufleben lassen, der endgültig seinen Charakter geprägt hat. Diese Wut beherrscht ihn trotz seines festen Willens, Gutes zu tun. Als der Direktor des Taxiunternehmens ihn nach Informationen über sein Strafregister fragt, antwortet er: »Es ist so sauber wie mein Gewissen«. Auf der anderen Seite scheint dieser junge Mann ganz entschieden davon überzeugt zu sein, eine ganz persönliche Mission auf dieser Erde ausführen zu müssen. Gerade deshalb ist sein nächtliches Herumstreunen so emblematisch; er folgt dem triebhaften Bedürfnis, stets das Gespenst der Gleichgültigkeit vor Augen zu haben, das seinerseits Zielscheibe seiner Unduldsamkeit werden muss. In einer paranoischen, verkrampften Vision wird die Welt zu einer dichotomischen Hölle, in der sich nur degenerierte Vielfraße bewegen (Sport/Harvey Keitel), oder anmutige, unbefleckte Unschuldsengel (Betsy/Cybill Shepherd), während die Möglichkeit, alles durcheinander zu bringen und sich blenden zu lassen, tagtäglich gegenwärtig ist. Er geht so weit zu glauben, dass der Zuhälter von einer Logik bewogen wird, die der von Charles Palantine, dem

Kandidaten auf das Präsidentenamt nicht unähnlich ist; außerdem ist die engelsgleiche Betsy, die Angestellte bei der Wahlkampfkampagne für Palantine, ganz bestimmt nicht die unbefleckte Figur, wie Travis sie sich vorstellt.

Die Entgleisung des Charakters folgt einem hypnotischen, katatonischen nächtlichen Weg. Eine Besonderheit, die nicht vernachlässigt werden darf, ist, dass sich Travis selbst aussucht, seine Odyssee in der finstersten Unterwelt zu erleben, das heißt, er erklärt sich bereit, seine Arbeit in irgendeinem beliebigen Stadtviertel zu verrichten. »Ich seh' da keinen Unterschied«, behauptet er zumindest, als er sich an seinen Arbeitgeber wendet. Ohne weitere Schwierigkeit seitens seines Vorgesetzten endet er daher in den »heißen« Vierteln wie Brooklyn, Harlem und Bronx. Im Prinzip ist seine messianische Entscheidung, die Welt zu reinigen, der Grund für die schmerzvolle Katharsis, sein eigenes Gewissen zu reinigen. Insofern weist der ehemalige Marinesoldat Travis eine seltsame psychologische Verwandtschaft mit anderen scorsesischen Figuren auf, nicht zuletzt mit dem presbyterianischen »Ace«/De Niro, dem Verwalter des Kasinos Tangerin im Las Vegas von Kasino. Letzterer hat zwar nicht im Vietnamkrieg gekämpft und ihm sind die messianischen Bestrebungen, Gutes zu tun und die Gesellschaft von ihren

Robert De Niro ist der charismatische Hauptdarsteller aus Taxi Driver.

Übeln zu befreien, völlig fremd. Doch taucht auch er in seine Arbeit ein, um eine ungenannte Schuld »abzubüßen«. »Las Vegas«, so sagt er, »reinigt Typen wie uns«. Aber der aufgebrachte und bilderreiche Film Kasino wird eine unvermittelte Kritik an der kapitalistischen Gesellschaft sein, da er versteht, die Umstände sinfonisch zu vereinigen, die objektiv die Herrschaft des Menschen über den Menschen in sich vereinigen, während Taxi Driver in aller Tiefe die Wege der Randexistenzen und der sozialen Entwurzelung durchläuft, um aufmerksam in die Psychologie eines »urbanen« Charakters einzutauchen, der von Anfang an unruhiger und problematischer erscheint und von starken Widersprüchen aufgezehrt wird. »Ace« ist zweifellos ein erfolgreicher, notfalls skrupelloser Schurke, der sogar noch mehr Anstand heuchelt als der Angst einflößende Niki Santoro/Joe Pesci. Und auch Travis, der Gute, gibt seinem Erlöserwahn eine Note, die Rache und Blut verheißt. Doch »Ace« ist ein verschlagener Mensch, der der Selbstzerstörung entgegenrast, weil er von der Idee des Besitzes in jedweder Form und Art, sei es im geschäftlichen oder im gefühlsmäßigen Bereich, beherrscht wird, (wie Travis von Betsy, lässt sich auch »Ace« von der schönen Ginger blenden, der er sprichwörtlich »die Schlüssel zu seinem Leben« überlassen will, die in der materialistischen Welt von Kasino prosaisch mit den Schlüsseln eines Tresors übereinstimmen), während Travis ein »Schwächling« ist, der die Unlebbarkeit seiner Welt dadurch überwindet, dass er sich für kurze Zeit zum Supermann kürt. Der größenwahnsinnige Narzissmus ist daher eine Konstante beider Charaktere. Im Film über Las Vegas stürzt der Zwang nach Besitz »Ace« in ein Labyrinth von Zügen und Gegenzügen mit dem einzigen Ziel, immer größere Geschäfte zu machen. Den Leuten Geld abzuknöpfen, sofern sie sich im »freien« Las Vegas bewegen, ist für ihn ein würdevolles und ehrliches Werk, das von den Mafializenzen seines brüderlichen Freundes Niki nicht verdorben werden darf. »Ace« ist ein größenwahnsinniger Puritaner, der nur zu Ginger zärtlich sein kann. Travis hingegen würde gern seinem Nächsten Gutes tun, die Welt verändern, um sich weniger unnütz zu fühlen, doch hindern ihn seine tragischen Vietnamerlebnisse daran, die naive Verkleidung eines »lieben Jungen« zu tragen. Und doch besteht ein wesentlicher Unterschied zwi-

52

schen ihm und einem Verworfenen wie »Ace«: Da, wo letzterer überhaupt nicht daran denkt, etwas zu tun, um in einer besseren Welt zu leben, und daher in seiner Berufung als absoluter Besitzer eingebettet erscheint, hält es Travis, obwohl er in seinem kurzichtigen Blickwinkel des Daseins gefangen ist, für angebracht, sich in die Arbeitswelt einzufügen, um zu einer Verbesserung der menschlichen Lebensweise beizutragen. Doch ist er sich nicht bewusst, dass die Welt, die er ändern will, vielleicht nur seine eigene ist, das heißt die Art, wie er sich den anderen und sich selbst gegenüber verhält. Abgesehen davon, dass sie die schmerzvollen und größenwahnsinnigen Besessenheiten der Protagonisten behandeln, sind *Taxi Driver* und *Kasino* Filme, die ihre unterschiedlichen, wenngleich komplementären Ausdrucksbestrebungen nicht verbergen. *Kasino*, der über die klare Darstellung einer erbarmungslosen Orgie der Gewalttätigkeit wie in *Goodfellas* hinausgeht, möchte ein unvermitteltes Bild von Amerika geben, das die Welt mit allen Machtmitteln kontrolliert, während *Taxi Driver*, der das Little Italy von *Hexenkessel* zu Gunsten der vielen anderen Stadtviertel von New York hinter sich lässt, die grundlegende Unfähigkeit Amerikas zeigen will, sich für eine ernsthafte gedankliche Erneuerung bezüglich seiner vorherrschenden Rolle in der Machtszene der Welt einzusetzen. Der junge Amerikaner, der nach einem falschen Krieg nach Hause zurückkehrt, findet kameradschaftliche Solidarität nur bei einem Marinesoldaten, (Travis' Arbeitgeber, der ebenfalls ein Kriegsheimkehrer ist, wird, nachdem er ihn zuvor beim Vorstellungsgespräch von oben herab behandelt hat, ganz plötzlich solidarisch und jovial, als er von der Vergangenheit des jungen Mannes erfährt, während diesem wiederum selbst diese väterliche und kameradschaftliche Logik fremd ist, die ihm offensichtlich nunmehr heuchlerischer und hinterhältiger als früher vorkommt), der sich bewusst wird, dass seine Freundlichkeit und sein Verständnis nicht auf Gegenseitigkeit stoßen. Amerika steht Travis feindselig gegenüber, es ist undurchschaubar, was menschliche Beziehungen angeht, und absolut nicht bereit, auf die Beweggründe eines jungen Mannes zu hören, der seine Erfahrung der Gemeinschaft zur Verfügung stellen will. Dass er die schöne Betsy in einen Pornofilm begleitet, nur weil »alle dahin

Travis Bickle, ein Vietnamheimkehrer, versucht vergeblich, sich wieder in die bürgerliche Gesellschaft zu integrieren.

gehen«, ist der Beweis für sein völlige Unerfahrenheit hinsichtlich der weiblichen Sensibilität, aber die Reaktion der kühlen Frau, die ohne jede Erklärung wegläuft, ist Zeichen für eine Zynik, die Travis fremd ist. Und doch hatte die junge Frau trotz Travis' geringer »Bildung« seine Einladung angenommen. Zwischen dem Bedürfnis danach, umschmeichelt zu werden, und dem Wunsch, sich auf einen Dialog einzulassen, der nicht nur aus vorgefertigten Urteilen besteht, existiert zwar eine gewisse Bereitwilligkeit, die die hochmütige Betsy dem unerfahrenen Travis nun doch nicht zukommen lassen will, von dem sie sich nur ein bisschen berauschen lassen wollte: Es scheint ihr schließlich doch ratsamer zu sein, zu ihrem »sichereren« intellektuellen Kollegen zurückzukehren.

Travis Bickle ist emblematisch für ein Amerika, das aufgehört hat, über zivile Verantwortung nachzudenken. Vor dem Krieg war der bereitwillige Travis/De Niro wahrscheinlich ein vorbildlicher junger Mann, der an die Front geschickt werden konnte: jung, dickköpfig und bereit, seinem Gewaltinstinkt zu folgen. Aber dann hat er im Dschungel am eigenen Leib die Schmach der Niederlage erfahren, und anschließend hat die bürgerliche Gesellschaft keinen geeigneten Platz mehr für ihn. Es scheint

Travis (oben) bereitet sich darauf vor, auf den Senator Palantine zu schießen und die minderjährige Prostituierte Iris zu »befreien« (rechte Seite; die Schauspielerin ist Jodie Foster).

unmöglich zu sein, dass so etwas passiert,(wie es auch Tom Cruise ergeht, dem unverstandenen Kriegsheimkehrer aus *Geboren am 4. Juli* von Oliver Stone,1989), da Amerika doch gerade seine »Zeit der Proteste« erlebt; die Gesellschaft, die den Kriegsheimkehrer aus *Taxi Driver* empfängt, protestiert absolut nicht gegen Travis, da er Marinesoldat war, ja, empfindet keinerlei Reue dabei, eine schmerzvolle Seite ihrer Geschichte für abgeschlossen zu erklären. In dieser Hinsicht ordnet sich Scorseses Film, der die berühmteste Phase der sogenannten »Nam-movies« in großem Rahmen einleitet, (die ungefähr von *Taxi Driver* bis *Full Metal Jacket* geht, oder vielleicht bis *Der steinerne Garten*, ebenfalls 1987) mitten in die amerikanische Kinematographie der siebziger Jahre ein. Dies nicht allein deshalb, weil er einer der emblematischsten Filme über die Kriegsheimkehrer ist, sondern weil er es wie wenige andere Filme versteht, sich über die verderbliche, vermeintliche Problemfreiheit der amerikanischen Restaurationszeit zu befragen, über das Schweigen der Masse und über die Kraftlosigkeit individueller Initiative, die das Daseins zwar verändern will, dies aber auf Grund eines fehlenden Bewusstsein nicht zu Stande bringt. Und wenn auch der Krieg die Neurose des Marinesoldaten hat ausbrechen lassen, so war das, was

vor dem Krieg war, bei der Ausbildung der Persönlichkeit des jungen Mannes bereits symptomatisch für das, was *nach* dem Krieg kommt. Travis ist Marinesoldat geworden ohne zu wissen, gegen wen er schießen würde, und er, der liebe und ehrliche Junge, verhält sich, bevor er zum Gewehr greift, bei seiner Rückkehr in die Welt seiner Herkunft ganz kohärent zu seiner vor dem Krieg erhaltenen Erziehung. Travis hatte keine feste und klare Ideologie zu verteidigen, bevor er an die Front zog, und seine Entfremdung hat sich durch die Einnistung der Idee von der Allmacht eines Marinesoldaten vollzogen, der hierzu durch die symbolische und physische Opferung des menschlichsten und »irdischsten« Teils seiner selbst wird. Die Annullierung jedweden Gefühls, das sich jenseits von Kameradschaftlichkeit und Patriotismus bewegt, die Exaltierung des Körpers als »neues«, zugleich mechanisches und biologisches Leben (eine thematische Besessenheit, der sich der eher zerebrale Kubrick in *Dr. Seltsam oder wie ich lernte die Bombe zu lieben, 2001: Odyssee im Weltraum* und *Full Metal Jacket* gewidmet hat), die Fixierung aller Triebe auf das primäre Ziel des Todes, werden zum Werkzeug einer von Anfang an schwachen Kultur, die ursprünglich jedweder humanistischer Konnotation beraubt ist. Die bürgerliche Gesell-

54

schaft berücksichtigt jetzt nicht, dass der Marinesoldat tief gehende, unwiderrufliche Traumata erlitten hat, die sich in der Triebhaftigkeit des Verhaltens und der Gedanken des bürgerlichen Travis widerspiegeln. Um sich seine Freizeit zu vertreiben und seinen Ordnungssinn zu befriedigen, der ihm zweifellos an der Front eingebläut wurde, führt der Protagonist minutiös Tagebuch und füllt es mit haargenauen Beschreibungen all seiner Gedanken. Das Paradoxe seines Wahns erreicht seinen Höhepunkt, als Betsy seine Einladung zu einem Kaffee im Mayfair Coffee Shop am Broadway während der Nachmittagspause annimmt: Travis trägt in seiner Euphorie feierlich die Zeit und den Ort der Verabredung und vor allem als Zeichen seines empfindlichen emotionalen Zustandes die bestellten Getränke und Speisen, sowie seine für ihn persönlich unanfechtbaren Überzeugungen über das ein, was ernährungsmäßig gesehen am besten für ihre Gesundheit wäre (wobei er nahezu gar nichts über die Essensgewohnheiten der jungen Frau weiß). Travis ist triebgesteuert, schwach und doch bereitwillig. Als er von Betsy abgewiesen wir, ruft er sie an und sendet ihr permanent Blumen und gibt diesem Scheitern die Bedeutung eines wesentlich größeren Schachmatts. Dies ist der Punkt, da der bereits psychisch labile Travis die Niederlage eines Krieges wieder erlebt, an den er geglaubt hatte, und er fühlt sich zurück in die Hölle gestoßen. Seine Sichtweise ist stark beeinflusst durch die Einsamkeit, die ihn, wie er zu Beginn seines Tagebuchs schreibt, sein ganzes Leben lang verfolgt hat.

Scorsese zeigt in den ersten Bildern von Taxi Driver, wie Travis durch die Straßen geht und von den Aufnahmen erdrückt wird, die seine virtuelle Isolierung in der Menschenmenge sichtbar werden lassen. Die Kameraführung ist hierbei vornehmlich auf Panoramaaufnahmen gerichtet, wobei sowohl Zoom als Dolly, Zeitlupe und Zeitraffer in hohem Maße angewendet werden. Mit Taxi Driver erlegt Scorsese der Aufnahme eine fruchtbare Dynamik auf, bei der sich jede Kamerabewegung an die nachfolgenden mit großer Entwicklungsfreiheit anpassen muss. Eine Panoramaaufnahme kann in eine andere Einstellung, beispielsweise durch Zoom, einmünden; eine Kamerafahrt kann durch eine oder mehrere Überblendungen unterbrochen werden. Von diesen komplexen

und gelungenen Momenten, die nahezu als Vorwegnahme der Virtuosität in Die Zeit der Unschuld gedeutet werden können, beeindruckt vor allem der Dolly auf das Blutbad der kindlichen Prostituierten Iris (Jody Foster), der in einem langsamen und beständigen Wechsel von Panoramaaufnahmen, Zooms und Überblendungen auf die Straße voller Neugieriger trifft, bis schließlich eine Kamerafahrt mit Zoom langsam die Zeitungsseiten aufnimmt, die an den Wänden hängen und den mutigen Taxifahrer als »Helden« küren. Dieser tödlich genaue Stil lässt Travis und seine Welt keine Sekunde aus den Augen.

Der Regisseur zerstückelt kontinuierlich die Sprache, indem er von einer einfachen Objektaufnahme zu einer orientierten Objektauf-

55

nahme übergeht und dabei auch weitgehend oftmals ungewöhnliche Subjektivaufnahmen anwendet, die abgesehen davon, dass sie symptomatisch sind für einen geistigen Zustand, auch vom Zuschauer wahrgenommen werden können. Komplementär hierzu und emblematisch für eine ausgereifte Verdichtung der Reiheneinstellung ist die Sequenz, in der Travis uns seinen täglichen Weg zu Betsys Büro zeigt, nachdem er gebeichtet hat, dass »man nicht nur für sich selbst leben darf, für das eigene Wohlergehen«, sondern seinem Glauben nachgehen und an seinen Nächsten denken muss, dessen Personifizierung für ihn ausgerechnet die anmutige Angestellte ist. Am Anfang der mit einer Handkamera gedrehten Aufnahme steht eine Subjektivaufnahme von Travis, der durch die Straßen eilt und sich von den Menschen streifen lässt; doch es handelt sich um eine ganz besondere Aufnahme: Travis könnte nämlich auch ohne weiteres nicht der Betrachter sein, denn die Bilder, die den Eindruck zufälliger Flüchtigkeit vermitteln, scheinen eine Art kine-dokumentarische Objektivität wiedergeben zu wollen, und die Tatsache, dass es sich um einen subjektiven Blickwinkel Travis' zu handeln scheint, wie man ganz spontan auf Grund seiner Worte vermuten könnte, die außerhalb des Sehfeldes zu vernehmen sind und die auf das bevorstehende Treffen mit Betsy anspielen, hindert uns jedoch nicht daran, zu glauben, dass es sich zugleich um den subjektiven Blickwinkel eines Fernsehkameramannes handelt, der in den Straßen von Broadway arbeitet. Nach drei subjektiven Kontrasten folgt jedenfalls von rechts nach links eine Panoramaaufnahme in Zeitlupe, die Betsy zeigt, wie sie in ihr Bürogebäude eintritt und auf der Treppe einen Arbeitskollegen trifft; und genau an diesem Punkt sehen wir – diesmal von links nach rechts – als Doppelaufnahme eine schnelle Panoramaeinstellung der von Travis in sein Tagebuch geschriebenen Worte: »Sie darf nicht berührt werden«. Zuvor hat Scorsese uns den subjektiven Gesichtswinkel von Travis, der auf dem Weg zu Betsy ist, erleben lassen, aber es handelte sich bereits um ein ungewöhnliches, subjektives und wegen seiner Ähnlichkeit mit kine-journalistischen Aufnahmen auch falsch objektives Bild; der Regisseur blockt dann unvermutet den als Idee aufgebauten Spaziergang des Taxifahrers ab und lässt ihn zum

Schöpfer der scheinbar subjektiven Panoramaaufnahme des langsamen, weiblichen Gangs Betsys werden; schließlich verschmilzt seine eigene subjektive Panoramaeinstellung mit der neuen Panoramierung – die sich an dem Punkt überschneidet, da die vorhergehende ihren Höhepunkt erreicht hat – seiner handgeschriebenen Worte, die die Tatsache symbolisieren, dass er Betsy mit einem Engel vergleicht, den keiner von »diesem sündigen Abschaum« zu berühren wage (»not to touch her«). Diese Sequenz ist Ausdruck eines geistigen Klimas, das sich in einem Delirium ungleichartiger und unerschöpflicher Bilder erregt. Und es spricht für die Art von Einsamkeit, die Travis erlebt.

Sein solipsistischer Zustand wird uns in diesen Bildern des Spaziergangs klar: indem er sich den Weg durch die Menge bahnt, die ihn von seiner Betsy trennt, ist Travis kein Teil einer wirklichen Welt, sondern fühlt sich an einen heldenhaften Ort projiziert, der in den über Nationalruhm berichtenden Schlagzeilen auf legitimste Weise abgesegnet wird. Er bewegt sich tatsächlich nicht in dieser Welt, sondern ist Teil einer Massenmedienwelt, die nach Unsterblichkeit strebt, nach der Heiligsprechung der eigenen Person durch die Zeitungen, und der Blick auf die Menschen ist in Wirklichkeit nicht sein eigener, sondern der der kine-journalistischen Bilder. Auf seinem Weg von der Vorhölle des Reichs der Menschen in das Reich der Götter lässt er der Verformung der Wirklichkeit freien Lauf. Als er sieht, wie sich das Mädchen bewegt, ordnet er sie den Leuten zu, die nicht von den »Niedrigkeiten« der Menschen berührt werden dürfen, und Travis' Blick lässt sich von einer völlig passiven Faszination unterjochen. Auch die Musik von Bernard Herrmann trägt zu der irrealen Erwartung des Engels Betsy bei und explodiert mit ihrem verführerischen Leitmotiv genau dann, als das Mädchen vor unseren Blicken erscheint (und gleichzeitig geht sie am Regisseur vorbei, der sich zu diesem Anlass ebenfalls auf der Straße befindet, um in einem emblematischen Identifikationsspiel die Ankunft Betsys zu erwarten).

Auf diese visuelle Sinfonie von *Taxi Driver* gehen all die Filme zurück , die die Stumpfheit einer bedrohlichen und doch durch ihre Doppeldeutigkeit faszinierenden und wilden Stadt wiedergeben wollen, die zugleich »das zentrale Gebiet« ist, wo über die Zukunft des Abendlan-

56

Martin Scorsese mit Jodie Foster und Robert De Niro in einer Drehpause von *Taxi Driver*.

des entschieden wird. Scorsese hatte im Übrigen nicht die Absicht, sich in seinem Werk auf eine extreme Kritik an New York einzulassen, denn Travis' Blick ist auch sein eigener Blick, und als Italo-Amerikaner hat er seit jeher die Faszination des »Big Apple« erlebt. Und jeder amerikanische Film bewahrt teilweise diese Anziehungskraft in sich auf, die vom Zuschauer eine Art bedingungslose Zustimmung zu dem verlangt, was ihm gezeigt wird. Die Idee in *Taxi Driver* ist die, die extremen Folgen dieser »ansteckenden« Faszination aufzuzeigen, unter denen ein manipulierbarer junger Mann wie Travis zu leiden hat. »Der ganze Film beruht weitgehend auf den Eindrücken, die ich daraus gewonnen habe, dass ich in New York aufgewachsen bin und in dieser Stadt lebe. Es gibt eine Einstellung, in der die Kamera auf die Haube des Taxis montiert ist, es fährt an der Leuchtreklame »Fascination« vorbei, die direkt an meinem Büro ist. Um diese Faszination geht es, der Racheengel, der durch die Straßen einer Stadt schwebt, die für mich alle Städte reprä-

sentiert«. (Scorsese über Scorsese, S.90). New York, »die einzige wahre Stadt«, wie sie Lionel Dobie, der erfolgreiche, größenwahnsinnige und narzisstische Maler, der Protagonist von *New Yorker Geschichten*, definiert. Doch ist er auch der Ort, wo der Ehrgeiz nach »magischer Übereinkunft« des ungestümen und selbstzerstörerischen Jimmy Doyle mit dem netten Show-Girl Francine Evans brennt, in dem Film, der denselben Titel trägt, wie das melancholische und mitreißende Lied, das die Frau während ihrer Ehekrise anstimmt: *New York, New York*. Die Stadt der verfehlten Träume, doch auch der Ort urbaner Einsamkeit: so wird es für alle scorsesischen Protagonisten sein, von Paul Hackett, dem Computerprogrammierer, der eine ganz besondere Nacht in Soho erlebt und nur Demütigungen und Unbehagen begegnet (*Die Zeit nach Mitternacht*), bis zu Newland Archer, dem Bräutigam von May Welland in *Die Zeit der Unschuld*, der dazu bereit ist, seine Gefühle für die Gräfin Ellen Olenska zu opfern, um das Ziel seiner Vorfahren beizu-

57

Die Verwandlung des Travis Bickle.

den zählen zu können (obwohl, wie z.B. in *Goodfellas*, die Männerfreundschaft von der stets gegenwärtigen Möglichkeit bedroht wird, dass jeder jeden betrügt), ist Travis der empfindlichste aller paranoiden Charaktere, die von Scorsese beschrieben werden. Wohlbemerkt, das, was er in Vietnam erlebt hat, schöpft die Erklärungen für sein Unbehagen nicht aus, denn der Regisseur achtet darauf, die Rückbezüge auf die Kriegserfahrungen nicht zu sehr hervorzuheben. In diesen Kontext lässt sich vermutlich auch die Bemerkung über John Wayne in *The Searchers*, 1956 einordnen: »Er gehört nirgenwohin, seitdem er gerade in einem Krieg, an den er geglaubt hatte, gekämpft und verloren hatte, aber er trägt er eine große Liebe in sich, die ausgelöscht wurde. Er lässt sich hinreißen und tötet während der langen Suche nach dem jungen Mädchen mehr Büffel als nötig, denn das bedeutet weniger Nahrung für die Komantschen – aber während der ganzen Zeit weiß er, dass er sie finden wird; »so sicher, wie die Erde sich dreht«, wie er sagt«. (Scorsese über Scorsese, S.101).

Indem er die von Ford eingeführte Figur des Kavaliers in die siebziger Jahre überträgt, schafft Scorsese einen Charakter, der Tag für Tag sein unausgefülltes Bedürfnis nach Kommunikation und Liebe abbüßt; seine Schwäche führt ihn in die Isolation und er spürt, dass die anderen ihn nicht verstehen. Travis führt auch nie einen wirklichen Dialog zu Ende: mit seinen Arbeitskollegen, die sich jeden Abend in der Belmore Cafeteria versammeln, wechselt er keine zwei Worte und bleibt in seiner Neurose verschlossen (eine Subjektivaufnahme mit Zoom lässt uns nahezu im Becher mit Wasser »ertrinken«, in dem er eine Kopfschmerztablette sprudeln lässt) und er zieht es vor, der Runde der Lokalbesucher verächtliche Blicke zuzuwerfen. Das, was ihn umgibt, ist aber nicht mehr die »objektive« Welt, sondern sein inneres Universum voller Groll und Gespenster. Im Übrigen besteht in *Taxi Driver* kaum ein Unterschied zwischen Traum und Wachsein, da Travis es nicht schafft, nachts zu schlafen, und sich somit gezwungen sieht, zu arbeiten oder sich Pornofilme anzusehen, die sich nicht voneinander unterscheiden und die Tage widerspiegeln, die, wie er in sein Tagebuch schreibt, nie zu enden scheinen. Die Auswirkungen dieser Unveränderlichkeit des Daseins werden uns,

behalten und durch seine Eheschließung die Verbindung der beiden mächtigsten Familien des aristokratischen New Yorks um 1870 zu verwirklichen. Doch der in *Taxi Driver* dargestellte Charakter ist das emblematischste Beispiel für die Einsamkeit, die das Leben in einer Metropole prägt.

Wie J.R. und Charlie (*Wer klopft denn da an meine Tür?, Hexenkessel*), oder Henry Hill (*Goodfellas*), im Grunde Einzelgänger, die es nicht schaffen, irgendeine Liebes- oder Freundschaftsbeziehung aufrechtzuerhalten, obschon sie ständig von Freunden oder »Vertrauenspersonen« umgeben sind, so ist Travis die Radikalisierung einer absoluten Kommunikationsunfähigkeit. Während Charlie und die anderen sich womöglich selbst belügen, weil sie alles in allem davon überzeugt sind, immer auf jeman-

58

abgesehen vom Verhalten des jungen Mannes, vor allem durch sprachliche Lösungen veranschaulicht, die angewandt werden, um teilweise durch einen wirklichen Störeffekt Travis' Zustand des geistigen Unbehagens wiederzugeben. Zum Beispiel in der Anfangssequenz des Films, wo sich die Kamera mit einer Panoramaaufnahme um Travis' Wagen bewegt, der in dem wilden Rot und den grellen Farben der Photographie Michael Chapmans direkt aus der Hölle zu kommen scheint. Doch denken wir vor allem an die Montage in *Taxi Driver*. Einige Kritiker haben nämlich auf das störende Gewicht des Kreuzschnitts in *Taxi Driver* zu vornehmlich psychologischem Zweck, zum Beispiel am Anfang des Films, hingewiesen. Travis ist gerade als Taxifahrer eingestellt worden und geht den Bürgersteig entlang; an diesem Punkt setzt der Kreuzschnitt ein: Das Bild bleibt unverändert, aber der Protagonist bewegt sich ein bisschen mehr in Kameranähe und trinkt aus einer in eine Plastiktüte eingewickelten Flasche. Wie ein Gespenst verschwindet De Niro und erscheint wieder, und diese Überblendung, die eine derart blitzartige und unerwartete Eklipse kennzeichnet, zeigt das unvermutete Eindringen der inneren Welt Travis in die »objektive« Realität.

Diese Szene von *Taxi Driver* ist somit beherrscht von den höllischen Zeiten des psychischen Zustand des jungen Mannes, und der Regisseur zeichnet eine unsagbare Reihe von Symptomen auf: um seine Einsamkeit zu überleben, muss sich der Taxifahrer eine »Zielscheibe« erfinden, und seine dissoziierte Persönlichkeit pickt sich logischerweise zwei Zielscheiben heraus: eine positive, das heißt, die jugendlicher Prostituierte, die es aus der Unterwelt zu erlösen gilt, und eine negative und zwar Palantine, den Kandidaten auf das Präsidentschaftsamt, den Travis, der keine Ahnung von seiner Politik hatte, vorher im Taxi noch gelobt hatte, und der jetzt, nach der mit Betsy erlebten Schmach, zum Zentrum all seiner Probleme und zum Sündenbock seiner Schuld wird. Dieses manichäische Bild ist geprägt von einem Dasein, das aus Travis' Blickwinkel gesehen explodiert, das aber bei genauerem Hinsehen Scorseses Darstellung des Durchschnittsamerikaners der siebziger Jahre ist. Es ist ein extrem reaktionärer Daseinsbegriff, den die Überzeugungen seines Protagonisten widerspiegeln (der beispielsweise angewidert ist von der Idee,

dass sich Iris durch Flucht in »eine dieser Vermont-Gemeinschaften«, die er offensichtlich als x-te Schwäche des Sozialsystems betrachtet, aus freiem Willen dem Teufelskreis der Prostitution entziehen kann). Diese Art der Realitätswahrnehmung, die aus seinen Einstellungen ersichtlich wird (wie Andrea Giame Alonge schreibt »sein Hass auf Hippies und Junkies kann auf die Rhetorik der amerikanischen Rechten zurückgeführt werden, die die Niederlage in Vietnam stets der Schwäche der Politiker und der Aktion der Friedensbewegung zugeschrieben hat«. (»Garage«, Nr.8, S.118), und noch allgemeiner durch die Form, in der er seine »Andersartigkeit« äußert. Eine Haltung, die zur Erregung führt, als der Wahn auf gefährliche Weise eintritt, und endgültig die Grenzen zwischen realer und innerer Welt bricht (die Mohawk-Frisur, mit der Travis in der Blutbadszene am Ende aufwartet, bezeichnet zusammen mit der Fallschirmspringerweste ein archaisches und düsteres Bild eines dissoziierten Rächers – gleichsam einer Offenbarung der »Rückkehr eines Indianers« und eines Marinesoldaten, die bereit sind, ihren eigenen ewigen Glauben an den alten Todesschwur zu bezeugen). Der emblematische Triumph von Travis, der am Ende zum Helden der nationalen Presse wird, definiert den Grad der antiprogressiven Schmähung des zeitgenössischen Amerikas. In diesem Kontext des ruchlosen Schweigens senden Iris' Eltern einen Brief an Travis, um ihm dafür zu danken, dass er ihr »Kind« wieder nach Hause gebracht hat. Am Ende wird diese »Rebellion« von Travis einzig dazu gedient haben, zu einem Zustand durchzudringen, der bis dahin im Dunkel des Unterbewusstseins versunken war. Betsy, die zum Schluss zu einer letzten Fahrt in diesem Film in Travis' Taxi steigt, sieht diesen Helden der Nacht in einem neuen Licht, aber nur, weil sie sich von der Vorstellung berauscht fühlt, einen Medienstar zu ihren Verehrern zählen zu können.

Die Zusammenarbeit mit Robert De Niro, die mit *Hexenkessel* begonnen hatte, geht im nachfolgenden *New York, New York* weiter (ebd. 1977), einem am klassischen Musical inspirierten Film, bei dem Liza Minelli die weibliche Hauptrolle spielt. Scorsese dreht alles im Studio, was die realistischen Züge erheblich einschränkt zu Gunsten eines eher traumähnlichen und romantischen Rahmens des Films, was auf Minelli zurückgeht, dessen Wesen diese neue Arbeit des Regisseurs aus Long Island neu erkunden will. Während das klassische Musical Figuren vorschlug, die es nachzuahmen, oder besser noch, zu erträumen galt, und als Vorbilder berühmte Beispiele wie *The Jazz Singer* oder *A Star is Born,* die unwahrscheinliche Biographie von großen Persönlichkeiten aus der Welt der Musik anzubieten, die zum Erfolg und zum Opfer als Vorzimmer zum unfehlbaren Happy End vorherbestimmt sind, ist jetzt in *New York, New York* »Happy Endings« nur der Titel des Stücks, in dem das Show-Girl Francine, die zu internationalem Ruhm gelangt ist, die Hauptrolle spielt. In diesem Film Scorseses gibt es somit keine Spur von der Vorherbestimmung, die das Leben eines abgesonderten Genies kennzeichnet, und die Liebesgeschichte und berufliche Bestimmung der Protagonisten Francine Evans und Jimmy Doyle schließt ebenfalls nicht mit dem Triumph der »magischen Übereinkunft« (Frau, Musik und Geld) ab, die sich Jimmy sehnlichst wünscht. Eine unabwendbare Geschichte, die jedoch nicht übermäßig mit Themen des Schicksals und des Falls spielt: Francines und Jimmys Geschichte fügt sich intelli-

gent in die Poetik des Autors ein und nähert sich einer ganzen Reihe von unerfüllbaren Liebesgeschichten, die die scorsesische Filmografie prägen (*Wie ein wilder Stier, Die Zeit der Unschuld, Kasino*). Das Schöne hierbei ist die Intuition des Regisseurs, das Leben der beiden Künstler nicht in die Absolutheit einer vorher festgelegten Vision zu versiegeln, sondern zuzulassen, dass der lakonische und wehmütige Ton der Bilder nicht mit einem klaustrophobischen Pessimismus abschließt, sondern vielmehr der Einsicht Raum läßt, dass das Leben ungeheure Widersprüche in sich trägt.

Scorsese gliedert seine »rhythmische« und moderne Sprache in die Tradition ein, und der Film ist der erste große Moment einer Neubetrachtung der dramatischen und stilistischen Elemente der klassischen Hollywoodfilme, wobei *Wie ein wilder Stier* und *Goodfellas* weitere Ergebnisse bringen werden. Wir befinden uns in einer konkreten kinematographischen Entwicklung, und das klassische Element verschmilzt hier mit der Absicht, die Geschichte zweier Protagonisten zu objektivieren, um sie von der Überkonventionalität der Szenerie des

Auf dem Set von *New York, New York*. Jimmy Doyle/ Robert De Niro erklärt Francine Evans/Liza Minelli seine Vorstellungen von einer »magischen Übereinkunft« (*rechte Seite*).

60

echten »Musicals« zu entfernen, die er im übrigen mit Hilfe der wahren Schöpfer der goldenen Zeit des amerikanischen Films rekonstruieren lässt (da die alten Szenerien von Hollywood nicht mehr zur Verfügung standen, ließ der Regisseur sie von Boris Leven, dem Bühnenbildner von *West Side Story* und zuvor von *Giganten* und *Der silberne Kelch*, neu aufbauen) und ihr einen neuen Wert zu verleihen. Wenngleich der Hintergrund auch verblüffend zeitungemäß, theatralisch, farbig und sprühend ist, so realisiert Marcia Lucas Schnitt, obgleich er immer noch die klassischen Konstanten einer Reiheneinstellung übernimmt (als unvermeidbare Anpassung an die formale Reproduktion des Musicals, das der Regisseur neu bearbei-

ten will) und dabei die mittleren Felder, amerikanische Aufnahmen und Nahaufnahmen klar überwiegen lässt (wobei in gewisser Weise jene Dialektisierung zwischen Märchen und dokumentarischer Objektivität vorweggenommen wird, die in *The Band* ausschlaggebend sein wird), das einem bereits moderneren Verlauf folgende Wechselspiel von Bildern und Sequenzen, das rhythmischer und narrativer ist. Dies wird ganz besonders deutlich auf dem großen Musikfest von Times Square, das auf dem Ton einer wechselnden Montage aufgebaut ist, die auf spürbare Weise die Orchestermusik explodieren lässt und sich dabei zuerst auf die Musiker, dann auf die Tänzer, dann auf die Anbändelungsversuche Jimmys konzentriert, so dass die sich zum Höhepunkt steigernde Begeisterung wegen des Kriegsendes verstärkt wird (eine sinfonische und musikalische Montage, die jedoch nicht so sichtbar gebrochen und tobend ist wie in *Goodfellas* und *Kasino)*. Abgesehen davon ist es aber weder nur die Musik, die diesem melancholischen und verzehrenden Film eine feindselige Färbung verleiht, und auch nicht der Aufbau der lobenswerten cho-

reographischen Einschübe, die die Atmosphäre des Kinos der Vergangenheit wieder aufleben lässt (von der Eingangssequenz, wo das festliche Klima von Times Square uns zurückversetzt zu den Warner-Filmen, von Busby Berkeley bis zu den Schaunummern von Francine, wo Liza Minnelli ihre Mutter Judy Garland nachahmt, wie in der Sequenz, wo der Scheinwerfer im verlassenen Studio auf sie gerichtet ist), sondern vielmehr der Blick durch Nahaufnahmen auf die Schauspieler, auf ihre Besessenheiten, auf den Ehrgeiz, der sie verzehrt, und auf die Schwierigkeit, dem anderen das eigene Bedürfnis zu gestehen, was der Grund für eine so prägnante und wahrheitsgemäße Betrachtungsweise ist. Der Regisseur sagt: »Ich denke, es ist ein guter Film, obwohl ich glaube, dass er nur gut ist, weil er aufrichtig ist. Es ist kein Film über Jazz, deswegen brauchten wir niemanden, der sich, wie in *Um Mitternacht*, ein Saxophon schnappt und tatsächlich darauf spielt. Es hätte ein Film über einen Regisseur und eine Schriftstellerin sein können oder eine Künstlerin und einen Komponisten. Er handelt von zwei ineinander verliebte Menschen, die beide kreativ

Jimmy Doyle, ein Vietnamheimkehrer wie Travis Bickle, ist auf der Suche nach der idealen Frau.

sind. Das war die Idee: zu sehen, ob die Ehe gut gehen würde. Wir wussten nicht, ob diese Ehe gut gehen würde, da wir nicht wussten, ob unsere eigenen Ehen gut gingen. So fingen wir einfach an – schrieben um, improvisierten, improvisierten, improvisierten, bis schließlich zwanzig Wochen Drehzeit vorbei waren und wir so etwas wie einen Film hatten« (Scorsese über Scorsese, S.101). Eine minuziöse und nahezu unaussprechliche innere Dialektik erklärt diese spürbare Verschiedenheit von *New York, New York* zum traditionellen Musical. Keine Hypostasierung der Szene also, sondern eine Beziehung der Dialektisierung zwischen der glitzernden und undurchdringlichen Oberfläche der New Yorker Musikszene und der Lebendigkeit, die aus unvermutetem Beflügelt-

sein, aber auch aus melancholischen und schattigen Momenten besteht, die die Leidenschaft dieses dickköpfigen und empfindlichen Saxophonisten und dem talentierten Show-Girl auszeichnet. Wenn die Beziehung zwischen den beiden, die sich auf der Feier anlässlich der Kapitulation Japans kennen gelernt haben (wobei der im Midwest geborene Jimmy/De Niro zum ersten Mal nach New York kommt und nach Travis in *Taxi Driver* ebenfalls ein Kriegsheimkehrer ist), derart explosiv ist, dass sie die Aufmerksamkeit frenetisch auf sich lenkt, so ist dies dem außergewöhnlichen Können der beiden Darsteller zu verdanken, und dem Willen, ein instinktives Schauspiel auszuprobieren, das den Reaktionen der einzelnen Personen, ihrem Zögern und ihren Widersprüchen Recht gibt. Erinnerungswert bleibt die lange Sequenz von der ungestümen und unabwendbaren Anbändelungsszene Jimmys mit Francine, die in der ersten Montage des Films sogar eine Stunde dauerte. Zuerst tritt Jimmy in den Tanzsaal ein und wirft sich in die Menge; bald schon wird sein Blick von einem Mädchen in Uniform angezogen, das heißt von Francine, die allein an einem Tisch sitzt. Dann geht er zu ihr hin und versucht vergebens, sich ihre Telefonnummer geben zu lassen. Am Ende, nachdem sie ihn immer wieder abgewiesen hat, verabschiedet er sich niedergeschlagen von ihr und meint, dass sie sich nach dem nächsten Krieg wiedersehen, woraufhin sie ihm sarkastisch antwortet: »Wer sagt dir denn, dass du ihn gewinnst!?!«. Das Fest geht weiter. Jimmy widmet sich weiter seiner Suche nach einer Frau. Er versucht, einem Kriegskameraden eine aus den Armen zu entreißen, bleibt allerdings erfolglos. Sofort danach kommt sein Brigadekamerad Di Muzio, der offensichtlich erfolgreicher gewesen ist, auf ihn zu und bittet ihn um den Schlüssel zu seinem Zimmer, weil er einige Stunden mit einer Frau verbringen will, die er soeben kennen gelernt hat; er lädt ihn außerdem ein, sich mit seiner Bekanntschaft und deren Freundin Francine an den Tisch zu setzen. Jimmy sieht daher erneut das kühle Mädchen vor sich, die sich gerade zuvor geweigert hatte, mit ihm zu sprechen. Diesmal wird er »offiziell« vorgestellt und probiert es von Neuem. Diese Sequenz bleibt in Erinnerung und führt den Zuschauer auf explosive Weise in die emotionale Spannung des Films ein. In wenigen Minuten foto-

grafiert er die Charaktere dieser beiden Personen. Er ist hartnäckig und empfindlich, egozentrisch, melodramatisch, hungert nach Liebe und Aufmerksamkeit. Doch auch großzügig, sympathisch, lebendig, komödiantisch und auch melancholisch. Auf jeden Fall ist er kein leichter Charakter nach dem Vorbild des optimistischen und bereitwilligen Jungen, der in *Das ist New York* erscheint, sondern ein unruhigerer Charakter, ein Opfer seines Erfolgsstrebens, auf dem auch das zerbrechliche Gerüst der ersehnten »magischen Übereinkunft« gründet. Sie ist instinktiv und großzügig, entschlossen und fähig und auf alle Fälle bereit, sich von jemandem anziehen zu lassen, der sie in den Mittelpunkt der Aufmerksamkeit stellt. Jimmy und Francine sind zusammen und heiraten. Mit den Jahren entdecken beide jedoch, dass »Star« zu sein noch lange nicht heißt, die »magische Übereinkunft« gefunden zu haben. Er wird sich in dieser Phase seines Lebens, die zirka zehn Jahre dauert, bewusst, dass er sich dazu entschieden hat, für die Musik und nicht für die Liebe zu leben. Sie hingegen will, dass sie sich ihrem gemeinsamen Kind widmen, kompromittiert auf diese Weise die Arbeit mit ihrem Mann, wird aber schließlich ohne die Truppe und die Unterstützung ihres Mannes zum international anerkannten Star. In den letzten Bildern des Films wird den Protagonisten auch die Gelegenheit gegeben, sich wieder zu sehen und es noch einmal zu »versuchen«, indem sie eine Verabredung treffen, zu der beide jedoch nicht hingehen; es ist ein ungewisses und wahrheitsgetreues Ende, wenn zwei so narzisstische Charaktere zu dem Entschluss kommen, dass es für sie in ihrem Inneren unmöglich ist, auf der selben Ebene von Liebe und Erfolg zusammen zu leben. »Das Musical steht daher für ein verlorenes Paradies, es ist die Metapher einer Unmöglichkeit, die explizit und genial in der Sequenz zum Ausdruck gebracht wird, in der Jimmy an der Metrohaltestelle auf ein Tänzerpaar trifft (wahre Gespenster des klassischen Musicals), die einen Stepptanz aufführen«. (S.Zumbo, *Un tassinaro in Gerusalemme*, in »Visionario«, N.1, 1990, S. 7). In *New York, New York* wird das Musical von seinem hypostasierenden Lack befreit und nimmt eine überraschende dialektische Form an. Die »künstliche« und theatralische Szenerie steht abwechselnd im ironischen und melancholischen Kontrast zu der

Geschichte von Jimmy und Francine: wenn wir an die Sequenz denken, wo Jimmy mit seinen Armen den Zug »anhält«, weil er Francine küssen will, oder an die Szene der beiden im Wald, wo der künstliche Hintergrund im klaren Kontrast zu ihrem empfindsamen Gemütszustand steht; und schließlich die Sequenz der Stepptänzer, die wie eine Erscheinung in die Welt des Realen einbricht und uns unmittelbar auf die Ebene der Metaphorik und Reflektion führt, die so ganz anders ist als im Sinne des Traumes von Fred und Ginger. Eine reale Welt voller Träume und Geister als idealer Hintergrund für ein modernes Musical.

New York, New York ist ganz offenkundig ein Komplementärwerk zum nachfolgenden *The Band* (ebd.1978), ein Konzertfilm über den letzten öffentlichen Auftritt der Gruppe The Band am 25. November 1976, dem Thanksgiving Day. Hierbei handelt es sich ebenfalls um die Wiederaufnahme eines ganz präzisen Genres, dem gefilmten Rock-Konzert, wobei aber die Struktur abgeändert und personalisiert wird. Indem Scorsese Live-Sequenzen, die er mit einem Dutzend Kameraleuten ganz rigoros vorbereitet und analysiert (unter anderem Steven Price, Regieassistent in *New York, New York*, Fred Schuler, Kameramann in *Taxi Driver*, Vilmos Zsigmond und Lazlo Kovacs), um Licht und Aufnahmen dem Gefühlszustand der Lieder anzupassen, mit Bruchstücken aus Interviews mit der Band in den Studios von Shangri-La und mit drei in den MGM Studios völlig neu aufgenommenen Musiknummern abwechselt, hat der

63

Die zwei Musikfilme von Scorsese: *New York, New York* (oben) und *The Band* (rechte Seite).

Künstlern und ihren Träumen, genauso wie sie für den armen Travis Bickle aus *Taxi Driver* voller Albträume war. Demnach eine Realität voller Geister, aber auch voller Angst vor der Einsamkeit und Masochismus, ungezügeltem Narzissmus und Flucht vor einer als frustrierend empfundenen Realität. Am Ende von *The Band* erklärt Robbie Robertson, warum der Moment gekommen ist, mit der Band abzuschließen: »Unsere Straße ist unsere Schule gewesen. Was hat sie uns gelehrt? Zu überleben ... Doch wir hätten von dieser Straße absolut nichts mehr haben können. Vielleicht bin ich abergläubisch, aber ich spüre, dass diese Straße uns ungeheuer viel gegeben hat, und an diesem Punkt hätten wir das Schicksal dazu gezwungen, weiterzumachen. Die Straße hat viele Leute verschlungen, die dort begonnen hatten: Hank Williams, Buddy Holly, Otis Reding, Janis, Jimi Hendrix ... Elvis ... «, und zum Schluss sagt er: » ... es ist ein verflucht unmögliches Leben«; nach diesen Worten folgt die letzte Aufnahme: auf der Bühne spielt die Band das Motiv *The Band,* und die Kamera entfernt sich ganz langsam und hinterlässt eine »melancholische Spieluhr« (S. Zumbo, ebd.).

Man braucht gar nicht Edgar Morin zur Hilfe zu ziehen, um zu erkennen, dass sich im Kino der kosmische Charakter des inneren Lebens auch durch das Ambiente entfaltet, das die Gemütsverfassung beschreibt: Scorsese, der sich mit größenwahnsinnigen und selbstzerstörerischen Menschentypen befasst, benutzt die Szene dazu, ständig den Gesichtswinkel zu verändern, um die Räume als Teil der Gefühlsszenerie und des Lebens der dargestellten Charaktere zu beleben. Dies geschah in *Taxi Driver,* als die Kamera sich einmal in Travis' Taxi befand und ein andermal darauf installiert wurde und entweder mit der subjektiven Verfassung des Taxifahrers übereinstimmte oder ganz im Gegenteil objektiv den Regen und den Dreck auf den Straßen zum Ausdruck bringen sollte. Und dies geschieht auch in dem »dokumentarischeren« *The Band*, der sich von einer kontingenten Situation aus bewegt, dem letzten Konzert einer berühmten Band, um in die Dimension eines Musicals als verlorenes Paradies zu geleiten; es ist daher ein Dokumentarfilm, der in aller Eile, der Dauer der Lieder folgend, hätte gedreht werden können, der aber den Eingriff einer irrealisierenden Montage zeigt, die die

Regisseur die Gelegenheit, seine Poetik da unter Beweis zu stellen, wo es sich allein um einen wehmütigen Abschied von seiner Lieblings-Rockband hätte handeln können. Wie in *New York, New York*, und vielleicht noch eklatanter, da es sich um einen mit Fiktion durchwobenen »Dokumentarfilm« handelt, vermischt er die Bilder, die diesmal von einer narrativen Handlung losgelöst, aber durch den roten Faden der Lieder und die Intensität der Beziehung zwischen den Musikern verbunden sind, von Fiktion und Leben als unbeugsam ineinander verzahnte Elemente. Wie in *New York, New York* geht es darum, die Gemütsverfassung darzustellen, die das Künstlerleben der einzelnen Personen am besten widerspiegelt. Ob nun irgendetwas unecht oder unrealistisch erscheinen mochte, war gar nicht so bedeutsam: Das Leben von Jimmy und Francine ist so wie das Leben von Robbie Robertson und seinen Partnern auf der Straße entstanden, und im Allgemeinen geht die Straße großzügig um mit den

64

musikalischen Episoden und Interviews aussortiert und in eine Reihenfolge bringt und sie mit einem subtilen Spiel gefühlsmäßiger und kultureller Assoziationen in Verbindung bringt. Die Gäste des Konzerts stellen alle Tendenzen des Rock dar, bis zu Muddy Waters, dem König der Country-Music, Eric Clapton und natürlich Bob Dylan: Diese Chronik konzentriert sich auf die Musiker und ihr Einvernehmen und vernachlässigt völlig den Einbezug der Zuschauer. »Sie haben mich nicht interessiert. Ich wollte keine Bilder von der Menge und auch keine Einschübe ihrer Reaktionen. Wie Robbie sagt, jedes Lied ist der Schauplatz einer Herausforderung. Eines Kampfes zwischen der Band und ihren Gästen. Das, was in diesem Moment zwischen ihnen passiert, – und was sich nicht auf der verbalen Ebene abspielt – ist zu intensiv, als dass sich die Kamera noch anderswo bewegen könnte. Ich zeige euch das Publikum nur in dem Maße, wie die Musiker auf der Bühne in Bezug zu ihm treten. Andererseits hätte ich, wenn dies möglich gewesen wäre, gerne die Aufnahmegeräte versteckt, damit sie die Beziehung zwischen Publikum und Konzert nicht beeinflussen würden« (*Positif. Dodici interviste*, 1980, Arcana, S.148). Diese räumliche Eingrenzung spiegelt eine Spannung im Aufbau der Ebenen wider, die, wie bereits in *New York, New York* darauf ausgerichtet ist, die Personen in ihrer künstlerischen Isolation einzuschließen. Gerade der Film mit De Niro und Liza Minnelli, dessen Resultate wir bereits in *The Band* sehen können, endet damit, gestalterisch eine der innovativsten Werke Scorseses zu sein; obwohl er mit der Musicaltradition Hollywoods verhaftet bleibt, führt die stilistische Fülle, mit der er die Räume und Bühnenbilder rekonstruiert, zu einer realistischen und glaubwürdigen Reproduktion der Räume. Dies vollzieht sich durch einen verblüffenden szenischen Kurzschluss: Scorsese gibt dem Set eines jeden Nightclubs oder Tanzsaals eine eigene Farbe oder eigenen Stil, auch wenn jeder dieser Nightclubs in Wirklichkeit aus denselben Bauten stammt. »Wir haben nur die Wände verschoben, die Beleuchtung abgeändert (…). Irgendwo muss ja gespart werden. Allgemein dachte man, dass der Film wegen all der unterschiedlichen Bühnenbilder ein Vermögen gekostet hat, aber in Wirklichkeit ist die anfängliche Kostenberechnung im Wesentlichen wegen unserer Probleme mit dem

Drehbuch überstiegen worden und wegen der Proben, die auch während der Aufnahmen ständig weiter gegangen sind, und der Improvisationen, die das Schema fortwährend abgeändert haben« (ebd.S.133). Die Erklärung für die verblüffende Unähnlichkeit der einzelnen Sets ist daher der Erfindungsreichtum und der Wille, das dramaturgische Material nach einer rein rhythmischen und musikalischen Aufteilung der kinematographischen Montage dynamisch zu gestalten. Mit seinen beiden einzigen Musikfilmen arbeitet Scorsese eine Erzählstruktur her-

65

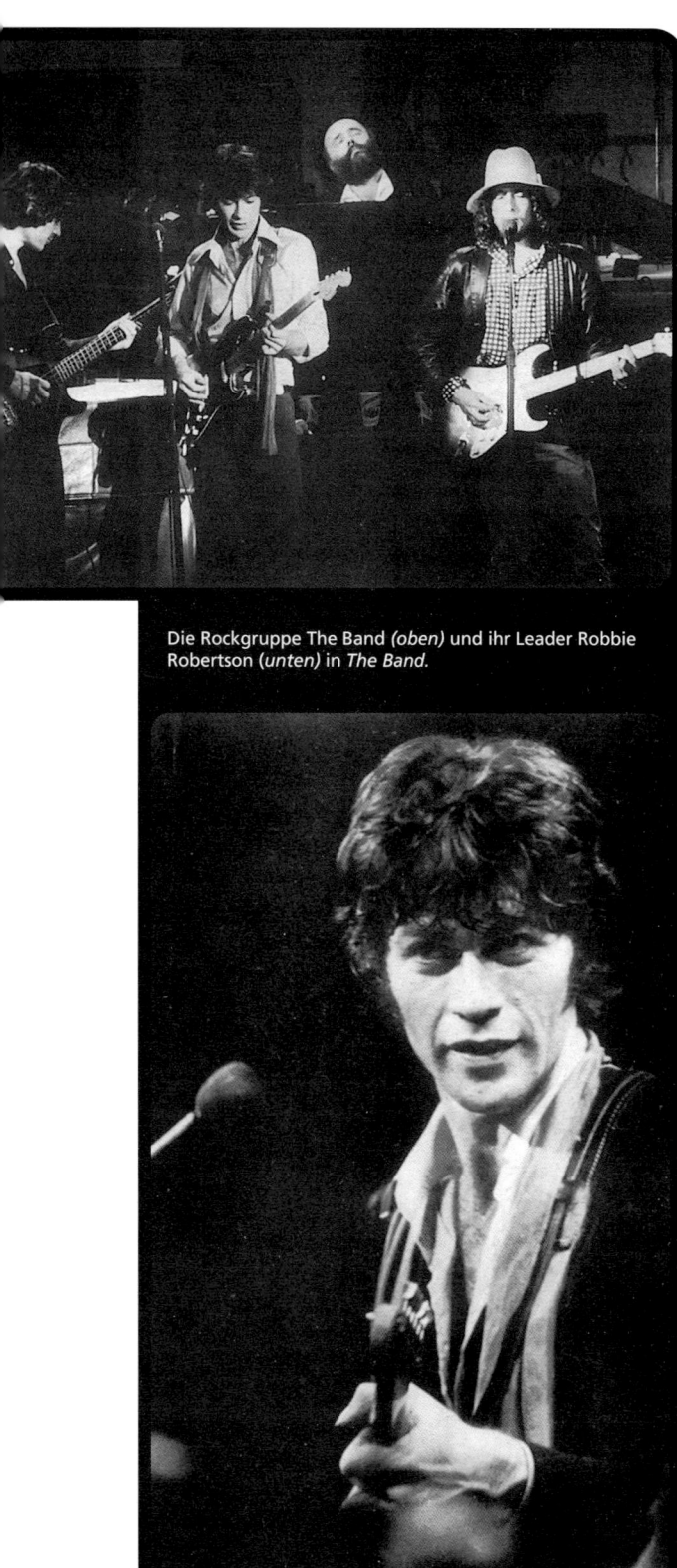

Die Rockgruppe The Band *(oben)* und ihr Leader Robbie Robertson *(unten)* in *The Band*.

aus, die beständig den Bruch mit dem geradlinigen Verlauf, dem Rückgriff auf Flash-Backs und Flash-Forwards und der gebrochenen, ekliptischen, verdichteten und metakinematographischen Montage experimentiert, die in den Filmen der zweiten Hälfte der 80er-Jahre außerordentlich spürbar wird (*Lebensstudien, Die Zeit der Unschuld, Kasino*). Wir möchten uns an diesem Punkt darauf beschränken, auf die subtile Dialektik der Gesichtspunkte hinzuweisen, die in *New York, New York* und *The Band* auch immer wieder neu auf die Weise zum Ausdruck kommt, wie Scorsese die vielen Musiknummern dreht. »Ein großes Orchester ist fürchterlich statisch. Wie oft kann man einen Saxophonisten in Aktion filmen, ohne den Zuschauer zu langweilen? Ich habe jedes Mal eine neue Technik finden müssen. Dasselbe Problem habe ich in *Woodstock* gehabt und jüngst in *The Band*. Von wenigen Ausnahmen abgesehen, wie Bob Dylan oder Bob Seeger, bewegen sich diese Musiker kaum auf der Bühne. Deshalb habe ich entschieden, sie auf möglichst gedrängte Art und Weise aufzunehmen« (ebd. S.133-134).

Das Problem, die Aufnahmen an die verschiedenen Musiknummern anzupassen, taucht gewissermaßen auch in *Wie ein wilder Stier* wieder auf, wo die acht Boxkämpfe von Jake La Motta Scorsese mit gestalterischen Aufgaben konfrontieren, die denen der Darstellung von Musikszenen ähnlich sind. »In den 70er-Jahren wurden so viele Boxfilme gedreht, dass ich den Moment in der Zukunkt fürchtete, wenn ich einmal nicht schlafen könnte, und das Einzige, was im Fernsehen liefe, wäre der armseligste von ihnen, sonst nichts, und ich wäre gezwungen, ihn mir anzusehen. Wirklich ein Albtraum! Ich war nie ein Fan von Kämpfen. Um zu recherchieren, sah ich mir zwei Kämpfe im Madison Square Garden an, und das erste Bild, das sich bei mir festsetzte, war ein blutiger Schwamm. Als ich das zweite Mal hinging, saß ich in der fünften Reihe und sah das Blut von den Seilen tropfen. Auch als der nächste Kampf angekündigt wurde, hat sich niemand darum gekümmert. In *Wie ein wilder Stier* bleibt die Kamera fast immer mit Jake im Ring. Wenn ich als Kind samstagnachmittags zwischen den Doppelvorstellungen Boxkämpfe sah, dann waren sie immer aus einem einzigen Kamera-Winkel aufgenommen, und deshalb fand ich sie so lang-

66

Der Boxer Janiro (Kevin Manhon) wurde von La Motta/De Niro auf die Matte geworfen. Der Schiedsrichter ist Martin Denkin.

Martin bei den Dreharbeiten zu *Wie ein wilder Stier.*

weilig. Für mich gibt es nur einen, der die richtige Haltung bei Boxkämpfen im Kino hatte: Buster Keaton« (Scorsese über Scorsese, S.110).

Die in *New York, New York* und *The Band* begonnene Arbeit mit dem Ton hat die Beherrschung des Ausdrucksmaterials verfeinert, wobei sich der Autor bei der Wiedergabe der für die jeweilige Geschichte geeigneten Atmosphäre immer anspruchsvoller zeigt. Und in einem wieder einmal zugleich fiktiven und halb dokumentarischen Film wie *Wie ein wilder Stier*, der vor allem in kontrastreichem Schwarzweiß gedreht wurde, geht die Tonstudie in eine vehement expressionistische Richtung, die auf die finsteren und beklemmenden Töne des beruflichen und menschlichen Werdegangs des italo-amerikanischen Boxers Jake La Motta abgestimmt werden, wobei sie aber auf formaler Ebene in Synthese mit den präzisen Kamerabewegungen stehen. Der Ton erschien in *New York, New York* als fundamentales Element für den gelungenen Ausdruck, doch benutzte Scorsese in diesem Fall hauptsächlich die Lieder zur Schaffung eines emotionalen Moods: es waren Stücke, die, wie in allen Filmen des Regisseurs (*Wie ein wilder Stier* eingeschlossen) nicht nur auf Grund ihrer eigenen Bedeutung, sondern in Funktion der Szenen, die sie begleiten mussten,

ausgewählt wurden. »Blue Moon«, zum Beispiel, dient als Hintergrundmusik in der Sequenz im Wald, in der Jimmy Francine seine Liebe gesteht (er sagt ihr: »Ich liebe dich, nein, das heißt...du gefällst mir«), und ist in seiner romantischen und zugleich melancholischen Dimension prägnant. »You Brought a New Kind of Love to Me« ist eine Widmung an *Monkey Business* der Marx Brothers und gliedert sich in einen entscheidenden Moment der Erzählung ein, als Jimmy bei seiner Suche nach einem Job in einem Lokal eine Probevorstellung gibt, sich der Ladenbesitzer aber über die übertriebene Lautstärke des Saxophons beklagt und ihn bittet, es mit einem Stück von Chevalier zu versuchen. Jimmy, der den Be-Bob von Harlem im Blut hat, aber als Weißer niemals ein Charlie Parker werden kann, fühlt sich beleidigt und will gehen, als Francine, die bis dahin im Hintergrund geblieben war, unvermutet mit ihrer überzeugenden und samtigen Stimme ausgerechnet das erwünschte Stück von Chevalier anstimmt und Jimmy einlädt, ihr mit seinem Instrument zu folgen. Die Musik vermischt in diesem Fall auf einzigartige Weise den brennenden Ehrgeiz zweier Menschen: Jimmy, der seiner Zeit voraus, aber im Land der Farbigen von Harlem ein Außenseiter ist, macht aus Liebe zu Francine, die dem »schönen« Gesang huldigt und volle Publikumssäle liebt, und aus Liebe zum Erfolg so lange mit, wie er kann, obschon diese Situation seiner Kunst gegenüber etwas unehrerbietig erscheinen mag. Die Musik sublimiert und verwirrt die Widersprüche dieser beiden Menschen daher noch mehr und verstärkt die tragische Größe dieser beiden einsamen und trotz des bevorstehenden beruflichen Erfolges unglücklichen Schicksale.

Wie ein wilder Stier (Raging Bull, 1980), ist ein stilistisch kompakter Film, dessen Klang jeweils schwer, hart, gewaltig, sehnsüchtig oder trocken ist. Nicht umsonst wird vor allem vom Tonstreifen gesprochen. Die frenetische und ungezwungene Montage berücksichtigt den Überraschungseffekt und wird innerhalb einer Erzählstruktur, bei der jeder Effekt und jede Aufnahme und jedes Geräusch sich voneinander unterscheiden, sehr streng überwacht. Man kann fast von einem Tonschnitt sprechen, der geformt ist nach Gong- und Faustschlägen, nach Schreien und Applaus, nach Nahaufnahmen von agressiven und angeschwollenen

68

Gesichtern, aber auch nach unveränderten und beängstigenden Momenten der Stille, wie der, der die Erwartung des letzten Faustschlags von Sugar Ray Robinson auf Jakes Gesicht begleitet, der den Niedergang des italo-amerikanischen Boxers kennzeichnet. Scorsese steigt mit Jake in den Ring und folgt ihm in seinem Delirium der bestrafenden Selbstzerstörung. Er kristallisiert eine Reihenfolge von Aufnahmen heraus, die die Grausamkeit des Boxers und das Delirium seines Allmachtgefühls eindrucksvoll wiedergeben. Als La Motta beispielsweise den jungen Janiro bestraft, über den seiner Frau Vickie eine positive Wertschätzung herausgerutscht war, wird die Wut der Schläge zu tödlichen Haken, deren verheerende Auswirkung durch eine gedrängte Montage und durch Aufnahmen wiedergegeben werden, die Janiros und Jakes Blickwinkel in wilder Aufeinanderfolge abwechseln lassen, um in einer Zeitlupe zu explodieren, in der Janiro zu einer Blutmaske wird, und mit dem Fall des Boxers zu enden, während die Kamera durch eine schräge Bewegung, die das schmerzvolle Niederrutschen auf die Bodenmatte simuliert, den Zustand der Aufgabe seines gequälten Körpers wiedergibt. Die Serie tödlicher Haken, denen sich Jake beim Endkampf gegen Sugar Ray unterzieht, ist außerdem eine betäubende Begegnung von Klängen, die sich aller möglicher Effekte bedient, um das Bild der grausamen Folter zu zeigen, der Jake sich aussetzt, um sein Gewissen von den ihn ohne Unterlass verfolgenden Schuldgefühlen zu befreien. Hier wird durch die von Frank Warner erzeugten Toneffekte, der bereits in *Die unheimliche Begegnung der Dritten Art* und *Taxi Driver* Tontechniker war, eine unerträgliche Entladung metallischer Klangfarben realisiert: Im wattierten Gewimmel einer Menge, die ihr Beben mit einem wütend anwachsenden allegorischen Sturm mischt, explodiert unter anderem der Lärm von Pistolenschüssen, von Gegenständen, die im Verstärker des Dolby Stereos zerbrechen. Schneidende Klänge, wie das hysterische Geräusch von geistigen Scheren und von Gewehrknall. Dies geschieht, als Jake beschließt, auf die Schläge seines Gegners, den er besiegen könnte, nicht mehr zu antworten. Er entscheidet hingegen, unbeweglich zu bleiben, sich an den Seilen seines Rings »kreuzigen« zu lassen (und dieses Bild von Jake, der an die Seile gelehnt ist und des-

sen Gesicht angeschwollen ist, während er symbolisch dem Gegner die andere Wange hinhält, ist eine unmittelbare christologische Bezugnahme) und darauf zu warten, von demjenigen verurteilt zu werden, der einem schwarzen Engel gleicht, einer archaischen Projizierung seiner verdrängtesten Schuld. Diese »transzendente« Sichtweise wird durch die Art und Weise bestätigt, wie der Richter Sugar Ray Robinson in dem Moment dargestellt wird, als er seine mächtigen Schläge verteilt. Zunächst ist der Blick Jakes symptomatisch, der durch eine beängstigenden Subjektivaufnahme wiedergegeben wird; Scorsese greift auf eine perspektivische Verformung zurück (die wir in der Sequenz wiedersehen werden, wo Jimmy und Henry in *Goodfellas* an der Bar sitzen und Henry sich bewusst wird, dass sein Kumpel ihn beseitigen will), die durch einen Kreuzeffekt erreicht wird: Während sich die Kamera zurückbewegt, vergrößert der Zoom vorwärts das Spektakel der Kampfes zusammen mit der Gestalt des farbigen Boxers. Das Sichtfeld Jakes wird daher wie in einem Wahn von dem eindrucksvollen Engel der Schuld aufgesaugt. Sofort danach, als Sugar Ray zu seinen abschließenden Schlägen ausholt, wird uns sein Gesicht durch flüchtige Aufnahmen, die wie Blitzlichter eines imaginären Fotografen wirken, mehrmals von oben gezeigt. Die kinejournalistische Absicht (der Moment, als Jake La Motta fällt, und die Übergabe des Titels an Sugar Ray, die tatsächlich von Hunderten von Fotografen bezeugt wird) deckt sich dann symptomatisch auf chromatischer Ebene mit dem Triumph der Helligkeit. Mit anderen Worten verschwindet alle Schuld in dem Moment, da Sugar Jake besiegt und der Engel des Bösen keinen Grund mehr hat, nach der vollzogenen Abbüßung ein solcher zu sein.

Scorsese wollte den wahren Jake La Motta auf dem Set, der im Vorspann als filmischer Berater erscheint. *Wie ein wilder Stier* ist der Autobiographie des Boxers nachempfunden und in Zusammenarbeit mit Joseph Carter und Peter Savage geschrieben worden. Die Dreharbeiten zogen sich auf Grund von Robert De Niros Entscheidung hin, keine wenig überzeugenden Prothesen zu tragen, um La Motto in den fünfziger Jahren darzustellen. Der Schauspieler nahm dann wirklich fünfundzwanzig Kilo zu, um sein Schauspiel so realistisch wie möglich wirken zu lassen. Die Truppe wartete

69

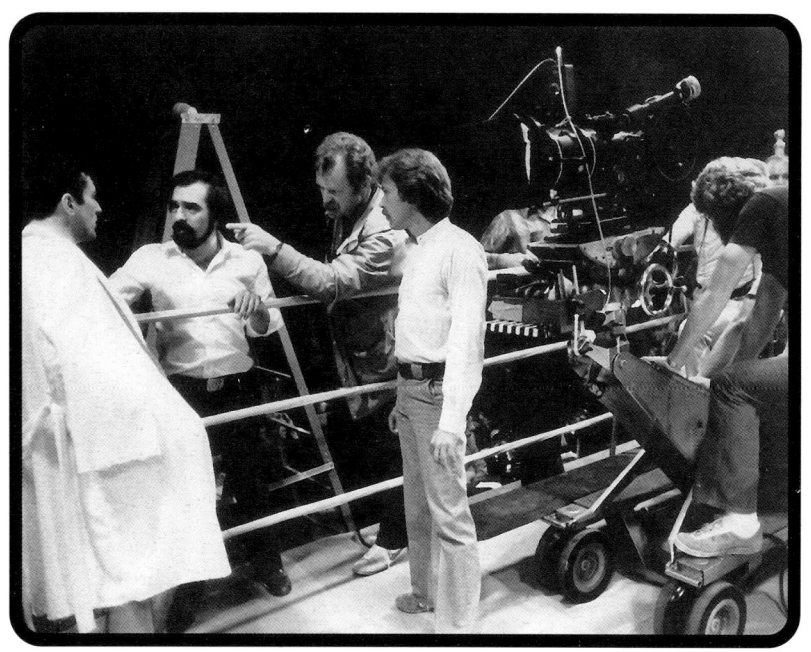

namens Isabella Rossellini und seiner zukünftigen Frau Urlaub; nach seiner Rückkehr perfektioniert er dann zusammen mit dem Schauspieler das Drehbuch .»Ich war von den selbstzerstörerischen Zügen von Jake La Mottas Charakter fasziniert, von seinen sehr elementaren Gefühlen. Was konnte elementarer sein, als seinen Lebensunterhalt dadurch zu verdienen, dass man einem anderen solange auf den Kopf schlägt, bis einer von beiden umfällt oder aufgibt? Bob und ich beschlossen nun, mit Paul Schraders Drehbuch und seinem Segen auf eine Insel zu gehen – was mir schwerfiel,

vier Monate auf die Rückkehr des Schauspielers, der in italienischen und französischen Restaurants damit beschäftigt war, Gewicht anzusetzen. In der Zwischenzeit schneiden Scorsese und Thelma Schoonmaker den gesamten Film mit Ausnahme der Szenen mit dem dickgewordenen La Motta, die erst am Ende eingefügt werden. *Wie ein wilder Stier* weiht 1981 erfolgreich das Berliner Filmfestival ein. Später erhält Robert De Niro den Oskar für die beste schauspielerische Leistung und Thelma Schoonmaker wird zur besten Cutterin gekrönt.

Bevor er mit den Dreharbeiten zu diesem Film beginnt, durchlebt Scorsese einen sehr schwierigen Moment. Wegen der nicht allzu begeisterten Aufnahme des Publikums von *New York, New York* und der Scheidung von seiner Frau war er in eine tiefe Depression gefallen. Im September 1978 wurde er per Notruf ins New Yorker Krankenhaus gefahren und im Nachhinein wurde sein körperlicher und seelischer Zustand dem Missbrauch von Antidepressionsund Betäubungsmitteln zugeschrieben. Robert De Niro ging ihn besuchen und legte ihm das Projekt für einen Film über das Leben eines Boxers vor. Obschon er nicht am Boxsport interessiert war, gab diese Idee Martin doch die nötige Energie, um aus seiner Krise herauszukommen. Nach seiner Zeit im Krankenhaus macht er bei einer befreundeten Journalistin

denn soweit es mich betrifft, gibt es nur eine Insel: Manhattan. Aber Bob sorgte für mich, weckte mich morgens und kochte Kaffee, wir verbrachten zweieinhalb Wochen dort und schrieben alles um. Wir legten Figuren zusammen und schrieben tatsächlich den ganzen Film neu, einschließlich der Dialoge. Als wir zurückkamen, zeigten wir es Paul, den das alles nicht weiter zu interessieren schien, aber als wir mit den Dreharbeiten anfingen, schrieb er uns ein Telegramm: »Jake machte es auf seine Weise, ich machte es auf meine Weise, macht ihr es auf eure Weise« « (Scorsese über Scorsese, S.105).

In Hollywood ist es in den frühen achtziger Jahren erstaunlich, einen Film sehen zu können, der mit solcher Leidenschaft und mit dem Elan eines Menschen gedreht wurde, der etwas Endgültiges zu sagen hat, als sei es der letztmögliche Film oder die letzte erzählbare Geschichte. Der stilistische Einsatz ist beeinflusst von dem exististentiellen Moment, den der Regisseur durchlebt hat, und wird zu einer höchst persönlichen Parabel. Keine verherrlichende Wiedergabe der Sportchronik von La Motta, aber die Beschreibung dessen, wie ein Mensch es schafft, eine als feindselig erlebte Welt zu überleben und sich durch seine Arbeit und den Glauben an seine eigenen Fähigkeiten über alle anderen zu erheben. Auch die Welt um Jake La Motta ist eine beklemmende Welt. Der moralische Wer-

Wie ein wilder Stier: der Ring (*linke Seite*) und die Ehefrauen (*diese Seite*). Die Schauspielerinnen sind Lori Anne Flax und Cathy Moriarty.

degang Jakes ist zwar weniger solipsistisch geprägt als der von Travis Bickle, aber er prallt ebenfalls auf sein eigens Gespenst und erlebt eine wesentlich selbstbestrafende Reise, die ihren Protagonisten zum Märtyrer eines Lebens küren möchte, der in den unlebbaren Mauern des falschen Anscheins des Anstandes von Little Italy eingeschlossen ist, das mit großen oder kleinen »Mitgliedern« der Mafia bevölkert ist,

die sich stets hilfsbereit und besorgt zeigen und die die übertriebenen verbalen und körperlichen Zornesausbrüche der beiden Brüder Jake und Joe nicht ernst nehmen. Der christlich-katholische Hintergrund bahnt sich innerhalb des Geschehens seinen Weg und zeigt die Grundsätze auf, um die sich der Ehrgeiz des Protagonisten drehen. In dieser Hinsicht ist der gesamte Teil extrem ausdrucksvoll, in dem Jake unmittelbar nachdem er Vickie kennen gelernt hat (die sich von der Idee hat anlocken lassen, eine Runde in seinem neuen Cabriolet zu drehen) ihr das Haus zeigt, in dem er mit seinem Vater lebt: die schmucklosen Räume mit dem Weiß steriler Wände sehen nahezu wie eine Isolationszelle aus; hervorstechend als Zeichen eines gewohnheitsmäßigen, traditionellen Lebens sind Kreuze, das Ehebett, Erinnerungsphotos und ein mit Nahrungsmitteln gefüllter Kühlschrank. Die Frau kann, wenn sie will, diese bereits vorgege-

Jake La Motta (Robert De Niro) und sein Bruder Joey (Joe Pesci).

gen fühlt. Und Jake ist auf seine Weise ehrlicher als die Ausbeuter in seinem Umkreis. Er besitzt nicht die Rhetorik der amerikanischen Rechten, die sich hingegen in Travis Bickles Hass auf »Päderasten, Schmarotzer und Abartige« äußert; der wütende Instinkt des scorsesischen La Motta hat seine Wurzeln sicherlich eher in der italo-amerikanischen Überempfindlichkeit und kommt vor allem in der psychischen Qual eines vom Erfolg gebrannten Lebens an die Oberfläche, das immer noch krankhaft an die Tradition und ihre einwandfreien Riten und stillschweigenden Regeln gebunden ist, die man nicht zu überschreiten vermag. Das Mafiamilieu akzeptiert den Erfolg von Jake, wenn er nur nicht aus den festgefahrenen und unantastbaren Verhaltensregeln der Wettszene heraustritt, die von Tommy Como und seinen Anhängern kontrolliert wird. Jake hingegen, der ebenfalls einen archaischen Charakter hat, an seinen Vater und Bruder gebunden ist und die Frauen, wie es eine bewährte Tradition will, nur als Dienerin oder als »Gesellschaftshündchen« betrachtet, verschreibt sich selbst eine eiserne Regel, ein Rezept gewissenhafter Unversöhnlichkeit mit allem was in seinen Augen »unehrlich« und »korrupt« erscheint. Das große Problem ist sein erbitterter Wahn, sein verzerrter Blick auf die Tatsachen und die Situationen. Er kann nicht immer seinen eigenen Kopf durchsetzen und wenn er es nicht schafft, oder wenn er merkt, dass seine Dickköpfigkeit ihn in eine nicht mehr rückgängig zu machende und gefährliche Isolation gebracht hat, so kommen ganz natürliche Schuldgefühle auf, die auch eine ganz extreme selbstzerstörerische Wirkung haben. Durch seine maßlose und unvernünftige Paranoia (als Jake eine Affaire zwischen seiner Frau Vickie und seinem Bruder Joey vermutet), seine Kontrollsucht (er will zum Beispiel immer wissen, was sich in den Gedanken seiner Frau abspielt) und die Eifersuchtsanfälle, die ein Zeichen seines Wahns und der seiner Besessenheit innewohnenden psychischen Leere sind (Jake endet damit, auf Grund seines unmotivierten Verdachts wie wild auf Joey einzuschlagen), beweist der scorsesische Charakter, dass starke Traditionsverbundenheit für niemanden die bestmögliche Welt ist. Der in seinem Wahn eingeschlossene Jake vertraut sich schließlich seinem Ehrgeiz an, den er als einzigen Rettungsanker betrachtet und von dem er erwartet,

bene Prägung übernehmen. Und Vickie entscheidet, bei dem Boxer zu bleiben und Kinder großzuziehen. Wie vorher festgelegt.

Scorsese fährt mir seiner Reise ins Herz der unkontrollierten Voreingenommenheit fort. Vickie (Cathy Moriarty) schließt sich Jake an, ohne ihn vorher zu kennen, weil sie sich vermutlich vom Elan der Leidenschaft eines körperlich starken und dickköpfigen Mannes angezo

seine moralischen und existentiellen Wunden zu heilen: Er will der erfolgreichste und rechtschaffenste Boxer der Welt werden. Da er als elementarer Mensch die »göttliche« Gabe der Faustkraft empfangen hat, ist es einzig die Laufbahn eines unschlagbaren Boxers, die ihm zu unsterblichem Ruhm verhelfen kann und tatsächlich wird. Selbst als er sich einmal mit einem »abgekarteten« Kampf einverstanden erklären muss, wird er nicht nieder geboxt. Und beim Endkampf gegen Sugar Ray bittet Jake, der bereits mit Schlägen bombardiert wurde, den farbigen Boxer, ihn doch weiter zu geißeln: »Du hast mich nicht niedergeboxt... hast du verstanden!?!... Du hast mich noch nie niedergeboxt«. Hier erhebt sich der scorsesische Charakter tatsächlich zu Gott, er spricht sich von der Niederlage frei, indem er sich kreuzigen und nicht wirklich schlagen lässt. Sein Preis ist diesmal die Unsterblichkeit; die Seiten der Geschichte, die an einen Boxer erinnern, der immer und auch am Ende seines letzten Kampfes aufrecht gestanden hat.

Die Erzählstruktur dieses kompakten, energischen und kraftvollen Films bricht ständig mit dem Fortlauf der Handlung und zersprengt selbst die logische Verknüpfung. So wie das Leben. Unvorhergesehen, verzerrt, mit zahlreichen ineinander verflochtenen Situationen, unterschiedlichen Gesichtspunkten menschlicher Neurosen. *Wie ein wilder Stier* beschreibt daher keine Reise, die zur Rettung führt, oder einen existentiellen Fortschritt. Erzählerisch gesehen gleicht dieser Film eher einer Art Krümmung als einer Spirale. Am Ende ist Jake so wie wir ihn am Anfang kennen gelernt hatten, das heißt gealtert und dick geworden, Entertainer in seiner Umkleidekabine am Barbizon-Platz, wo er Stücke berühmter Komödienschreiber rezitiert (das Schild kündigt an: Chayefsky, Serling, Shakespeare, Schulberg, Williams). In der Montage werden die Höhen und Tiefen seines Lebens und seiner Boxerkarriere in gedrängter Verdichtung unvermuteter Einzelsequenzen vermischt, wodurch die Not seines Überlebens wiedergegeben wird. Wir erfahren sofort in den ersten Sequenzen, dass Jake La Motta eines Tages altern und ein dicker und melancholischer Komödiant werden wird, doch dies heißt nicht, dass Scorsese die Themen des Schicksals und des Falls untergründig als erhabene Botschaften seines Films herauskristallisie-

ren will. Die Absicht des Regisseurs ist weniger literarisch und eher wahrheitsgetreu. Indem er diese Figur wie ein Bild zusammensetzt, möchte er die Schattierungen seines Charakters herausstreichen, der einmal ungebändigt, ein andermal liebevoll, dann gewalttätig und dann besorgt sein kann. Die Tatsache, dass wir den Protagonisten am Anfang und am Ende des Films als dicken Komödianten sehen, bedeutet nicht, dass Scorsese diesen Charakter mit unabänderlichen Siegeln wie »Schicksal« oder »Vorherbestimmung« versehen wollte. Jake hat zwar sein Leben lang das Gefühl, den Weg des Erfolgs gehen zu müssen, doch will der Autor ihn nicht in einen fatalistischen Zwang stecken. Jake empfindet sich als Gott auf Erden und bewegt sich unter den Menschen nahezu wie ein Asket, doch der wahre Grund, aus dem dieser Film so wahrheitsgetreu wirkt, ist, trotz der Verwendung eines im Wesentlichen trockenen Stils mit unnaturalistischen Effekten (wie zum Beispiel beim Endkampf mit Sugar Ray), im facettenreichen und tiefgehenden Porträt des Protagonisten zu suchen: Er ist gerade deshalb ein wahrer Mensch, weil er Mensch und Tier, vernünftig und ungestüm, steif und überschwänglich, großzügig und herrschsüchtig ist. Scorsese hat eine klar umrissene Vorstellung von diesem Charakter: »Ich finde im Theater den Antagonisten immer interessanter als den Protagonisten, den Bösewicht interessanter als

73

»Du hast mich nicht niedergeboxt ... hast du verstanden, Ray!?!... Du hast mich nicht niedergeboxt«.

Unschuld) und dessen starkem Bedürfnis, seine eigenen, stark unterdrückten Instinkte explodieren zu lassen. Doch da, wo die Geschichte des Anwalts Newland auf traurige Weise in einer großen Parade von Konventionen endet, akzeptiert Jake La Motta mit ungestümer und wilder Wut den Zusammenstoß mit dem beängstigendsten Feind aller scorsesischen Figuren: dem eigenen Gespenst. Nur dass er wie alle anderen nicht weiß, wie er diesen Kampf bestehen kann. Zuviel Ehrgeiz, zuviel emotionales Durcheinander sorgen dafür, dass keiner der argwöhnischen Antihelden des Regisseurs die nötige Klarheit erwirbt, um die

den Helden. Dazu kommt ein, wie ich vermute, entschieden christlicher Gesichtspunkt, etwa in dem Sinne, dass wir nicht berufen sind, auf den Splitter im Auge des Bruders zu deuten, während wir den Balken im eigenen Auge nicht sehen. Im wirklichen Leben agierte Jake La Motta viel erbarmungsloser als im Film. Das Drehbuch enthielt ursprünglich viel schlimmere Dinge über ihn, aber meiner Meinung nach konnte man sie unmöglich zeigen – über einen Zeitraum von zwanzig Jahren vielleicht, aber in zwei Stunden besteht das Risiko, sie aus dem Zusammenhang zu reißen. Dennoch finde ich solche Figuren faszinierend. Offensichtlich erkenne ich in ihnen Spuren von mir selbst. Ich hoffe, den Leuten im Publikum geht es genauso, und sie können vielleicht von ihnen lernen« (Scorsese über Scorsese, S.121).

Jake La Motta fasziniert uns, weil er seine Wut bis auf Äußerste treibt. Er ist zwar mit anderen scorsesischen Figuren verwandt, dies jedoch eher auf Grund der christlichen Moral als wegen des Charakters. Mit Travis Bickle (*Taxi Driver*), weil er unbedingt die Welt ändern möchte, von der wir erfahren, dass es letzten Endes seine eigene Welt ist, mit dem frustrierten Ehrgeiz von Jimmy Doyle (*New York, New York*), und mit Newland Archer (*Die Zeit der*

Gespenster des eigenen Gewissens zu besiegen. Auch in diesem Film bringen der starke Erfolgshunger und die angeborene Intoleranz jedwedem »Rivalen« gegenüber (zu Beginn des Films spricht Jake mit dem Spiegel seiner Vergangenheit als Boxer und seiner Gegenwart als Schauspieler und gesteht: »Ich bin zwar nicht Laurence Olivier, aber ... ich würde ihn gerne im Ring sehen«) den Protagonisten dazu, sich selbst zu bestrafen, das heißt, sich für das eigene »Ich« zu rächen, das nicht in der Lage gewesen ist, die Situationen zu meistern (er geht so weit, dass er sich selbst geißelt, als er seinen Bruder Joey und seine Frau Vickie wegschickt); gleichzeitig enthüllt das Schauspiel, dem sich der Protagonist sein Leben lang aussetzt, unerbittlich seine heikle existentielle Lage (und am Ende wiederholt Jake in der Einsamkeit seiner Umkleidekabine den Monolog von Terry Malone/Marlon Brando in *Die Faust im Nacken*. Der Höhepunkt der Unruhe, der uns für einen Moment in die Leere der Entfremdung stößt, wird erreicht, als La Motta/De Niro zum Spiegel sagt: »Du bist es gewesen, Charlie«. (Wir wissen nicht, doch wahrscheinlich gelten beide Möglichkeiten, ob er seinen Bruder spielt oder ob er vielmehr sich selbst die Schuld gibt).

Wilde Nächte
(Rupert, Jerry, Paul)

Nach *Wie ein wilder Stier,* der den stilistischen Ehrgeiz des Regisseurs auf die höchste Stufe gebracht hat, ist die Reihe nun an *The King of Comedy* 1983, eine amüsante und zugleich bittere Fabel über den Erfolgswahn und über das Leben von Menschen, das sich in den dunklen Nächten der Metropole abspielt. Zusammen mit dem nachfolgenden Film *Die Zeit nach Mitternacht* reift in den achtziger Jahren die fieberhafte Aufmerksamkeit des Regisseurs auf die Metropole, ihre Bewohner, die Illusionen und den Pulsschlag, der dieses geliebte und bedrohliche Gebiet belebt. Der Regisseur dreht fast völlig in realen Umfeldern, außerhalb der Filmstudios von *New York, New York.* Die Geschichte des Films verlangt einen solchen Umstand, doch auch in *Die Zeit nach Mitternacht* ist das Budget kleiner als gewöhnlich (der Film wird von der Geffen Company mit nur viereinhalb Millionen Dollar produziert und folgt dem teilweisen Misserfolg von *The King of Comedy*, der von Arnon Milchan mit neunzehn Millionen Dollar gedreht wurde). Die Rückkehr auf die Straßen von New York bedeutet auf alle Fälle keine unmittelbare Heimkehr nach Little Italy. Dies kann erst dann wieder möglich sein, wenn sich eine wirklich neue und aussagekräftige Geschichte ergibt, was jetzt, unmittelbar nach der beklemmenden Erfahrung eines beispielhaften Sohnes jener Straßen, jenes italo-amerikanischen Machos namens Jake La Motta, noch nicht der Fall ist. Scorseses dringliches Anliegen besteht immer mehr darin, die festgesteckten Grenzen dieses Stadtviertels zu erweitern: Nach »Charlies Welt« und nach dem entfremdeten Gesichtspunkt von Travis Bickle sind jetzt neue, in das soziale »Getriebe« der Großstadt eingegliederte Figuren an der Reihe, die Szene in Besitz zu nehmen. In den achtziger Jahren ist der Wahn jetzt der, mit der Zeit mithalten zu wollen, wie es Rupert Pupkin (Robert De Niro) mit seinen Staralüren tut, der den beliebten Fernsehkomiker Jerry

Langford auf besessene Weise anhimmelt, oder Paul Hackett, der anständige junge Computerprogrammierer, der beschließt, seinem Leben einen Anstrich von Lebendigkeit zu verleihen und einen Abend womöglich mit einem hübschen Mädchen außer Haus zu verbringen, was schließlich damit endet, dass er in einen Teufelskreis von Ereignissen gerät, die nicht nur seine sichere Heimkehr auf eine harte Probe zu stellen scheinen, sondern sogar sein Überleben. Scorseses Filme achten immer darauf, die Besessenheiten der Protagonisten zu objektivieren, und mit seinen Arbeiten der frühen achtziger Jahre wird der Blick auf ein als frustrierend weil als »gewöhnlich« empfundenes Leben, radikalisiert. Der Regisseur wirft in seinen Filmen akute Probleme auf und regt zum Nachdenken über den Ehrgeiz und die Frustrationen der in »Bewegung« befindlichen Sozialklassen an: Explosionsartig entsteht die groteske Komödie, bei der darauf geachtet wird, dass das zur Verfügung

Jerry Lewis, Robert De Niro und Martin Scorsese auf dem Set von *The King of Comedy.*

75

Eine Halluzination von Rupert Pupkin: mit seinem vergötterten Idol Jerry Langford an einem Tisch zu sitzen.

stehende dramaturgische Material den Handlungsablauf nicht mit sich fortreißt. Es ist ein kontrolliertes, nüchternes Kino, das auf berechnende Weise darauf aus ist, die Fallen des bedingungslosen Erfolges, den wir in *The King of Comedy* sehen, aufzudecken, während ein instinktiver und doch nicht weniger entfremdender Blickwinkel auf die Sozialszene sich bei dem antideterministischen und wahnsinnigen Handlungsverlauf von *Die Zeit nach Mitternacht* bietet.

The King of Comedy ist ein Werk, das darauf angelegt ist, jedes Mal, wenn man den Film von Neuem sieht, zu wachsen und sich zu enthüllen. Er wirkt wie ein »Minimalfilm«, der aus kleinen Ereignissen in unausgesprochener logischer Abfolge zusammengesetzt ist, in Wirklichkeit aber auf einer tadellosen Spitzfindigkeit beruht. Ein Film mit wenig Musik (der bereits fertige Tonstreifen von Robbie Robertson wird nicht benutzt, um die Dialoge und Ruperts Monologe nicht zu ersticken), und doch ist er geprägt von einem verbalen Vorgang aus dicht aufeinander folgenden Partituren, die oft damit enden, sich unkontrolliert zu überschneiden. Eine nüchterne aber harmonische Montage, die einem eher noch klassischen Konzept der Einstellungen folgt: Felder und Gegenfelder, kalibrierte Kamerabewegungen, die ganz und gar der Dramati-

sierung dienen. Es ist jedoch kein »statischer« Film. Die Amerikaner nehmen *The King of Comedy* unter einiger Verwirrung auf und beurteilen ihn voreilig als Fehlschritt im Vergleich zu den stilistischen Höhenflügen von *Wie ein wilder Stier*. Für das amerikanische Publikum ist es ein gewöhnlicher und nachlässiger Film. Doch auch in diesem Falle stimmt der Stil, ohne die Unterhaltungsansprüche zu beeinträchtigen, getreu mit den Inhalten und dem sie harmonisierenden Script überein. Um seinen Gesichtspunkt bezüglich der falschen Träume von Schauspielern auszudrücken, benötigt Scorsese keine wundersame Erzählstruktur. Diesbezüglich haben verschieden Autoren Werke realisiert, deren Form die provozierenden Inhalte neutralisiert hat, die von der Erzählung beabsichtigt waren, und die schließlich geradezu apologischen Charakter haben. Dies ist beispielsweise der Fall bei Oliver Stone in *Natural Born Killers* (1994) und bei Wim Wenders in *Bis ans Ende der Welt* (1991), wobei dies nur einige wenige Beispiele berühmter Episoden sind. Als Oliver Stone die Idee von einer Welt der Jugend, die durch die Gewalt vermittelnde Mediensprache in völlige Konfusion gebracht wird, in eine hitzige kinematographische Form steckt, erhält er gegen seinen Willen eine Bejahung jener Dimension der aggressiven Subkultur, die er eigentlich hat bekämpfen wollen, und als Wim Wenders gegen die Bilderflut der neuen globalen Medienszene angehen will, hat er am Ende einen prächtigen, außergewöhnlich modernen Videoclip. Grundsätzlich liegt dies daran, dass es keinen Entwurf gab, der die eigenen Bilder auf kohärente Weise unterstützen konnte.

Scorsese entwirft in *The King of Comedy* hingegen eine scharfe Satire auf die Welt des Films, und die Qualität des Film ist sicherlich im nüchternen Stil und dem Können beider Darsteller spürbar, hätte jedoch nie dieses Ergebnis erzielt, wenn der Regisseur nicht selbst jene Welt und ihren Wahn gekannt hätte. Scorsese gesteht später, dass beide Figuren autobiographische Züge haben: sowohl der Möchtegern-Komiker, der alles daran setzt, um genauso erfolgreich zu werden wie Jerry Langford, der erfahrene und verbrauchte Berufskomiker, den nunmehr ein Leben in Angst und Einsamkeit erwartet. Der Film spiegelt außerdem die Beherrschung des Werks auf seinen verschiedenen Ebenen wieder, was mit dem kontrollierten Gleichgewicht und

76

dem niemals völlig negativen Blick auf die Figuren anfängt und hinführt zum Erscheinen Martin Scorseses selbst in der Rolle des Regisseurs der »Jerry Langford Show«, der sich gezwungen sieht, immer chaotischer und unwahrscheinlicher werdendes Fernsehmaterial in Einklang zu bringen. Die eigentliche scorsesische Prägung ist aber in der Genauigkeit spürbar, mit der die Natur der einzelnen Figuren dargestellt wird. Im Rupert Pupkin von The King of Comedy lassen sich Züge von Travis Bickle erkennen, obwohl die Ideale ins Gegenteil gekehrt scheinen. Zunächst wirkt Rupert zwar etwas überspannt, aber absolut nicht verrückt. Er ist zweifellos ein besessener Prahlhans, der davon überzeugt ist, dass er, mit der Aussicht auf eine teure Villa, von der aus man den armen Vorübergehenden »Ihr armen Pechvögel« zuschreien kann, Frauen anlocken kann. In der Zwischenzeit muss er sich mit einem Raum unter der Treppe begnügen (die Etage darüber wird ironischerweise von seiner alten Mutter bewohnt, womit die ewige Rückläufigkeit des vierzigjährigen Rupert bestätigt wird, die ihm ständig zuschreit, keinen Lärm zu machen und sich wie ein lieber Junge zu benehmen), wo ihn die Pappschablonen von Liza und Jerry erwarten, damit er täglich seine exaltierten Monologe an ihnen ablassen kann, die ihm dabei helfen, sich zum Jet-Set zugehörig zu fühlen. Neben seiner Überspanntheit beweist Rupert jedoch auch Schläue, als es ihm nämlich gelingt, unter dem Vorwand eingeladen worden zu sein, in Langfords Landhaus eingelassen zu werden und dort mit seinem Idol wie zwei alte Freunde einen gemeinsamen Nachmittag zu verbringen. Doch als Rupert, der stets von Jerry abgewiesen wird, zusammen mit der fanatischen Masha beschließt, den Star zu entführen und den Produzenten der Show zu erpressen und ihn dazu zu zwingen, ihm im beliebtesten amerikanischen Fernsehprogramm einen Auftritt zu garantieren, beginnen wir doch sehr am Zustand seiner geistigen Gesundheit zu zweifeln. Scorsese führt uns nun über einen surrealen und halluzinatorischen Leitfaden hin zum Triumph der geistigen Anarchie. Der scheinbar logische, in Wirklichkeit aber ironisierende Plot, der das visuelle Material vermeintlich »neutral« nutzt, zeigt oft nicht die Szene, in der Rupert der wirkliche Protagonist sein sollte, sondern die imaginäre Welt, wie sie im überspannt-entstellten Blickfeld des Möchtegern-Stars erscheint.

Scorsese legt uns in diesem »nüchternen« Film ein Rezept vor für umgekehrte Blickwinkel und falsche Identifikationen. Wenn wir sehen, wie sich Jerry bei Rupert dafür bedankt, dass er Zeit gefunden hat, um mit ihm zu Abend zu essen, so ist dies das auf Rupert Pupkin übertragene kurzsichtige Blickfeld von Travis Bickle, das in den Raum des Bildes eindringt. Es sind entstellte Visionen, die unvermutet die Szene besetzen und gerade hierdurch Verwirrung stiften, so wie die Schnitte, die die zeitliche und nicht die räumliche Kontinuität in Taxi Driver und Die Zeit nach Mitternacht durchbrechen. Der Fortlauf des Dramas wird eine gute Zeit lang zurückgehalten, um dann in der wechselnden Montage spürbar durchzubrechen, die die Phase der Entführung und der nachfolgenden Befreiung Jerrys kontrolliert, nachdem Rupert seinen Auftritt für die Show aufgenommen hat. Diese nüchterne Regieführung verlangt als Gegenspiel eine gewisse Schmucklosigkeit der dargestellten Räume (das sterile Studio, in dem Langford arbeitet, und auch die Nüchternheit seiner Wohnung und einer Einrichtung, die auf das Wesentlichste beschränkt bleibt, sowie die einwandfreie Allgegenwart des Monitors, die Jerry daran erinnert, dass er nicht ruhig schlafen darf), und vermittelt letztlich das Gefühl der »Tadellosigkeit« eines Daseins, das innerhalb der Regeln eines beklemmenden Lebens im Zaume gehalten

Die Entführung des Stars.

77

wird. Von der hier behandelten irrsinnigen beruflichen Gier will Scorsese die psychologische Last eines verpassten Lebens darstellen, indem er, anders als gewöhnlich (und vor allem als in den kommenden Filmen wie *Goodfellas* und *Kasino),* eine langsame dramatische und narrative Vorgehensweise anwendet, die nicht nach Effekten heischt. Die Bilder beeindrucken nicht durch subjektive Einschübe wie in *Wie ein wilder Stier,* sondern durch unvorhergesehene entfremdende Erscheinungen: Jerry, der die Rolle des Möchtegern-Stars spielt, und Rupert, der alleine vor sich hin schreit und die Rolle des Massenidols ausprobiert. Die Kameraführung besteht vorwiegend aus gewohnten Bewegungen auf der horizontalen und vertikalen Achse des Bildes, ohne schräge oder außergewöhnliche Einstellungen, doch nichts trägt dazu bei, aus diesem Film eine Fernsehproduktion zu machen. Scorsese markiert vielmehr die Grenzen zwischen dem, was einen Kinofilm auszeichnet und dem, was einer Fernsehproduktion eigen ist. Die Sequenz des Eindringens Ruperts in Jerrys Studioräume ist beispielsweise ein gedrängter kinematrographischer Ausschnitt, der auf einer schnellen und verschlingenden Kamerafahrt beruht (die wir in ausgedehnter Form in *Goodfellas, Die Zeit der Unschuld* und *Kasino* wiederfinden werden), wobei die Kamera nur ein einziges Mal langsamer wird, und zwar in dem Moment, da eine klassische Slapstick-Episode inszeniert wird, als Rupert von den Wächtern in den Studioräumen zunächst von rechts nach links und dann unsinniger- und paradoxerweise von links nach rechts verfolgt wird. Doch Scorsese begnügt sich nicht damit, Kino zu zitieren, indem er es in unseren Gedanken wachruft. Er möchte vor allem unsere verstandesmäßige Wahrnehmung aufrütteln, indem er die Andersartigkeit der Empfindung bei Kinovorführungen wiedergibt. Als sich die Kamera beispielsweise zwischen den Büromöbeln bewegt (ähnlich anschaulich wird auch die Panoramaaufnahme der Ohrfeige sein, die Paul Hacketts Gesicht inmitten der Computer in der Anfangssequenz von *Die Zeit nach Mitternacht* trifft) und als Handkameraaufnahmen in einige Momente emotionaler Aufregung eingeschoben werden: als Jerry sich beispielsweise einen seiner seltenen Spaziergänge außerhalb seines beschützten Arbeitsbereichs genehmigt und aufpassen muss, wen er grüßt, ob das nun eine

alte Frau sein mag, der er erst ein Autogramm gewährt und die ihm dann eine Krebskrankheit an den Hals wünscht, oder aber die fanatische Masha, die ihn zu einer wahnsinnigen Flucht zwingt (hier gibt die Handkamera mit ihren unsicheren Bewegungen zwischen subjektiver und objektiver Einstellung die krampfhafte Angst Jerrys wieder, der sich aus der urbanen Aggressivität befreien will). Das Fernsehbild ist hingegen statisch und ohne Tiefe, und der Film zeigt diese Eindeutigkeit der Sichtweise, als der Fernsehbildschirm Langfords Show überträgt und diese in einem Überschneidungseffekt eins wird mit dem Kinobild: Die halbe, statische und unbewegliche Gestalt ist hier vorherrschend, wobei die Kamera es sich durch ihren festen Standpunkt nicht erlauben kann, den Ansager bei seinem Umherstreifen in den Studioräumen zu verfolgen. Und wie sehr diese vorgeformte Sichtweise für Fernsehzuschauer eine Konstante ist, wird uns von Ruperts Träumen angezeigt, die paradoxerweise dieselbe Form wie ein Videobild annehmen. Kino und Fernsehen können daher nicht ineinander übergehen, sondern schließen sich gegenseitig aus: Das Kinobild ist sensibel und unvorhersehbar, während das Videobild standardisierte Inhalte überbringt. Jedes Mal, wenn der Fernseher angestellt wird, ist zusammen mit dem unfehlbaren Ansager die Hintergrundmusik zu vernehmen, die den Biorhythmus des Massendaseins markiert.

Es muss unterstrichen werden, dass das außerordentlich subtile metasprachliche Ergebnis von *The King of Comedy* auch dank der aktiven und einfühlsamen Mitarbeit der beiden Darsteller erzielt werden konnte. Robert De Niro, zum fünften Male in einem Film Scorseses, stellt den triebgesteuerten und sonderbaren Rupert Pupkin dar. Der italo-amerikanische Schauspieler verleiht diesem Archetypen eines emporgekommenen, plumpen und pathetischen Filmmenschen eine Aura der Unvernunft, die von einem Übermaß an Adrenalinstößen herzurühren scheint: sein schlaftrunkenes und wie betäubtes Lächeln (das, wie die letzte Sequenz des Films sehr gut zeigt, stets in das Jenseits eines imaginären Medienuniversums projiziert ist) ist in Bezug auf seine geistige Gesundheit nicht sehr zusichernd, obschon die Worte, die er, der Star für eine Nacht, den Fernsehzuschauern hinterlässt, seine Absichten ganz klar zum Ausdruck bringen: »Besser eine Nacht lang König, als für immer ein

Narr«. In dieser »wirklichen närrischen Figur« (und wie der »wirklich närrische« Tommy De Vito von *Goodfellas* ist auch Rupert letzten Endes in der Lage, alles zu tun, um an sein Ziel zu gelangen), die immer und selbst dann auf Kriegsfuß steht, wenn sie sich von ihrem Gesprächspartner zu verabschieden scheint, die zäh ist, von sich selbst überzeugt und prahlerisch, ist es nicht abwegig, die umgekehrte Verkörperung des scorsesischen Verlierers zu sehen: Um zu gewinnen versucht der Narzisst diesmal, den großen Coup zu starten. Alles in allem ist ihm der Showmaster dem Ehrgeiz anderer gegenüber nicht respektvoll genug. Dieser Erfolgshunger, der dem dargestellten Charakter im äußersten Falle ein Wohlstandsparadies verspricht (Rupert, der nur zwei Jahre Gefängnis absitzt, wird ein außerordentlich beliebter Star, der wegen seines ersten Buches und des Films, der von seiner Geschichte handelt, bejubelt wird), sanktioniert am Ende einen ungewöhnlichen, wenngleich auch von seiner Pathologie gesteuerten »Sieg«. Rupert ist im Prinzip ebenfalls nicht für diese Welt geschaffen, sondern eher für das »neue paradiesisch-virtuelle Reich« der Bestätigung durch das Fernsehen. Der einsame und zynische Rupert Pupkin konnte vor seinem Erfolg weder auf eine Freundschafts- noch auf eine Liebesbeziehung zählen und jetzt ist er dazu bestimmt, sein Dasein im selben Feld von Vorsichtsmaßnahmen zu bewegen wie Jerry Langford. Was Jerry Lewis angeht, der in diesem Film erneut auftritt und sich unbefangen seine Rolle als Showman zurechtbiegt, so zögert Scorsese nicht, ihm einen wesentlichen Beitrag zum Gelingen des Werks anzuerkennen. »Nun ist Lewis ja nicht nur ein großer ›stand-up-Komiker‹ und Regisseur, sondern auch ein Philantrop, wegen der unglaublichen Spendenaktion für Koma-Patienten in seinen Fernsehshows, die sich in ihrer Mischung aus karitativem Geldeinsammeln und dem gewissen Vegas-Gefühl manchmal am Rande des Nervenzusammenbruchs zu bewegen scheinen. Auch der schmale Grat zwischen Wirklichkeit und Show scheint während dieser Fernsehaktion dauernd gefährdet zu sein.« (Scorsese über Scorsese, S.136). Die außergewöhnliche schauspielerische Leistung von Lewis vermittelt ein glanzvolles Bild der Wahrheit: Der berühmte Künstler, dessen Leben permanent von der Hysterie unzähliger Fans bedroht wird, sucht sich am Ende eine unschätz-

Rupert und Masha (Sandra Bernhard), die beide fanatisch nach Starruhm streben, in *The King of Comedy*.

bare Zufluchtsstätte, das heißt, die von den Amerikanern vergötterte Privacy, die gleichgestellt wird mit wenigen Sekunden Berühmtheit im Fernsehen. Und Jerry, der das Äußerste einer auf der Bewahrung eines konformistischen Ideals beruhenden Berühmtheit darstellt (Rupert will parallel durch dieselbe, alt eingefahrene Komik Berühmtheit erlangen, die bei der Talk-Show seines Idols erfolgreich ist), schließt sich in seine Einsamkeit ein, entscheidet sich abzusondern, doch tut er im Prinzip nichts Konkretes, um einem Ideal des solipsistischen und entfremdenden Erfolg zu widersprechen. Andererseits ist er jedoch auch ausgleichend, er strahlt die Ruhe aus, die auf der langen Reihe von Konventionen gründet, aus der die Welt des Show-Business schon seit jeher besteht. Die verbale Ausgeglichenheit, der sich der Komiker jedes Mal dann aussetzen muss, wenn er den wahnsinnigen Rupert trifft, ist daher ein symptomatisches und heikles Spiel. In drei wirklich außergewöhnlichen Episoden treffen die beiden Antagonisten aufeinander und der Ton von Jerrys Worten muss sich dem von den Umständen diktierten Grad der Angemessenheit anpassen. Am Anfang des Films steigt Rupert zum ersten Mal in Jerrys Limousine, nachdem er ihm geholfen hat, dem aggressiven Ansturm eines seiner üblichen Fans zu entkommen.

Pupkin/De Niro beschützt Langford/Lewis vor den Angriffen der Fans in *The King of Comedy*.

JERRY: Abfahren? Nein, mein Chauffeur fährt nicht los, wenn Fremde im Auto sitzen.
RUPERT: Ah, ich weiß, tut mir Leid, dich daran erinnern zu müssen, und, ich will nicht aufdringlich sein, aber du bist Schuld, dass ich mich verletzt habe:

An dieser Stelle fühlt sich Jerry aus beruflicher Korrektheit und gewiss nicht aus Menschlichkeit verpflichtet, seine Haltung zu ändern. Am Ende der Fahrt sagt er:

JERRY: Ich glaub' an solche Sachen. Wenn Sie die erste Schüchternheit überwunden haben, wird schon alles in Ordnung sein.
RURERT: Ja?
J.: Also, ich bin gespannt auf das Band.
R.: Danke Jerry!
J.: Keine Ursache.
R.: Tausend Dank Jerry!

Doch als Rupert ohne große Bedenken in Jerrys Landhaus eindringt und auch die zurückhaltende Rita mitbringt, die wie alle anderen der fetischistischen Versuchung nicht widerstehen kann, dem großen Star einen Gegenstand zu entwenden, wechselt Jerry vollständig die Tonart:
JERRY: Haben Sie verstanden, was ich gesagt habe. Nehmen Sie Ihre Sachen und gehen Sie.

RUPERT: Na gut, na gut, man muss sich nur verständigen, Jerry: ich wollte dich nur um fünfzehn Minuten bitten, damit du dir meine Sachen anhörst. Ist das etwa zuviel verlangt?
J.: Ja, das ist zuviel. Ich hab' auch ein Privatleben, okay?
R.: Ich hab' auch ein Privatleben.
J.: Dafür trage ich keine Verantwortung.
R.: Schon, wenn du mir sagst, ich soll dich anrufen und wenn du dann nicht antwortest.
J.: Ich hab' das nur gesagt, um dich los zu werden.
R.: Mich los werden?
J.: Ja, genau.
R.: Okay, man muss nur Klartext sprechen, eh?
J.: Wenn ich das damals nicht gesagt hätte, säßen wir jetzt immer noch auf meiner Wohnungstreppe.
R.: Gut, so was passiert eben, wenn man berühmt ist. Ich geh' jetzt, einverstanden?
J.: Ja, hast du's jetzt kapiert?
R:. Ja, ja. So seid ihr also?
J.: Nein, nein. Die anderen nicht, ich bin so!
R.: Ah, du bist so?
J.: Ja, genau.
R.: Weil du berühmt bist?
J.: Nein, ich war schon immer so.
R.: Jetzt weiß ich, wie Leute wie du sind.
J.: Leb' wohl und viel Glück!
R.: Jerry, Jerry... ich will dir nur noch 'was

80

sagen: Ich danke dir für das, was heute passiert ist, weißt du? Heute weiß ich nämlich, dass ich keinem mehr trauen kann, dir nicht und keinem anderen: man kann absolut keinem trauen.
J.: Richtig!
R.: Und noch 'was! Soll ich dir noch 'was sagen! Von jetzt an werde ich fünfzig Mal mehr arbeiten. Und ich werden fünfzig Mal berühmter sein als du.
J.: Und dann werden solche Narren wie du kommen und dir auf die Nerven gehen!

Jerrys professioneller Ton hindert jedoch nichts daran, dass durch seine Worte unausgesprochene Inhalte durchscheinen. Jerry sagt, er sei schon immer so gewesen, und gibt daher zu verstehen, dass der Erfolg ihn nicht verändert hat. Seine Zynik geht, wie im Übrigen auch Ruperts Zynik, der großen Beliebtheit, die er erreicht hat, voraus, so dass er es sich heute erlauben kann, seine Wut auf den stürmischen Konkurrenten hinter einem Vorhang makelloser und präziser Gesten zu verbergen. Das Problem ist jedoch, dass Jerry ein Super-Professionist ist, der voll und ganz in die Verzahnung des Show-Business und des Zuspruchs der Massen geraten ist. Selbst er, der die Möglichkeit hätte, gibt Signale zu einer weniger spießigen Alternative als die einer Fernseh-Talk-Show, die nichts anderes sind als Behälter des Anstandes. Das einzige Gesetz bleibt der Zuspruch der Zuschauer, und falls auch Rupert eines Tages vom Erfolg gekrönt werden sollte, so wird dies allein genügen, einen würdigen Gast aus ihm zu machen; diesen Erfolg muss er sich erst noch irgendwo herholen und in der Zwischenzeit mag er sehnsüchtig in der Hölle der Anonymität verharren. Jerry Langfords Clan untersteht genauen eisernen Regeln, denen man, wie es das Gesetz der erworbenen Gesellschaftsklasse will, nicht entkommt. Wenn Rupert berühmt wäre, gäbe es keine Hindernisse, er hätte Champagner und jeden Abend einen bequemen Platz in der guten Wohnstube der Medien, aber da es der Zufall will, dass er noch weniger Geld hat als Johnny Boy, bleiben Ruhm und Reichtum Träume, die es zu packen gilt (dasselbe gilt auch für die Frauen, denn seine Freundin Rita ist nicht weniger konformistisch als er, wenn sie allein an die Tatsachen und nicht an wundersame und plumpe männliche Versprechen glaubt). Mit Leuten, die aus den

besseren Kreisen ausgeschlossen sind, so lehren uns *Goodfellas* und *Die Zeit der Unschuld*, hat es keinen Sinn, halbherzig umzugehen. Aber auf Rupert Pupkins gesellschaftlicher Ebene, das heißt auf einem Niveau hysterischer Beschäftigungslosigkeit, ist, obschon die Dinge anders erscheinen mögen und alles andere als Anstand herrscht, noch ein wenig Menschlichkeit übrig geblieben, wie die kleinen Gefallen zeigen, die sich Rupert und Masha trotz der Eifersucht und ihrer Bewusstseinsspaltung, die ihre seltsame Freundschaft prägt, austauschen. Doch auch Jerry kann zurückkehren und Rupert und seinem künstlerischen Schaffen gegenüber nachgiebig sein, weil es wieder einmal die neuen Umstände verlangen. Nachdem Rupert und Masha ihn gekidnappt haben, gibt Jerry als wahrer Schauspieler seine berufsmäßige Haltung auf und zeigt sich menschlich und wiederum tadellos. Die Heuchelei wird sichtbar, als er unvermutet Sinn für soziale Gleichheit beweist, die seine opportunistischen Worte verdeutlichen:

RUPERT: Warum hast du dir das Band nicht angehört, obwohl ich dich darum gebeten hatte? Es hätte dich nicht viel gekostet: Ein paar Minuten deiner Zeit, um es etwas anzuhören, das ein ganzes Leben beansprucht hat.
JERRY: Ich bin sicher, dass du mich verstehen kannst, wo du doch denselben Beruf hast wie ich. Es ist schrecklich: Da trifft so viel Zeug ein, dass man es nicht immer gerecht beurteilen kann (...). Tut mir leid, wenn ich 'was falsch gemacht hab'. Ich bin auch nur ein Mensch mit all seinen Schwächen, seiner Müdigkeit, der Show, dem Druck, dem Orchester, den Autogrammjägern, der Truppe und der Inkompetenz. Bei deinen Mitarbeitern, die angeblich deine Freunde sind, kannst du dir nicht sicher sein, ob sie aufgrund ihrer Unfähigkeit morgen noch da sind. Dann ist da der Druck, der deine Tage in die wundervollsten Tage deines Lebens verwandelt, okay? Wenn all das nichts ist, wenn ich trotz alledem Unrecht habe, so verzeih' mir. Tut mir Leid. Dann müssten wir uns mit einem Handschlag versöhnen.

Aber Rupert, der gar nicht so unbedarft ist wie er scheinen mag, hat kein Vertrauen und beschließt, seinen Vorsatz voran zu treiben.

81

Eine Welt der Halluzinationen: Rupert stellt sich vor, zum Jetset zu gehören (*oben*: die Szene mit Liza Minelli wurde herausgeschnitten) und den Komiker Langford zum Totlachen zu bringen (*unten*).

Äußerste Not muss mit äußersten Mitteln bekämpft werden. Sein Triumph lässt letzten Endes vermuten, dass er recht schlau ist und dass er sehr wohl verstanden hat, wie die Regeln im Show-Business funktionieren. »Von unten anzufangen«, wie es ihm Jerry Langford rät, ist ganz und gar nicht sein Ding. Amerika ist voller Erfolgsmenschen, die sich einer versteckten Kriminalität bedienen. Warum sollte er, der genauso viel wert ist wie ein anderer, sich Skrupel machen? Und liegt es nicht am Fernsehpublikum, über die Grenze zwischen Legalität und Illegalität zu entscheiden? Und wenn am Ende Realität und Fiktion eins sind, wird auch ein Urteil über Pupkins geistige Gesundheit nicht mehr sehr viel Sinn haben. Seine Video-Halluzinationen (zu denen auch seine in unzähligen Kreuzschnitten als Life-Sendung übertragene

Hochzeit zählt) sind hierbei nicht viel symptomatischer als die bestellte Menschenmenge, die seinen imaginären Erfolg beklatscht. Rupert ist eins mit der narzisstischen Kultur, deren Bestandteil er ist. Nein, Rupert Pupkin ist nicht krank (nicht kränker als andere), er ist vielmehr in seine Welt eingegliedert, deren Regeln er befolgt, ohne ihre Moral zu übertreten. Nur zu Anfang ein paar kleine formale Verstöße gegen Vorschriften der Deontologie, wobei seine Inhalte aber der allgemeinen Zustimmung nicht zuwiderlaufen. Wenn er erst einmal Zutritt zur Show haben wird, braucht er sich nicht im Mindesten über Zensur und guten Geschmack zu sorgen: Seine Vorstellung wird vollkommen auf die Themen der Selbstschädigung und des familiären Scheiterns abgestimmt sein, die den Amerikanern so gut gefallen, während das Fehlen des gewissen Etwas seiner Darbietung von den außergewöhnlichen Umständen seines Auftritts entschuldigt werden kann, der unglaublicher Weise dazu bestimmt ist, hohe Zuschauerquoten zu erzielen und alles was Recht und Gerechtigkeit angeht, an die gebührende Stelle zu rücken.

Dieses Gleichnis von The King of Comedy, das von einer äußerst ausdrucksstarken Syntax gestützt wird, endet ironischer Weise mit der Wiederherstellung der Ordnung. Das Gleichgewicht zwischen Realität und Fiktion, Logik und Paradox erneuert sich in den letzten Bildern, in denen Rupert, der seine Strafe abgebüßt hat, der neue Gewinner auf dem Bildschirm ist.

Auf der Suche nach einem von einer Aufeinanderfolge widriger Umstände bedrohten Gleichgewicht bewegt sich auch in Die Zeit nach Mitternacht der Computerprogrammierer Paul Hackett (Griffin Dunne) im nächtlichen New York. Doch Paul Hackett möchte in Wahrheit seinem monotonen Leben gar keine entscheidende Wendung geben. Er will nur ganz bescheiden die Gelegenheit nutzen und sich ein bisschen amüsieren. Paul ist integriert, nicht sehr ehrgeizig, pünktlich und neurotisch. In der Einsamkeit seiner Wohnung spielt er mit der Fernbedienung und konzentriert sich nicht auf die Dias, die im Fernseher ablaufen. Die Videobilder sind zu Ende und haben noch nie die Kraft gehabt, in seinem »normalen« Leben eine wirkliche Alternative zu bedeuten. Und doch scheint alles aufs Beste zu laufen. Er kennt sich aus in seiner Arbeit und kann es sich leisten, sich den neuen Angestellten gegenüber, die in die Informatik

82

Rosanna Arquette ist Marcy, die erste nächtliche Bekanntschaft des Protagonisten in *Die Zeit nach Mitternacht*.

eingearbeitet werden müssen, geduldig zu zeigen. Diese zögern ihrerseits aber nicht, auf wenig kohärente und seiner Arbeit gegenüber wenig respektvolle Weise ihm ihr instinktives Unbehagen hinsichtlich einer solchen Büroarbeit spüren zu lassen. Symptomatisch für den Grad der Unzufriedenheit hinter der blassen Unbefangenheit seines effizienten Verhaltens ist die Leichtigkeit, mit der einige Beobachtungen eines neuen Angestellten am Anfang des Films

in Paul den untadeligen Wunsch erzeugen, außerhalb der eigenen Gewohnheiten eines Middle-Class-Daseins einen alternativen Weg zu suchen. Im Prinzip kann die Gier nach Befreiung aus einer beklemmenden Umgebung durch eine

83

Amy Robinson, die Produzentin von *Die Zeit nach Mitternacht.*

und es wäre besser, auch den jungen Mann skeptischer zu betrachten, der am Computer sitzt und sich eine andere, weniger entfremdendere Arbeit vorstellt, wie die, eine Zeitung ins Leben zu rufen, die sich Autoren »außerhalb des Marktes« widmet. Denn in New York wimmelt es nicht vor Heiligen und auch nicht vor Regisseuren wie Scorsese, der nach einem abermals gescheiterten Versuch, »seinen« Film, das heißt *Die letzte Versuchung Christi* zu drehen, beschließt, fern vom wirtschaftlichen Druck Hollywoods mit einer unabhängigen Filmgesellschaft zu drehen. Andererseits muss man das System auch gut kennen und wissen, was sich an seinem Rande abspielt, um bewusster handeln zu können. So, wie es nicht sicher ist, dass Jerry Langford besser ist als Rupert Pupkin, hat auch Paul Hackett keinerlei Veranlassung zu glauben, dass sich die Dinge außerhalb seines Büros auf »Freiheitsflügeln« fortbewegen. Man sollte daher nicht zu sehr nach Zerstreuung suchen.

PAUL: In einer Woche bist du soweit.
ANGESTELLTER: Das hier ist aber auf alle Fälle nur vorläufig...
PAUL: Uhm?
A.: Ich meinte, es ist vorläufig für mich. Ich hab' keine Lust, mich mein Leben lang in so eine Arbeit zu vergraben. Sagen Sie das aber nicht Herrn Devlin.
P.: Nein, natürlich nicht.
A.: Was mich wirklich interessiert, wäre nämlich ins Verlagswesen einzusteigen. In diesem Moment ist dieser Bereich zwar etwas geschlossen, aber was ich gern machen würde, wäre, eine Wochenzeitschrift, meine eigene Wochenzeitschrift herauszugeben, für Schriftsteller und Intellektuelle, die anderswo keine Stimme haben...das heißt, ich will auch nicht unbedingt verkaufen oder eine Riesenleserschaft erreichen, ich möchte vielmehr Schriften veröffentlichen, die diese Autoren ein wenig bekannt machen, das heißt...etwas tun für...das heißt...ich wollte sagen dass...
P.: Entschuldige mich einen Moment.
A.: Ja, ja.

Während der neue Angestellte seine negative Meinung über die Büroarbeit äußert, wandert Pauls Blick anderswohin, auf die weiblichen Angestellten im Kostüm, die Dokumente austauschen, und auf die Gegenstände, die auf schä-

Nichtigkeit ausgelöst werden, aber man muss darauf vorbereitet sein, jede Gelegenheit am Schopfe zu packen, damit nicht alles gleich wieder unverrückbar an seine ordnungsgemäße Stelle rückt, und damit Paul es nach seiner seltsamen Nacht vermeidet, noch einmal Opfer der Selbsterhaltungsregeln zu werden, die jedes rigide urbane Milieu seinem Volk vorschreibt. Im globalen Dorf muss man mehr Vorsicht walten lassen, denn es ist nicht gesagt, dass sich hier nicht dieselben Parzellisierungen und Widerstände gegen Fremde einstellen wie in irgendeinem wilden Stamm.

Und wenn Paul sich im umzäunten Feld integrierter Menschen nicht mehr wohl fühlt, so steht es doch nirgendwo geschrieben, dass in Soho, dem Viertel von Lionel Dobie und der Künstler, tolerantere Regeln des Zusammenlebens herrschen. Um sein Leben zu ändern reicht es nicht aus, sich in unbekannte Gebiete vorzuwagen (mit Ausnahme der »unterirdischen Seelen«, von deren Analyse Paul weit entfernt ist),

bige Weise das sterile Ambiente schmücken, dann steht er auf, und hindert den jungen Kollegen daran, seinen Monolog weiterzuführen. Höchstwahrscheinlich war Paul dieses Alltags auch schon vor der unvermuteten Eröffnung des Unbehagens schon müde, aber aus dem Munde eines anderen die grausame Wahrheit zu akzeptieren, ist nicht immer leicht. Wie dem auch sei, am Abend kann man mal etwas anderes ausprobieren als das gewohnte Zapping. Nichts scheint dagegen zu sprechen, sich zum Beispiel die »Freiheit« zu nehmen, sich an eine Bar zu setzen und ein wenig dort zu bleiben und in die Lektüre von *Wendekreis des Krebses* von Henry Miller hineinzuschnuppern. Aber obschon der Roman einiges über die verborgenen Bestrebungen Pauls verrät, wird die spannende Nacht, die der Film ihm zu versprechen scheint, seinem nächtlichen Freiheitstraum Hohn sprechen. Von Anfang an mutet alles seltsam, hitzig und widersprüchlich an. Wie in einem Märchen braucht Paul nicht lange zu warten, um ein schönes und warmherziges Mädchen kennen zu lernen, mit dem er die nächsten Stunden verbringt. Die dreißigjährige Marcy (Rosanna Arquette) scheint nur darauf gewartet zu haben, sich einem Mann öffnen zu können, und sie ist da, in diesem Lokal, und bereit, Paul ins Theater nie erlebter großstädtischer Phantasien einzuführen. Und Scorsese kürzt die körperliche Entfernung von Marcy und Paul, die an zwei unterschiedlichen Tischen des Lokals sitzen, durch eine umgarnende Montage aus Nahaufnahmen der beiden Gesichter, und konzentriert die Aufmerksamkeit auf das emotionale Element der Situation. Der Eintritt der jungen und gut aussehenden Frau, die ein Stück aus dem Buch zitiert, in das Paul in seinem Bedürfnis nach Zerstreuung versunken ist, ist mitreißend, denn es wird sofort vermittelt, dass der junge Mann jedweden Widerstand aufgegeben hat und gierig darauf ist, seinen Lebensraum von jedem besetzen zu lassen, der den Eindruck gibt, ihn begeistern zu können. Man muss nicht denken, Paul sei extrovertiert. Im Gegenteil. Er ist freundlich, respektvoll und gefällig. Was mit anderen Worten heißt, dass er keinerlei Erfahrung in solchen Dingen wie »Nachtleben« und vielleicht auch gesellschaftlichem Leben hat, denn seine Kenntnisse scheinen sich ausschließlich auf Bürobekanntschaften zu beschränken. Deshalb reicht nur wenig, um Aufregung in ihm zu wecken, und kaum ist er nach Hause zurück-

gekehrt, merkt er, dass er nichts Besseres zu tun hat, als die ihm von Marcy hinterlassene Nummer zu wählen, die ihrer Freundin, der Bildhauerin und Mitbewohnerin Kiki Bridges gehört. Eine alternative Künstlerin kann zwar verlockend sein, doch war bereits das Angebot von Marcy zweideutig und interessant: Nach der verführerischen und unverfrorenen Zitierung Millers hatte sie begonnen, von Kiki und ihren Pappmaché-Arbeiten zu sprechen, was zweifellos »trendy« gewesen wäre, wenn sie nicht mit der Einladung geendet hätte, einen wundervollen Briefbeschwerer kaufen zu gehen. Und wenn Paul voller schöner Hoffnungen ist, als er nach Soho zu den beiden schönen Frauen eilt, so deshalb, weil die Versprechungen ihm verlockend scheinen. Die Situationen, in die er gegen seinen Willen verwickelt werden wird, während offensichtlich eine paradoxe Logik der Anhäufung folgt, sind allesamt möglich, da sie sich dem Chaos und der Unvorhersehbarkeit unterwerfen. Der christlich-katholische Notfall dringt ein in die Symbolik des Films, die geschickt auf den heutigen Stand gebracht wird. Es ist nichts Neues: Wie wir im nächsten Kapitel noch besser erkennen werden, nehmen alle Filme Scorseses mehr oder weniger direkten Bezug auf die religiöse Prägung seiner Kultur, und der Umstand, dass *Die letzte Versuchung Christi* ein seit langem verfolgtes Projekt war, ist auch in *Die Zeit nach Mitternacht* spür-

Paul Hacket/Griffin Dunne beginnt seine »wilde« Nacht außerhalb seines sicheren Appartments.

85

bar, das wie eine Art »Übergangswerk« und Ersatz für den vorhergesehenen Film über Christus wirkt, der auf Grund der gewohnten, entnervenden Produktionsverzögerungen erst später realisiert werden wird. Dies fällt vor allem da auf, wo beißend subtil eine Art Screw-Ball-Comedy wachgerufen wird. Wie ein neuer Messias sieht der »Schreiner« Paul Hackett in der wilden Nacht außer Haus seine »letzte Versuchung«, aber im Unterschied zu Christus ist er nur ein Mensch und hat daher keine andere Wahl, als das irdische Abenteuer anzunehmen. Von den vielen scorsesischen Protagonisten ist Paul bei genauer Betrachtung einer der Wenigen, die sich auf diese Welt einlassen, und vielleicht ist er der Einzige, der sich nicht wirklich wie Gott auf Erden fühlt. Doch dann, als sich der Clan von Soho mit der Absicht, ihn aus der Welt zu schaffen, gegen ihn verbündet hat, bleibt auch ihm keine andere Möglichkeit, als den vergessenen Vater im Himmel anzuflehen: »Was willst du von mir? Was hab' ich dir bloß getan? Ich bin doch nur ein Computerprogrammier, heiliger Christus!«. Und das stille Paradies seiner Wohnung auf der Suche nach einem Abenteuer verlassen zu haben, spricht ihn nicht von seinen Absichten frei: Was ist denn nur die Apathie seiner Abende verglichen mit dem, was Jesus während der schweigenden Zeit des monatelangen Fastens in der Wüste hat erleiden müssen? Es erscheint uns wie ein absurdes Theater, doch ist dieses unausgesprochene symbolische Bild die Objektivierung der christlich-katholischen Kultur in ihren selbstschädigenden, irrationalen, animistischen Zügen. Man könnte *Die Zeit nach Mitternacht* auf Grund ihrer irrationalen Elemente, die Paul Hacketts Nacht außer Haus mit Unbehagen und Finsternis füllen, als »störende Komödie« bezeichnen. Diese Charakteristik wird hier nicht wie in anderen Filmen Scorseses (Von *Wie ein Wilder Stier* bis *Mirror Mirror*) durch die geisterhafte Erscheinung des Doppelten wiedergegeben, sondern durch die unbewusste Entdeckung seitens Paul, dass die vertrauten Elemente, denen er im Laufe seines nächtlichen Ausflugs begegnet, voller Fremdheit sind, so wie es der Freudsche Begriff der emotionalen Verfremdung besagt. Die attraktive Marcy versteckt hinter einer gefälligen Art ein Gefühlsleben mit starken sadomasochistischen Zügen: Es reicht schon, wenn man bedenkt, dass ihr Verlobter sie mit ihrer Zustimmung sechs Stunden lang verge-

waltigt hat, und dass ihre Haut noch weitere Narben anderer ungezügelter Phantasien trägt (doch vor lauter Aufregung darüber, dass er Marcy, die unter dem Einfluss einer Überdosis an Schlafmitteln steht, zwischen die Beine gespäht hat, muss Paul sich damit zufrieden geben, sich diese Abschürfungen nur vorzustellen). Eine beunruhigende Erotik wandelt sichtbar durch die Straßen und Lofts von Soho, und diese bedrohliche Sinnlichkeit ist ein verhexter Nährboden für entfremdete Gefühle. Paul fühlt sich sofort von einem solchen Gefühl irritiert, und als er Marcy in Kikis Wohnung wiederfindet und ihren schizophrenen Bekenntnissen geduldig zugehört hat, lässt er seiner nervlichen Angespanntheit freien Lauf, indem er sich unvermutet von der Frau abwendet, die mit Sicherheit dazu bereit gewesen wäre, eine Nacht mit ihm zu verbringen. Wie wir sehen, ist auch Paul überempfindlich, und seine Gereiztheit kommt blitzartig und fast ohne akzeptable Berechtigung zum Vorschein, wenn man bedenkt, dass er immerhin ein »Gast« im Haus von Frauen ist, die auf ihre Weise bereitwillig sind. Es ist zwar verständlich, dass er Marcy gegenüber die Geduld verliert, als sie ihm gesteht, von ihrem Verlobten vergewaltigt worden zu sein, und dann schamlos und ohne jedweden logischen Schluss fortfährt, sie sei einverstanden gewesen. Doch wenn Paul der Sache hätte auf den Grund gehen wollen, so hätte er ein Fair Play aufdecken müssen, was vielleicht zu weit gegangen wäre...

In seiner verteufelten Komödie der Missverständnisse versetzt Scorsese Paul nach Soho und sorgt dafür, dass er ständig Jemanden benötigt, sei es, weil er kein Geld für die U-Bahn hat, oder weil er mit einem nächtlichen Dieb verwechselt wird und von seinen Richtern gesucht wird, die, kaum wird der unerwünschte Gast gesichtet, ständig bereit sind, sich gegen ihn zu verbünden. Paul muss gegen eine psychologisch-symbolische Dimension vorgehen, die der Strafe eines Hypochonders gleicht, weil er die Ruhe seiner urbanen Isolation verlassen hat, was seiner selbststrafenden Haltung gemäß einen unabwendbaren Absturz in den wilden Dschungel der Straßen zur Folge hat.

Paul ist in eine Art Hölle geführt worden, um seine Schuld abzubüßen. Soho erweist sich als ein Gebiet, aus dem man nicht unbeschadet nach Hause zurückkehren kann. Die christlich-katholischen Hervorhebungen werden in *Die*

Zeit nach Mitternacht mit dem psychoanalytischen Zeichen von Pauls Flucht verwoben. Es handelt sich eindeutig um die Flucht aus dem Mutterschoß, die für Paul angesichts der Rückständigkeit, in der sich sein Leben abspielt, nahezu undurchführbar ist. Von Marcy bis June werden die fünf Frauenfiguren, denen Paul begegnet, immer engelhafter, doch insgesamt sind sie wie verteufelt, wobei June vielleicht die gefährlichste ist. Sie verteidigt Paul nämlich vor den Folgen seiner vorhergehenden sexuellen Verweigerungen, beziehungsweise vor Julies und Gailes Belästigungen, die sich der wild gewordenen Menge anschließen, die ihn richten will,

Paul Hackett massiert die Schultern der undurchschaubaren Bildhauerin Kiki Bridges (Linda Fiorentino).

während ihre einzige Rettungsstrategie darin besteht, Pauls Körper in einer Pappmaché-Skulptur zu versiegeln. Der kastrierende Schluss von *Die Zeit nach Mitternacht* will, dass Paul von einer Skulptur »beschützt« wird, die ihn an nahezu jeder Bewegung hindert und sich als Gegenstand eines Diebstahls wiederfindet, wobei die beiden ungeschickten Diebe Neil und Pepe ihn gerade in dem Moment aus dem Lastwagen purzeln lassen, da dieser um Punkt 8 Uhr am Eingang von Pauls Büro vorbeifährt. Dies geschieht solchen Menschen, die es wagen, aus dem Paradies zu fliehen. Und genau so etwas hatte Paul Hackett erwartet, der sich ironischer Weise am Schluss am selben Punkt befindet, von dem er ausgegangen ist. Er hat wieder den Computer vor Augen, der ihn wie jeden Morgen begrüßt. Seine Phantasie hatte ihm eine intensive, höllische und bilderreiche Nacht fern von seinem gewohnheitsmäßigen Rhythmus in Aussicht gestellt. Als Lohn für seine irrtümliche geistige Öffnung hat ihm Scorsese einen Weg in eine Welt voller Hindernisse geebnet, die all seine Überzeugungen und Vorurteile erstarren lassen, anstatt ihnen zu widersprechen. Pauls Ansicht nach eine äußerst »zweideutige« Welt, da sie von vornherein außerordentlich vom »Look« und von »sozialen Bräuchen« geprägt ist. Genauso, wie es sich der Protagonist erwartet hatte, werden die Lofts und Bars von Soho tatsächlich einzig von Homosexuellen und Sado-

Punks bewohnt, die sich so verhalten, wie es der moderne Stereotyp verlangt, das heißt, mit schmachtender Aufmerksamkeit dem »schönen jungen Mann« gegenüber die Einen, und »auffällig« und »anstößig« die Anderen.

Doch außerhalb der fieberhaften Aufregung, mit der Paul seine wilde Nacht erlebt hat, bleibt ihm die Überzeugung, dass Stadtviertel geschützte Inseln sind, deren Bewohner sich zusammenschließen, um Leute, die nicht ganz erwünscht sind, wegzujagen. In Soho wie auch in Little Italy oder im Taxifahrermilieu eines Travis Bickle ist dieser Zusammenschluss noch spürbarer, da das instinktive Bedürfnis aufkommt, einem einzigen Stamm anzugehören; um zu überleben, und vor allem, um nicht gegen die »eigenen Stammesangehörigen« handeln zu müssen. Dies hier ist zweifellos eine skrupellose Welt, wenn auch weniger erbarmungslos als die Beschreibung der Bereiche des kleinbürgerlichen Milieus und der reichen amerikanischen Aristokratie in *Kap der Angst* und in *Die Zeit der Unschuld*; denn diese Welten werden nicht so sehr von einem Gefühl des Zusammenschlusses bewegt, als vielmehr von der Logik der Willkürherrschaft über andere, die als einzigen Beweggrund Geld und opportunistisches Prestige besitzt.

87

Das Schicksal der Figuren
(Eddie, Jesus, Lionel, Paulette)

Paul Hacketts »wilde Nacht« scheint eine Metapher über den Sinn der Bedenklichkeit des individuellen Daseins in der urbanen Dimension der Zeit Reagans aufzuzeichnen. Der kriegerische Stamm, der sich zusammenschließt, ist ein Bild, das im Kino der 80er-Jahre immer wiederkehrt: Man denke an Filme wie *Kopfüber in die Nacht* (1985) von John Landis oder *Manhattan Massaker (Year of the Dragon,* 1985) von Michael Cimino. Bei genauem Hinsehen weist Scorseses Werk mit Landis' Film einige Gemeinsamkeiten auf, die vor allem in ihrer Absicht zum Ausdruck kommen, das Paradoxe und die Unvorhersehbarkeit einer »entgleisten Nacht« hervorzuheben. Bei Cimino hingegen spürt man den schmerzhaften und problembeladenen Aufprall zwischen dem niedergeschlagenen und rachsüchtigen Einzelmenschen (Stanley White/Mickey Rourke, der ebenfalls ein Vietnamheimkehrer ist wie Travis Bickle, und außerdem Pole und Jude) und der Mafia von *Chinatown,* die einen Streit erzeugt, der im Protagonisten den Wunsch nach einem Ausgleich für die verlorenen Schlachten des Krieges weckt. Das Verhalten des Polizisten in *Manhattan Massaker* färbt sich mit einer Rachsucht, die einerseits an den Racheengel in *Taxi Driver* erinnert, wobei es in Ciminos Film die urbane Dimension ist, die sich mit dem Bösen angelegt hat, da sie ihre eigene Niederlage durch die Ansiedlung des »Feindes« in der Struktur ermöglicht hat, die die sozialen Gesetze regelt. Starke Ungeduld bewegt die Gesten des hitzigen Polizisten, und die Befreiung von seinem »Rassismus« wird durch die direkte Begegnung mit dem Antagonisten realisiert (Joey Tai, der neue Prinz von *Chinatown*, ist eine archaische, nicht weniger mythische Figur als der Pole Stanley White), wodurch sich bewahrheitet, dass das Problem weniger noch als in der sozialen Dimension zuallererst in uns selbst brütet (der körperliche Zusammenprall und das harte Wortgefecht erlauben dem Protagonisten jene Abrechnung mit der eigenen Wut, die am Ende auch die Möglichkeit einer

Der alte Löwe Eddie »Fast« Felson bereitet sich darauf vor, wieder in die Billardszene zurückzukehren. *Auf der vorigen Seite:* Eine weitere Szene aus *Die Zeit nach Mitternacht.*

gleichwertigen Beziehung mit dem anderen realisiert – die zu Anfang unannehmbare Liebe zu der chinesischen Journalistin Tracy Tzu, die ebenfalls von einem Gerechtigkeitssinn belebt wird, den Stanley nicht gern mit den »Schlitzaugen« teilt).

Die 80er Jahre werden von den gefährlichen, erprobten kommerziellen Erfolge geprägt, die mutige und makellose Helden hervorbringen. Am Rande dieser Triumphparaden verbergen die Helden Scorseses wie auch die von Cimino stets irgendeine seelische Verletzung. Auf die Überkonventionalität unbesiegbarer Figuren wie der Pilot in *Top Gun* oder der Krieger *Rambo II* reagieren einige Autoren, indem sie ein Kino unbändiger und zynischer Antihelden schaffen. Mit dem Anspruch, die Wechselfälle des Daseins auf »heldenhafte« Weise zu meistern, sind diese nun bereit, auf die Bühne allgemeiner Zustimmung zu

Zwei Generationen von Champions messen sich: Eddie Felson/Paul Newman und Vincent Lauria/Tom Cruise (unten). Oben: das neue Talent mit Carmen, seiner Gefährtin (Mary Elizabeth Mastrantonio).

treten, nachdem sie tiefstes existentielles Unbehagen erfahren haben. Die reaktionäre Prägung des U.S.- Kinos der 80er-Jahre wird daher durch einen Blickwinkel explizit dargestellt, der wie im Falle Scorseses die Wurzeln der Traditionen festhält, wobei der Stil prosaisch an die Umstände gebunden wird, die jedoch gar nicht so easy und glorreich sind, wie es die »tosende« Epoche Reagans gerne hätte. Die Zeit nach Mitternacht war dazu geeignet, die Fallen, die eine Nacht außer Haus einem ruhigen, unzufriedenen Mann der Middle Class stellen kann, paradox zu färben, doch in seiner folgenden Produktion bringt Scorsese den Wunsch, die Wellen des Unterbewussten zu fotografieren, auf eine höhere Ebene. In dieser Hinsicht sollte Die Farbe des Geldes (The color of money, 1986), den der Autor nach einem ausdrücklichen Vorschlag von Paul Newman drehte, weitgehend aufgewertet werden, da Scorsese hier Gedanken über die Moderne aufwirft, was sich in dem Versuch ausdrückt, die Filmsprache den existentiellen Ansprüchen einer amerikanischen Kultfigur der 60er-Jahre anzupassen.
Eddie »Fast« Felson ist im goldenen Zeitalter des Billards ein Spieler der Sonderklasse. Bei einer erneuten Betrachtung dieses Films muss zuallererst interpretative Reife vorausgesetzt werden. Es ist vor allem ein auf fatale Weise »zeitgenössischer« Film, der unmittelbar an die Poetik des Autors gebunden ist, und es muss gesagt werden, dass die von Paul Newman geleistete Arbeit subtiler und bewusster ist, als es von der

bisherigen Kritik vermerkt wurde. Der Umstand, dass der Schauspieler für seine Darbietung in Die Farbe des Geldes seinen ersten Oskar empfangen hat, ist dennoch nicht in eine Aufmerksamkeit auf die der dargestellten Figur des Eddie Felsons innewohnende Problematik umgesetzt worden. Doch zu Beginn lässt sich beobachten, dass der Film einer dramatischen Vorlage folgt, die je nach der Entwicklung des Protagonisten in Bezug auf sein Umfeld, innerhalb dessen er seine Entscheidungen zu treffen hat, wieder aufgeworfen wird. Er folgt dem Film Haie der Großstadt (The Hustler, 1961) von Robert Rossen, einem beklemmenden und größenwahnsinnigen Querschnitt durch die Halbwelt der Wettszene. Außenseiter wie Eddie konnten sich den Regeln widersetzen, mussten sich aber sicher sein, von Kriminellen wie Bert Gordon (George C. Scott) unter Druck gesetzt zu werden. Eddie Felsons Dasein wurde von seiner Erfolgssucht aufgezehrt, die ihrerseits ein unbeugsamer Stolz antrieb. Liebe, Ruhe, innerer Frieden endeten damit, sich in unerreichbare Gespenster eines Lebens am Rande der Legalität zu verwandeln. In der bildlichen Übertragung von Rossens Film arbeitet Scorsese nicht nach Auftrag: Er bleibt sich selbst bei der Übernahme von Stoffen treu, indem er die Themen der »magischen Übereinkunft« (eine Problematik, der sich die aufmerksame Analyse von Del Ministro widmet) im verfremdeten Szenarium der 80er-Jahre erneut vorschlägt. Vom Eröffnungsprolog an wird nämlich der gesellschaftliche Konkurrenzkampf spürbar, in den das Unbehagen der Entfremdung mündet.

Erzähler: Neun Kugeln und ein Billard. Man spielt abwechselnd: Die Bälle werden den Nummern folgend ins Loch gespielt. Der einzige Ball, der wichtig ist, ist die Neun. Der Spieler kann acht

Bälle hintereinander ins Loch schießen, aber wenn er die Neun verfehlt, verliert er. Der Gegenspieler hingegen braucht nur die Neun beim ersten Versuch ins Loch zu spielen ... und hat gewonnen! Fast so, als spiele das Glück den neunten Ball. Doch für einige Spieler ist auch das Glück eine Kunst.

Auch ein edles Spiel wie Billard ändert daher seine Regeln und passt sich den Zeiten der neuen Tribüne an. Heute hat »Neun Kugeln und ein Queue« den Löwenanteil: Es ist eine ganz besondere Spielregel, die Schlägern mehr Vorteile einräumt als Perfektionisten im Maßnehmen. Die neuen Regeln nehmen den Meditationen der Erwartung Raum weg und zielen einzig und allein auf das Endresultat. Auf diese Weise geht die Idee vom Spiel als Gesamtheit wohl überlegter Taktiken verloren und auch die Achtung für den, der sich Mühe gibt und an das glaubt, was er tut. Das Billardspiel an sich wird selbst von seinen Meistern nicht mehr so verehrt wie zu Zeiten Felsons. Heute zieht Vincent Lauria/Tom Cruise, der laut Eddie vielversprechend talentiert ist, Videospiele dem Billard vor, was in perfektem Einklang mit einer Haltung steht, die die Orientierung individueller Bezüge verloren hat und sich lieber dem Netz elektronischer Vorherbestimmtheiten anpasst. Aber Eddie Felson stammt aus der alten Clique, für die es unentbehrlich ist, sich an einem menschlichen Antagonisten zu messen. Ansonsten würde sein Solipsismus nämlich ans Pathologische grenzen. Sein Drang nach einer Beziehung »Von-Mensch-zu-Mensch« kommt im energisch konfliktbetonten Aufnahmestil zur Geltung, der nicht vergisst, bei den wesentlichen Unterschieden zweier konfrontierender Generationen Halt zu machen. Eddie Felson, der zeitweise sein ruhiges Spirituosengeschäft bei Seite lässt, um Wetten abzuschließen und auf Vincents Talent und auf den wieder gefundenen Glauben eines Lebens voller Begeisterungen zu setzen, muss leider spüren, dass sich die Zeiten unwiderruflich geändert haben. Und auf Vincents Frage, warum er denn nicht sofort wieder spielen will, antwortet Eddie: »Heute ist alles schmutzig. Heute gibt`s Drogen«. Eddie selbst hingegen pflegte früher zu trinken. »Wein stammt aus den Zeiten der Bibel«. Hier scheint auf einzigartige Weise die Dimension des scorsesischen Katholizismus durch, wobei dieser Satz das Bedürfnis zu einer wahreren Beziehung zu den Dingen und der Welt zum Ausdruck bringt. Solche Worte sind, wenn sie ein unbändiger

Newman und Cruise, zwei Stars stehen sich gegenüber.

Außenseiter wie Eddie Felson ausspricht, furchtbar ehrlich. Dieser Film gehört ebenso zu Newman wie zu Scorsese, da sie ihn beide mit ihren eigenen Erfahrungen prägen: Als sich Newman 1985 mit Scorsese in Verbindung setzte, um ihn zu bitten, bei Haie der Großstadt Regie zu führen, arbeitete der Schauspieler bereits seit über einem Jahr an einem Drehbuch, das den Regisseur jedoch nicht ganz befriedigte. Daher wurde Richard Price zu Rate gezogen, der den Film nach der ursprünglichen Vorstellung Scorseses umschreibt: Er beschreibt den Prahlhans Eddie Felson viele Jahre nach dem Gleichnis in der Spielwelt, als er nunmehr gegen seinen eigenen Willen hart und intolerant geworden ist wie Bert Gordon, der Manager, der seine Entfernung aus der Szene und vor allem den Selbstmord seiner Frau verschuldet hatte. In Die Farbe des Geldes ist der reife Eddie Felson ein Spirituosenhändler geworden, der permanent in Erinnerung und Erwartung lebt. Die Begegnung mit dem vielversprechenden Spieler Vincent Lauria facht in ihm den nie ganz beschwichtigten Wunsch an, wieder zu spielen, um sich selbst zu beweisen, dass er noch der Beste ist. Tatsächlich besteht eine nicht zu vernachlässigende Verbindung zwischen Eddie Felsons »Versuchung«, wieder zu spielen, und der Versuchung

91

Energie verleiht, so stellt Eddie Felson für den Regisseur das schmerzvolle Bewusstsein des schizoiden Amerikas dar: Obschon er zuweilen innehält, um in die Tiefe der Daseinswerte zu blicken, so überwiegt doch oft der gesellschaftliche Ehrgeiz, und sein Gleichgewicht bleibt mit dem Wahn des bedingungslosen Erfolges verhaftet. Eddie Felson drückt besser noch als andere scorsesische Figuren das Scheitern der »magischen Übereinkunft«

Jesu am Kreuz im nachfolgenden Langfilm *Die letzte Versuchung Christi*. Da, wo der Messias, der sich opfert und entscheidet, den teuflischen Schmeicheleien des bürgerlichen Lebens nicht zu weichen, der Archetyp der Selbstaufopferung ist, die die katholischen Kultur wie ein Brandmal ins abendländische Bewusstsein eingeprägt hat, gibt Eddie Felson das Zögern einer entfremdeten und urbanen Ausgabe wieder. Das ständige Zweifeln des scorsesischen Christus über die göttliche Herkunft seiner Beschaffenheit wird in der psychischen Tiefe der Figur erlebt, während Felsons Handlungen und Bewegungen dem deterministischen Weg des Abschließens von Wetten folgt. Einer stark verinnerlichten Traumszene wie die von *Die letzte Versuchung Christi* entspricht in *Die Farbe des Geldes* das Vorwiegen einer stark veräußerlichten sozialen Dimension, die in Scorseses Filmen der 90er-Jahre (*Goodfellas, Kasino*) einen großen Anteil haben wird. Doch so wie der neue Christus eine komplexe und aktuelle Auslegung des katholischen Archetypen erlaubt, dem die Dynamik der Aufnahmen menschliche und innere

aus, wobei sich hier als Unterschied zu den anderen das Thema des »amerikanischen Traumes« einschiebt. Als Verkörperung eines Blendwerkes des Erfolges, das zu Beginn der 80er-Jahre durch den Wirtschaftsboom und die Demokratisierung des Konsums zu höchstem Ruhm gelangt ist, hat Eddie es bitter bereuen müssen, das frenetische Ideal eines selbstschädigenden Wohlstandes unterstützt zu haben, und heute im Klima der neuen Restauration befürchtet er, dieselben Fehler wie einst zu begehen. Als er auf eine Quelle stößt, die ihn in die alten Kreise zurückkehren lässt, macht er den Fehler, die Launen und die Begeisterung des alten Milieus wieder auf sich einwirken zu lassen, und so steht er erneut den Gespenstern des Antagonismus, der Niederlage und dem rettenden Sieg gegenüber. Wieder erlebt er, wie die Alltagserfahrung von eisernen Regeln verzehrt wird, welche messianische und animistische Züge haben. Genau wie »Ace« Rothstein, der frühere Glücksspieler aus *Kasino*, der mit der erklärten Absicht, sein Gewissen reinigen zu wollen, beschließt, der größte Geschäftemacher Amerikas zu werden, nimmt auch Eddie Felson, weil er einfach nicht anders kann, seine Tätigkeit wieder auf, oder aber, weil er einfach keine andere Rettung sieht als darin, völlig einzutauchen in den aufwühlenden, solipsistischen gesellschaftlichen Konkurrenzkampf. Ist dieser Selbstbeweis, als Zeichen einer Allmacht, weit und breit der Beste zu sein, nicht zugleich auch ein Zeichen der Unfähigkeit dieses Charakters, ein Teil dieser Welt zu sein? Es besteht andererseits auch kein Zweifel darüber, dass Eddie

Die letzte Versuchung Christi (oben) und ein Moment während der Dreharbeiten zu *Made in Milan (unten)* mit Giorgio Armani.

92

Oben: Willem Dafoe spielt den Jesus in *Die letzte Versuchung Christi. Unten:* Martin Scorsese mit Francis Ford Coppola und Woody Allen, den beiden Co-Regisseuren von *New Yorker Geschichten.*

Felson auch deshalb niemals ein »braver Bürger« sein kann, obwohl er immerhin ein typisches Beispiel eines paranoiden Amerikaners ist.

Scorsese beweist eine bewegte und realistische Sichtweise, die über eine strikte Neuauslegung der kinematographischen Form verläuft. »Rossen, der Regisseur von *Haie der Großstadt,* war ebenfalls ein Regisseur im wahrsten Sinne des Wortes. Doch wirkte er im Rahmen des Realismus und vom Realismus hing sein ausgezeichneter Film ab, was von der unverfälschten fotografischen Leistung des Deutschen Enger Schiffton ausging: Der Realismus Hollywoods gemäß den Voraussetzungen der klassischen Kriminalfilme der frühen dreißiger Jahre, bei denen die Anwesenheit der Filmkamera nicht einmal bemerkt werden durfte, damit sich nichts zwischen die Zuschauer und die Filmfiguren stellen sollte, um die Identifikation sehr vieler mit den Erlebnissen weniger nicht zu behindern (…). *Die Farbe des Geldes* erinnert mehr als an die stilistischen Vorbilder der Crime Movies an Musicals, das heißt an die alten »Choreofilms« von Busby Berkeley, wo der grüne Tisch die Bühne ist, wo die Billardkugeln die Chorusline ersetzen und wo die Spieler mit ihren Queues Solotänzer sind, die von der Kamera in unaufhörlichen Kreisbewegungen dargestellt werden, welche ab und zu von unvermuteten blitzenden Nahaufnahmen unterbrochen werden. Es sieht so aus, als kämen die Fakten nach dem Stil, als würden sie von ihm bestimmt« (Callisto Cosullich, »Paese Sera«). Und Cosullich trifft wirklich den Kern des Problems, weil *Die Farbe des Geldes* wie später *Die Zeit der Unschuld* durch einen gedrängten und rapsodischen Stil die Allegorie eines Ambientes zum Ausdruck bringt, das sein Leben in einer Parade von Konventionen zu lösen sucht. Vincent Lauria lässt sich nämlich, wie bereits Eddie Felson zwanzig Jahre zuvor, in »Versöhnungstänzen« mit dem Queue aus, die einem Feuerwerk ähneln, denn wenn man der Beste sein will, muss man auch derart prahlerische und dreiste Verhaltensweisen an den Tag legen. Die Kamera von Michael Ballhaus, dem früheren Kameramann Fassbinders, zeichnet um die Figuren Kreise der Einsamkeit, die dazu bestimmt sind, jedes Mal dann zu schwanken, wenn die Not anderer in den Raum individueller Autonomie einbricht. Dies kommt in der Eröffnungssequenz des Films zum Ausdruck: Eddie, der sich mit seiner Freundin Janelle an der Bar unterhält (Freundin oder Geliebte? Der alte Löwe, dem die Idee widerstrebt, sich fest an eine Frau zu binden…) wird von immer wieder kehrenden Panoramaaufnahmen zerstreut, die seine Aufmerksamkeit auf den Spieltisch lenken, an dem Vincent Lauria zeigt, der neue »Eddie, der Schnelle« zu sein.

Die einen Charakter umgebende Aura der Ungewissheit finden wir auch im nachfolgenden Langfilm Scorseses wieder, in *Die letzte Versuchung Christi (The Last Temptation of Christ,* 1988). Hier wird der christliche Zweifel durch ein gedrängtes Script und eine trockene Dramaturgie herauskristallisiert, was vor allem an Rossellini und seine Betonung des Wesentlichen erinnert. Doch im Unterschied zu Rossellini ist der visuelle Stil das Ergebnis einer strengen Aufnahmeplanung. Die Kamera verteilt Räume, die das Geheimnis, das Christus umgibt, fruchtbar werden lassen. »Ich wollte die Energie von Jesus ausdrücken, auch Willem sollte sie haben, also griffen

93

Die Personen aus *Die letzte Versuchung Christi*: Pontius Pilatus/David Bowie, Maria/Verna Bloom, Johannes der Täufer/André Gregory, Saul/Harry Dean Stanton und (*rechte Seite*) Jesus/Willem Dafoe.

94

wir zu einer sehr fließenden, beinahe nervösen Art von Kamerabewegungen« (Scorsese über Scorsese, S.201). Doch die gewundene Bewegung des Aufnahmegerätes will abgesehen davon, dass der Film rein formal gesehen eine entfremdende und hypnotisierende Prägung erhalten soll, das Beben des Dialogs mit dem Göttlichen widerspiegeln, das in die existentiellen Räume Christi eindringt: Die Ungewissheit seiner Bewegungen überträgt uns die Gesamtheit des Unbehagens eines Mannes, der vor allem sich selbst kennen möchte, um das Hindernis der Konventionen zu überwinden und um zu begreifen, wie man sich am besten verhält. »Weil Jesus seiner selbst nicht sicher war, sollte die Kamera sich verstecken und um ihn herumschleichen, im Konflikt, ihm folgen zu wollen und gleichzeitig weit genug zurückzubleiben, damit man die Landschaft sehen konnte« (ebd.).

Scorsese möchte seinen Zuschauern erneut einige fundamentale Fragen vorlegen: Das Warum des Daseins, das Ende des Lebens, und ob es das Gute und das Böse gibt. Doch indem er dies tut, komponiert er keinesfalls Bilder, die den Triumph moralisierender Blicke zeigen. *Die letzte Versuchung Christi* folgt jener starrköpfigen Regel, die die Bilder mit den heutigen Kommunikationsmustern vereinen will, sowie der Absicht, eine Dynamik der Szene herzustellen, um sie nach einer Methode der kohärenten Anpassung des Textes an die geschichtlichen Umstände zu aktualisieren. *Die letzte Versuchung Christi* ist viel kritisiert worden und dies nicht nur auf Grund der vermeintlichen »Anstößigkeit« der Versuchung (Christus, der am Kreuz von Satan dazu verleitet wird, sich ein bürgerliches Leben mit Frau und Kindern vorzustellen), doch auch wegen des predigenden und jovialen Tons der Worte Jesu, der über Bibelthemen genauso eifrig diskutiert wie die Figuren in *Hexenkessel*. Aber die Absicht Scorseses ist genau die, einen Christus darzustellen, der sich als Individuum in ewigem Streit mit der »Res Publica« befindet, werden sie nun von den Kaufleuten im Tempel verkörpert oder von der tapferen Menge, die ihm auf seinen Wanderungen folgt. Der Umstand, dass Jesus als Konflikt- und Problemfigur dargestellt wird, würde in der kinematographischen Dialektik keinen fruchtbaren Boden finden, wenn die Figur nicht in den kollektiven Dialog eintauchen würde. Die »Existentialität« kommt im kontinuierlichen, oftmals widersprüchlichen und als äußerst dramatisch erlebten Widerstreit mit Judas, dem zähesten und stärksten seiner Jünger zu Tage. Auf der

Jesus/Willem Dafoe.

Ebene einer eindringlichen emotionalen Verzahnung enthüllt Jesus dann auch mit instinktiver Gutgläubigkeit die Geheimnisse seiner Seele und gibt sie zur Analyse weiter an seine Jünger. Der Beweggrund der Inhalte wird dank dem direkten und volksnahen Wortlaut der Dialoge klar, der die Frische und Bitterkeit so tiefgehender Dinge wiedergibt. Und der Stil wird nach der ideologischen Entscheidung geformt, das christologische Gleichnis neu vorzulegen und dabei vor allem der Dringlichkeit nachzukommen, mit Zuschauern der 80er-Jahre zu kommunizieren, was Franco Zeffirelli oder andere, vom Theater kommende Apologeten nicht hätten tun können. Hierin liegt Scorseses tiefer Humanismus. Andererseits scheint das Problem Jesu das zu sein, andere Menschen mit Fragen konfrontieren zu müssen, die ihm selbst nicht ganz klar sind, und als die Menge beginnt, seinen Worten zu glauben, wird das neue, äußerst menschliche Problem das sein, seine Versprechen einlösen zu können. Als er, nunmehr gealtert, auf dem Totenbett liegt, empfängt Christus den Besuch von

Judas, der ihn »Verräter« und »Feigling« nennt, weil er die unverletzlichen Grundsätze der »Erlösung« nicht bis ans Ende verfolgt hat.

Judas: Wenn du so stirbst, stirbst du wie ein Mensch. Du hast gegen Gott, deinen Vater, aufbegehrt. Wenn es kein Opfer gibt, gibt es kein Heil.

Diese Worte rütteln Jesus derart auf, dass er in einem Augenblick auf den Verlauf seines Daseins zurückblickt: Auf dem Totenbett bereut der »verlorene Sohn« auf dramatische Weise seine Entscheidung, ein gewöhnliches Leben geführt zu haben, und am Ende seines Kreuzweges des Gewissens sehen wir ihn auf Golgota wieder. Die Anonymität eines bürgerlichen Familienlebens hat das Schicksal des Messias schwanken lassen, doch der Schmerz der Schuld hat sich am Ende als unhaltbarer erwiesen als das Opfer am Kreuz. Mit *Die letzte Versuchung Christi* vervollständigt sich das katholische Gleichnis in einem modernen Rahmen, der auf die Unruhe des Mystischen blickt (ohne jedwede prosaische Auslegung), um hingegen eine psychologische und schmerzvolle Interpretation des inneren Kreuzweges bereit zu stellen. Der Rückgriff auf Spezialeffekte (das aus der Brust gerissene Herz und die digitalisierten Löwen) kann genauso erklärt werden wie die häufige Wiederkehr katholischer Symbole: So wie das Blut in *Hexenkessel* tatsächlich gezeigt werden musste, um die düstere Unversöhnlichkeit der italoamerikanischen Welt glaubwürdig wach zu rufen, so muss die kinematographische Fiktion, der Scorsese nichts an

Überraschungseffekten fehlen lässt, dazu dienen, den Atem der Moderne des christologischen Gleichnisses festzuhalten. Die nüchterne, aber gedrängte Sprache, die Dolly und Nahaufnahmen miteinander vereint, um die Mikrophysiognomie des Gesichtes Christi zu erforschen, spiegelt die unaufhörliche Suche nach Bildbegriffen wider, die die Offensichtlichkeit des Realen untergraben, um Übergänge zum unerschöpflichen Werk der Seele zu eröffnen. Mit der Rückkehr Christi ans Kreuz erneuert sich der Zyklus der Schuld und des Opfers. Der Sohn Gottes, der nicht in der »Sünde« eines bürgerlichen Lebens leben kann, spürt die Pflicht, das Beispiel des persönlichen Opfers zu geben, um die Rettung aller Menschen herbeizuführen, oder besser noch, sie vom düsteren Horizont eines von psychologischer Unterdrückung beherrschten Lebens zu befreien. Die Lösung, die der Messias bereitstellt, beinhaltet im Grunde auch das Risiko, dass das Individuum aufhört, ein solches zu sein, und immer mehr dem gesellschaftlichen Konformismus unterliegt. Seine Lehre – die Welt mit den weißen Waffen der Liebe zu befreien – fordert das furchtbare Opferzeichen des körperlichen Todes, wobei das Versprechen an die Menschen geht, dass seine Seele leben wird, um überall die Botschaft der Liebe zu verbreiten. Sein Gleichnis bezeugt mit der Kraft eines Kunstwerkes das Aufbegehren gegen den Materialismus des Fleisches. Hierfür bleibt das Fasten Jesu in der Wüste beispielhaft, als er jene Einsamkeit suchte, die ihn von den Schmeicheleien und Regeln der Gesellschaft befreien und ihm erlauben sollte, allein auf die Impulse der Traumwelt zu antworten. Auch der Christus Scorseses ist wie Eddie Felson oder Travis Bickle kein »vorbildlicher Bürger«. Er erklärt hingegen, gegen die Stadt und ihre Tempel zu agieren. »Der hitzige Streit im Tempel von Jerusalem war der Höhepunkt seiner Handlung gegen das Establishment und die Allmacht des Geldes. Vielleicht auch die Abrechnung mit dem System Hollywoods, dem »vermeintlichen« Tempel des amerikanischen Kinos. Dies ist selbstverständlich eine Hypothese«. (Anton Giulio Mancino, *Angeli selvaggi*, S. 119).

Doch Christus verkörpert mit Sicherheit das revolutionäre Gegengewicht zu den scorsesischen Antihelden. Die Figuren des amerikanischen Regisseurs bleiben nämlich häufig Opfer eines Solipsismus, der keinerlei Wandel herbeiführt und das Dasein in einem alles verzehrenden Wahn selbstzerstörerischen Narzissmus verbraucht. Man denke

96

Barbara Hershey arbeitet wieder mit Scorsese in *Die letzte Versuchung Christi*. Sechzehn Jahre nach *Die Faust der Rebellen* verkörpert sie die Maria Magdalena. *Diese Seite:* nochmals Barbara Hershey und Harvey Keitel (Judas).

an die beiden Porträts der Außenseiter, die Scorsese in *New Yorker Geschichten (New York Stories)* und *Made in Milan* vermittelt. Letzterer, ein Dokumentarfilm über die Kunst und das Leben des Modeschöpfers Georgio Armani, dem Freund und Mitarbeiter des Regisseurs, beschreibt den Protagonisten der internationalen Szene, der ein außergewöhnliches Gleichgewicht zwischen Nüchternheit und Ehrgeiz erreicht zu haben scheint. Seine »magische Übereinkunft« spiegelt sich wider in der ruhigen Eleganz seiner Kreationen, »in einem Mailand, das reich ist an künstlerischen und religiösen Traditionen im gestern, heute und morgen, in seiner Auswahl der Models, in seinem Gesicht voller Zärtlichkeit und in seinem unendlichen Wunsch nach Zuwendung« (M.Del Ministro, *Martin Scorsese*, S.9). Mit *New Yorker Geschichten* haben wir hingegen ein weiteres Beispiel der misslichen Existenz eines Individuums im lärmenden Meer des Ehrgeizes und der betrogenen Wünsche.

Paulette (Rosanne Arquette), die junge Schülerin und Geliebte des bekannten New Yorker Künstlers Lionel Dobie (Nick Nolte), die frustriert ist über das Verhalten des Lehrers, der ihre künstlerischen Qualitäten nicht schätzt und sie ganz offensichtlich nicht liebt (wie Lermontov, der Impresario von *The Red Shoes*, der seine Freundin nur in ihrer vollen Funktion innerhalb des künstlerischen Schaffensprozesses lieben konnte)

beschließt, das Verhältnis aufzulösen. Doch der Ehrgeiz, noch einmal den Weg der Berühmtheit einzuschlagen, lässt sie einen Kompromiss eingehen: Sie wird weiterhin, aber nur als seine Schülerin, mit ihm zusammenleben. Diese unnatürliche Situation, in der beide ein Dasein unerfüllter Sehnsucht fristen, statuiert ein Exempel schmerzvoller Einsamkeit, das die beiden Kontrahenten zeitweise zu beruhigen scheint. »In Dobie treffen wir wieder einmal auf einen typisch scorsesischen Charakter, der nur durch die Verweigerung dessen, was außerhalb seiner selbst ist – was hier mit Ästhetizismus gleichläuft – ein zeitweiliges Wohlbehagen findet« (S.Zumbo, *Lezioni del Cinema*, in »Visionario«, S.81). *New Yorker Geschichten* bringt einen vollständigen Überblick darüber, wie in der poetischen Welt des Autors die Themen in der Struktur der Filme konkret umgesetzt werden und in die Ebene der kinematographischen Sprache eingehen. Wenn wir an die ersten Sequenzen und an die Verwendung der Zeitlupe denken, als Dobie Paulette am Flughafen ankommen sieht, wo »das künstliche Gefühl der Verzauberung auf die ästhetisierende Egozentrik hinweist, über den der Künstler mit der Realität in Verbindung tritt« (ebd.). Doch diese Aussage gilt für den ganzen Film: Von den Szenen des künstlerischen Schaffens bis hin zur Funktionalität des Tonstreifens, der wie bereits in *New York, New York* eine dialektische Beziehung mit der erzählten Geschichte hat. Durch die Sequenzen des künstlerischen Schaffens nimmt Scorsese zunächst die allmächtige Überspanntheit des Künstlers Lionel Dobie auf, dessen innerer Kampf sich in fieberhafter Malerei ausdrückt. Die riesigen Gemälde werden von der Kamera durchkreuzt, so dass die Szene vor lauter Schaffenswut lodert. Die Position der Kamera wechselt ständig, um der

97

Die frustrierende Beziehung zwischen Lionel Dobie/Nick Nolte und Paulette/Rosanna Arquette in *Lebensstudien (New Yorker Geschichten)*.

künstlerischen Handlung emotionalen und symbolischen Freiraum zu schaffen. Einmal steht die Kamera vor Lionel und es scheint so, als wollten seine Pinselstriche aus dem Bildschirm treten und ein andermal steht sie hinter seinem Rücken und durch ein Spiel sich überschneidender Eindrücke entzweit sich sein Bild zunächst und verdreifacht sich anschließend.(Diese »Dreifaltigkeit« ruft sowohl den katholischen Aspekt Scorseses wach, als auch die Fragmentierung des Individuums in all den Identifizierungen, die die »magische Übereinkunft« verlangt. Die Lieder *Like a Rolling Stone* von Bob Dylan und *A Whiter Shade of Pale* von Procol Harum stellen die entscheidendsten Momente der Beziehung zwischen Pauline und Lionel gegenüber. Das Lied von Bob Dylan greift auf ganz besondere Weise in ihre Beziehungskrise ein, um im Zuschauer das Bewusstsein um diesen Moment anwachsen zu lassen und um durch eine schmerzvolle Tonart das höhnische Gefühlsdrama zu verdichten. »Das Stück von Procul Harum unterstreicht hingegen mit seiner entspannenden Melodie die von Dobie erlangten Momente der Harmonie, das heißt, wenn es ihm gelingt, Paulette auf ein reines »Lustobjekt« zu reduzieren. Diese Musik wird am Ende wieder ertönen, als die junge Künstlerin Paulettes Platz einnimmt« (ebd.). *New Yorker Geschichten* ist in dem Maße ein realistischer und

kein naturalistischer Film, wie er mit einer Traumsprache, die sich an die alles besetzende Einbildungskraft des Lofts von Lionel Dobie anpasst, die heikle Gefühlslage des Charakters außerhalb des belebenden und schützenden Nährbodens künstlerischen Schaffens darstellt. Durch die Malerei befreit er verborgene Impulse, außerhalb derer die menschlichen Beziehungen jeglicher Tiefe beraubt werden. Als Paulette, die es Leid ist, nur eine Zuschauerin des selbstgenügsamen Talentes ihres Lehrers zu sein, endgültig weggegangen ist, gibt Dobie jedoch sein Laster nicht auf: Auf einer großartigen Ausstellung seiner Werke in der renommiertesten New Yorker Galerie wird eine neue Bewunderin Paulettes Stelle einnehmen. Für den Künstler war Paulette offensichtlich nur eine von vielen. Aber auch diese neue Eroberung ist in seinen Augen eine Gesamtheit von Einzelheiten, sie erscheint ihm nicht als ganzheitlicher Mensch.

Reiche dieser Welt
(Henry, Sam, Newland, Ellen, »Ace«)

Von Einsamkeit haben Martin Scorseses Filme immer gesprochen und davon, wie schwer, wenn nicht gar unmöglich es ist, zu kommunizieren. Die Protagonisten – so hatte uns *New York, New York* gezeigt – leben in Welten, die sich begegnen, sich durchkreuzen, die sich dann aber nicht nahe bleiben. Wenn sich dann und nicht nur, um der Einsamkeit zu entgehen, irgendeine aufgezwungene Form des Zusammenlebens aufdrängt, treten Verzerrungen, Groll und ein schlechtes Gewissen auf. In den 90er-Jahren werden die Filme des amerikanischen Regisseurs diesbezüglich immer klarer und nehmen eine strenge und erbarmungslose Haltung in Bezug auf das falsche Gewissen der Amerikaner ein. *Goodfellas* beschreibt das eingefahrene, düstere und familiengebundene Leben der Mafia. *Kap der Angst* greift ganz klar den kleinbürgerlichen Anwalt Sam Bowden und das zerbrechliche Gerüst an, auf dem sein berufliches und familiäres Gleichgewicht beruht. In *Die Zeit der Unschuld* wird eine Leidenschaft beschrieben, die von jener psychologischen Foltermaschine zu Grunde gerichtet wird, die Rechtschaffenheit heißt, wobei es um den Todeskampf einer Welt, und zwar der amerikanischen Aristokratie des ausgehenden 19. Jahrhunderts geht, die hinter einem einwandfreien Vorhang ihre groteske Bösartigkeit verbirgt. *Kasino* ist im »ideologischen Herzen« des kapitalistischen Amerikas, im Las Vegas der großen Wetten angesiedelt, und versieht alles Böse der Welt mit einem unaussprechlichen Lack, und dies derart erbarmungslos, dass sogar der Mafia ernsthaftes Kopfzerbrechen bereitet wird, und dermaßen heimtückisch, dass es sich sogar öffentliche Legitimation verschafft, die einem angesehenen Unternehmen gleichwertig ist.

Ein Ehrgeiz in der Ausdrucksform auf höchstem Niveau kennzeichnet die jüngste Arbeit des amerikanischen Regisseurs. In der ersten Hälfte der 90er-Jahre dreht er vier Filme, in denen sich die Form jedes Mal erneuert und die Gründe hier-

Quei Bravi Ragazzi (GoodFellas)

Ein erbarmungsloses Porträt der New Yorker Kriminalität.

99

Tiefe, indem er hundert Jahre amerikanische Geschichte untersucht: Vom aristokratischen New York des Jahres 1870 bis zum New York der Mafia in den 50er-Jahren bis zur heutigen Zeit mit Einblicken ins Las Vegas der letzten 20 Jahre, und nach New Essex, der zornigen Provinz von *Kap der Angst*. Was die letzten Filme angeht, so bestehen keine Zweifel darüber, dass die Erzählungen darauf ausgerichtet sind, durch häufige Exkurse eine komplexere Form zu erlangen, die die Kenntnisse der untersuchten Welt durch Informationen bereichern und immer mehr neue »Fenster« schaffen, die die Tiefe der Behandlung des dramaturgischen Materials enthüllen. Scorsese wird zum zähen Beobachter der Besonderheiten, denn hierdurch bringt er oft sehr viel mehr Dinge zu Tage, als bei einer ersten Analyse scheinen mag. Die Anhäufung von Besonderheiten ist vielmehr sogar ausschlaggebend für die Schärfe der Wahrheitstreue: Seine großen Themenfilme der 90er-Jahre sind die Synthese eines allumfassenden Blicks mit der intensiven und minutiösen Darstellung von Gewohnheiten, Ritualen, Konventionen, Gesten, Reaktionen, Sorgen, das heißt mit den Elementen, die in der Lage sind, indirekt die Mentalität und die moralische Stufe eines Milieus auszudrücken. Es handelt sich um ein Ergebnis, auf das Scorsese über andere Modelle der Synthese und der psychologischen Beobachtung wie *Taxi Driver* und *Wie ein wilder Stier* zugesteuert ist. Es gibt aber wesentliche Unterschiede zu jenen Filmen, die vor allem einen

für in den Inhalten sucht, die er ausdrücken will; wie immer sind die sprachliche und die inhaltliche Ebene eng miteinander verknüpft, da der Gedanke an die Thematik der Filme eins ist mit dem Gedanken an die Sequenzen. Eine kinematographische Form, die sich den thematischen Vorgaben anpasst und ihr Mittel zum Verständnis wird. Es handelt sich daher um eine ausrufende, meta-kinematographische Erzählform,die auch auf authentische Weise anthropologisch ist: Scorsese geht bei der Darstellung der kulturellen Züge und bei der psychologischen Analyse in die

James Conway/Robert De Niro mit seinen Kumpanen Tommy De Vito/Joe Pesci und Henry Hill/Ray Liotta in *Goodfellas – Drei Jahrzehnte in der Mafia. Auf der nächsten Seite:* Henry Hill mit dem verschlagenen James Conway *(oben)* und mit seiner Frau Karen/Lorraine Bracco *(unten)*.

100

weiteren anthropologischen Blickwinkel darstellen als die heutigen Produktionen. In *Wie ein wilder Stier* gab der Regisseur erstmals und auf prägnante Weise die existentielle Qual des italoamerikanischen Boxers wieder: Der Film wirkte zugleich »hitzig« (weil innerlich) und »kühl«, da er sich mit der geheimen Aufgabe, die Seele des Protagonisten zu filmen, als Kino-Dokumentarfilm ausgab. Der Blick des Regisseurs konzentrierte sich auf den Tick von Jake La Motta, auf seine Eifersuchtsanfälle und seine Ungeduld (zu seiner Frau am Herd: »Bring mir das Steak, ich hab dir gesagt, du sollst mir das Steak bringen! Wie lange muss ich noch warten? Wenn es zu lange brät, verfehlt es seinen Zweck. Bring mir das Steak!«), und die kompakte und wie im Takt auf die Begegnungen im Ring zentrierte Erzählstruktur komponierte ein facettiertes Portrait, das der wahre Beweggrund des Filmes war. Die Ergebnisse stülpten sich über Jakes Leben und alles stürzte ab ins Unverständnis und in selbstzerstörerischen Groll.

Der wirbelhafte Rhythmus der neuen Filme, ihre beschreibende Eindringlichkeit und die kinoästhetische Geschwindigkeit zeigen die unumstößliche Herrschaft der sozialen Makrostruktur über das individuelle Leben, was zur Folge hat, dass die privaten Geschichten erdrückt und von deterministischem Ereignisfluss einverleibt werden. Das Aufbegehren der Protagonisten verläuft stets ergebnislos, auch weil sie am Ende froh wären, wieder dieselben Schritte zu

tun und den ursprünglichen Glauben an den Erfolg wieder zu finden. Dies trifft ganz bestimmt auf Henry Hill/Ray Liotta in *Goodfellas* zu, dem Sohn eines Iren und einer Sizilianerin, der seit seiner Kindheit stets davon geträumt hat, ein Gangster zu sein und sich seine eigene Position aufzubauen, wie der Boss seines Stadtviertels Paul Cicero, der einzige Italo-Amerikaner, der nicht für andere »rennen« muss. Denn ein Mächtiger eines solchen Kalibers muss sich nicht mit denselben Sorgen herumschlagen, die alle haben, braucht nicht zu sprechen, sich zu entschuldigen, nicht einmal das Telefon zu benutzen, da immer jemand da ist, der sich für ihn um alles kümmert. Und er braucht sich nicht die Hände schmutzig zu machen, wenn es etwas Gefährliches zu erledigen gibt, weil Geschäfte nun mal Geschäfte sind und man diese Aufgabe an einen »Vertrauensmann« abgeben kann.

Dies würde auch Sam »Ace« Rothstein gefallen, dem Protagonisten von *Kasino* und ehemaligen Glücksspieler jüdischer Herkunft, der bei der Verwaltung seines Lokals von Las Vegas beinahe das Zeitliche gesegnet hätte; und doch kehrt er

zum Schluss zum Wettgeschäft zurück, weil, wie er sagt, es sich lohne, gute Dinge nicht zu vernachlässigen. »Ace«, der erbarmungslose, kriminelle Spielkasinobetreiber, wähnt sich von einer Aura der Würde durchdrungen, die ihn über die anderen Ganoven von Las Vegas erheben. Eine latent christliche (und hier als Ausdruck eines falschen Gewissens ganz besonders verderbliche) Berufung des scorsesischen Charakters, der davon überzeugt ist, wie in *Kasino* immer der Beste zu sein, oder, wie in *Taxi Driver*, sogar dazu auserwählt zu sein, Gutes zu tun. Aber auch, oder vielleicht vor allem, Ausdruck eines stark puritanischen Moralkodexes, der im Film über Las Vegas das Wettgeschäft, welches zudem noch als aufsteigendes kapitalistisches Unternehmen betrieben wird, wegen seines finanziellen Nutzens als vollkommen legitim betrachtet; dies geht so weit, dass man nur deshalb ehrenhaft und tüchtig ist, wenn man etwas leistet und den Gesetzen des Kapitals folgt. Eben so wie die perfekten »Goodfellas«. Das heißt, ohne sich Gedanken zu machen. So nimmt »Ace«, nachdem die Geschehnisse um das *Kasino* Tangiers auf skandalöse Weise zu Ende gegangen sind, seine Aktivität wieder auf und kehrt zurück in die Szene der Wettgeschäfte, hat wie ehedem Erfolge zu verbuchen und drückt eine apokalyptische Meinung bezüglich der aktuellen Verwaltung von Las Vegas aus. Heutzutage sei alles viel unmenschlicher. So erscheint es dem Mann, der Falschspieler bestrafte, indem er ihnen die Finger mit Hammerschlägen zertrümmerte, wobei leider noch

nicht gesagt ist, dass seine Beobachtung nicht der Wahrheit entspricht. Denn wer, mehr als er selbst, hat Kompromisse mit dem Bösen und der Gewalt abschließen müssen? Heute scheint die Lage um vieles verwickelter. Da steht nicht nur so ein alberner, redlich denkender Mensch wie »Ace« lauernd am Eingang, sondern auch noch eine Reihe von Angestellten, die dich um die Nummer deiner Sozialversicherung bitten, wobei das Spiel-Kasino dann die Raten deines Kredits verschlingt. Alles ist mechanisiert und ohne Erbarmen. Mit anderen Worten: Man ist an einem Punkt angelangt, da es keine Rückkehr mehr gibt. Die Kriminalität der »lieben Jungs« ist gesellschaftsfähig geworden.

Einige träumen tatsächlich davon, gegen die Konventionen ihres sozialen Umfeldes aufzubegehren. Im New York des ausgehenden 19. Jahrhunderts von *Die Zeit der Unschuld* verlobt sich der junge und ängstliche Anwalt mit der gezierten May Welland, als er zur selben Zeit Ellen Olenska, eine ihrer Kusinen, wiedersieht, die aus dem Ehemartyrium mit dem Grafen Olenska geflohen ist, und verliebt sich unsterblich in sie; dieses wirklich spontane und unverzichtbare Gefühl erregt ihn derart, dass er zumindest auf idealer Ebene die »bürgerlichen« Verhaltensweisen der Aristokratie in Frage stellt, der er

Henry Hill kann sich in Sicherheit wiegen: Er wird von James Conway *(links)* und Paul Cicero/Paul Sorvino *(rechts)* beschützt.

angehört. Die mit May geplante Hochzeit ist jedoch nicht gefährdet, weil Newland, obschon er Ellen heiß begehrt, ein Gefangener des Willens der Familien bleibt, die in der Vereinigung der beiden Auserwählten eine Art impliziten Vertrag sehen, der dazu bestimmt ist, ihre gegenseitige wirtschaftliche Achtung zu bestärken. Newlands Traum endet damit, als schmerzvolle Grabschrift seines Lebenselans zu erscheinen, denn als er nach dem Tod seiner Frau die Möglichkeit hat, Ellen auf einer beruflichen Reise nach Paris wieder zu sehen, und als er endlich die Gelegenheit wahrnehmen kann, seine große Liebe zu leben, zieht er es vor, sich mit seinen Wahnvorstellungen zu begnügen: Der siebenundfünfzigjährige Anwalt steigt die Treppe nicht hoch, die zu Ellens Wohnung führt; er bleibt hingegen im Gärtchen unten stehen und wartet romantisch (und hier wirklich auf krankhafte Weise) auf das eventuelle Erscheinen der Frau am Fenster – denn nur an diesem Punkt könnte er sich selbst davon überzeugen, zu ihr zu gehen. Aber Ellen zeigt sich nicht am Fenster, so wie sie sich vor vielen Jahren nicht umgedreht hatte, um Newland auf dem goldenen Felsen zuzuwinken, als er ihr Schicksal dem vorüberfahrenden Schiff jenseits des Leuchtturms anvertraut hatte. Indem sie sich nicht am Fenster zeigt, bleibt auch sie mit »den alten Dingen verhaftet«, sie, die emanzipierte Frau (man denke an ihre von der New Yorker Aristokratie niemals akzeptierte Scheidung), ist doch im Grunde ängstlich und aus Liebe zu Newland voller Ehrfurcht vor den unumstößlichen Regeln des Anstandes.

An diesem Punkt explodiert ganz offensichtlich die Welt der Wünsche, und Newland sieht einen Moment in den Fenstergläsern das Trugbild von Ellens Gesicht, als sie noch jung war und sich lachend nach ihm umdreht. Dieses Traumbild einer nie da gewesenen Vergangenheit tritt in die Gedanken des Mannes ein und erweist sich als wichtiger als die Realität, die ihm jetzt wohlgesonnen sein könnte. Doch der Anwalt beschließt, alles beim »Alten« zu belassen: der Traum von einem anderen Leben, der nicht realisiert werden kann und auf ein Paradies im Mutterschoß beschränkt bleibt, möchte keinen Pakt mit der Realität eingehen. Da er im Netz von Traditionen und Regeln gefangen ist, gegen die er vergebens versucht hat zu rebellieren, ist die einzige, auf gewisse Weise »umstürzlerische« scorsesische Figur der frühen 90er-Jahre am Ende doch

die Beute ihres ewigen selbstzerstörerischen Solipsismus'.

Die Filme, die Martin Scorsese in den 90er-Jahren gedreht hat, haben auf der Ebene der thematischen und stilistischen Kontinuität einen roten Faden. Vor allem *Goodfellas*, 1990, beschreibt die Unterdrückung und das frenetische Leben eines werdenden Gangsters, die Falschheit einer sozialen Szene, in der man sich nicht einmal dem eigenen Freund anvertrauen sollte. Die Bilder geben einen wilden Lebensrhythmus wieder, der geprägt ist von Geld, Schmuck, wertvollen Kleidern, Kokain, Lichtern, Farben, großen Diners, riesigen Festen, Schießereien und grausamen, überflüssigen Morden. Ein absolutistischer Strudel der Undurchschaubarkeit, in dem der Gerechtigkeitssinn eine persönliche und willkürliche Nebenbedeutung annimmt. Dies bestätigt Henry Hill, als er uns den Boss Paul Cicero vorstellt: Das System der Mafia hält ein ganz spezielles »Polizeisystem« bereit, weshalb es sich keine wahren Polizisten erlauben kann. In dieser von Trieben beherrschten Welt kommt der Schlaueste an die Spitze, und alle, oder fast alle, folgen ihm, sind ihm ehrfürchtig ergeben, weil er die Macht ist, die für Geld und Schutz steht. Es gibt zwei Möglichkeiten: entweder mit ihm, oder gegen ihn. Daher sind die »Familien« derart ineinander verwoben und rühmen sich einer Zusammengehörigkeit, die in Scorseses Film deutlich spürbar wird. »Familie« bedeutet natürlich die neue, vom Clan vertretene Organisation und ihre strengen Verhaltensnormen. Der Film bezeugt auch im ersten Teil die Enttäuschung des jungen Henry Hill bezüglich seiner Ursprungsfamilie und seinen Traum, von einer ganz anderen Familie beschützt zu werden. Die Wutausbrüche des Vaters haben keine große Wirkung auf den jungen Mann. »Gürtelhiebe muss jeder irgendwann mal über sich ergehen lassen«, sagt Henry im arroganten Ton eines Menschen, der weiß, dass er nicht mehr lange dulden muss.

»Es handelt sich hier ohne Weiteres um ein anthropologisches Problem: Der Vater ist für den Sohn keine beschützende Figur mehr, da Henry die Familie unweigerlich durch den Mafiaclan ersetzt hat. Außerdem ist Henrys Zuhause eng: Er hat nur ein kleines Zimmer und der Flur ist vollgestopft und alles ist wacklig« (Anton Giulio Mancino, *Angeli Selvaggi*, S. 158). Später hingegen, als Henry sich Achtung verschafft hat, sind die Räume voll mit auffälligen Kleidern, käuflichen

103

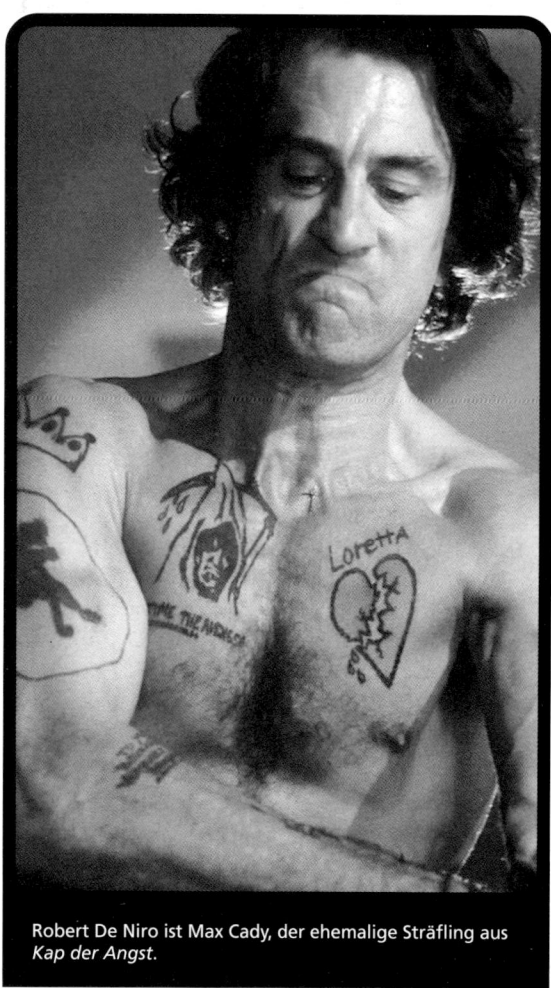

Robert De Niro ist Max Cady, der ehemalige Sträfling aus *Kap der Angst*.

»Mr.Henry« gegenüber ehrerbietige Arbeiter befinden, denen er ständig ansehnliche Trinkgelder zukommen lässt. Die Bewegung erlaubt sich keine Unterbrechungen, kein Zögern und hat ihren Höhepunkt im Salon, wo sogleich ein Tischchen für Henry und seine Frau bereitgestellt wird. An diesem Punkt scheint auch der Kabarettist, der eigentlich der offizielle Gast des Abends ist, die Erlaubnis zu erhalten, seine Vorführung zu starten. Diese meisterhafte Sequenz, eine stilistische Tour de Force, die wir in der Tanzszene der Beaufort in *Die Zeit der Unschuld* wieder sehen werden, gibt eindeutig den visuellen und emotionalen Eindruck wieder, den dieses neue gesellschaftliche Milieu auf Karen macht, die gerade in die zauberhafte Welt eingeführt wird (es reicht aus, dass du die Leute mit Geld voll stopfst und schon hast du die Wahl und kannst die lange Schlange vor der Eingangstür zum Copacabana meiden und dir statt dessen noch größere Achtung und Prestige verschaffen als die, die dem Star des Abends eingeräumt werden) und unwiderruflich in ihren Bann gerät; sie lässt sich von diesem Leben ohne Einschränkungen, ohne unnützes Warten verhexen, um alles und in immer größeren Mengen zu bekommen.

Eine geschlossene und unentzifferbare Welt, aus der man schwerlich wieder herauskommt. Der Eintritt ist jedoch eine Frage weniger Sekunden. Man muss zwar vorgestellt werden, aber dann gibt es kein Zurück mehr. Die Sequenz im Copacabana bringt diese Situation klar zum Ausdruck: Karen wird in eine Welt hineingezogen, die ihr zuviel gibt und sie bedrängt, indem sie mit der Aussicht auf ein leichtes Leben voller Glanz lockt (die Aufnahmesequenz endet auf der flatternden Tischdecke als Bild für die Leichtigkeit eines prosaisch einwandfreien Lebens). Doch alle Gesten, Handlungen geschehen ohne Zögern und Überlegungen. Die Morde haben beispielsweise keine Polizeieinsätze zur Folge. Es wird blitzartig getötet und ohne jedwede Möglichkeit zur Flucht. Diese Welt ist sogar noch tödlicher als ein »lieber Junge« wie Henry glauben mag. Man denke da an Morrie, der von den Jungs abgeschlachtet wird, obwohl Jimmy Conway, der Kopf der Gruppe, Henry soeben zu verstehen gegeben hatte, dass er ihn zumindest an jenem Abend nicht beseitigen wollte. In einem so trügerischen und nervösen Milieu kann niemand ruhig schlafen. Nicht einmal Henry Hill, der genau wie alle anderen ist: Erbarmungslos (die Bedingungslosig-

Frauen und enormen Trinkgeldern, kann die Kamera endlich unbefangen neue Räume erforschen und bis auf den Grund die neu erworbene »Freiheit« erproben. Diesbezüglich bleibt die Sequenz erinnerungswürdig, die den Eintritt Karens in die renommierten Säle des Copacabana zeigt, als sie noch glaubt, dass ihr Begleiter nichts anderes ist, als ein für sein Alter sehr angesehener Vertreter der Baugewerkschaft. Es handelt sich hier um eine verschlingende Sequenz von Nahaufnahmen, die mit einem äußerst gedämpften Steadicam gedreht wurde, der geschickt den Schultern des Protagonisten im Halbformat folgt, sich vom Eingang auf die Straße bis ins Innere des Nachtclubs bewegt, Flure im Zick-Zack durchquert, in Räume unter Treppen, die nur den Vertrautesten vorbehalten sind, und in volle Küchen eindringt, in denen sich geschäftigte und

keit seiner Gesten wird von der Panoramaaufnahme wiedergegeben, von seinem sicheren Vorgehen, bevor er seine Wut an dem Nachbarn
ablädt, der es gewagt hatte, Karen zu belästi-
gen), unverantwortlich, was das Leben anderer
angeht (die mörderischen Pistolenschläge auf
den Kopf des Nachbarn), und am Ende auch ein
Verräter. Andererseits ist Henry kein »reinrassi-
ger« Italo-Amerikaner: In seinen Adern fließt iri-
sches Blut. Auch wenn dies für ihn keinerlei
Bedeutung haben mag, so sehen es die Mitglieder des Clans doch anders. Henry hat wie die
anderen scorsesischen Protagonisten keine
Freunde, während selbst der gefährliche Tommy
De Vito zeigt, dass er jemandem trauen kann, da
er den verschlafenen und undurchschaubaren
Jimmy Conway sozusagen als Bruder betrachtet.
Doch geht es hier nicht um unumstößliche epi-
sche Gefühle: Es gibt keine Männerfreundschaft
bei den Antihelden Leones und auch nicht bei
den klassischen Westernhelden. Tommy, Joe Pesci,
dem Scorsese in seiner primitiven Brutalität ein
argwöhnisches Charisma verleiht, ist vielmehr die
Person, von der man sich am allerwenigsten ein

reifes Gefühl erwarten könnte, und erst recht
keine Freundschaft. Emblematisch ist sein Eintritt
in die Szene von *Goodfellas*; er befindet sich
inmitten seiner Handlanger in einem Raum des
Bamboo, wo er noch eine Rechnung von 7000
Dollar zu begleichen hat, und zieht die Aufmerksamkeit auf sich, indem er eine ganz »normale«
Episode aus seinem blutigen Leben erzählt:

TOMMY: Hast du's in der Zeitung gesehen,
Anthony? Mein Kopf war soo dick. Yeah. Und
jetzt dreht sich mir alles. Wisst ihr, wenn ich
wieder zu mir komme, soll sich dieses große
Arschloch bloß nicht blicken lassen. Er zu mir:
»Was hast du mir jetzt zu
sagen, du Dickschädel?« Ich
zu ihm: »Scheiße, was hast
du hier zu suchen. Ich
dachte, ich hätte dich gebeten, mich am Arsch zu
lecken« (Allgemeines
Gelächter). Ich hatte den Eindruck, er fühlte sich beschis-
sen. Pow. Ping. Pooh. Diese
Penner. Scheiße. Ich hätte
ein bisschen schärfer sein sollen.
HENRY (lachend): Ich piss mir
in die Hose vor Lachen,
weißt du? Komisch, echt
komisch.

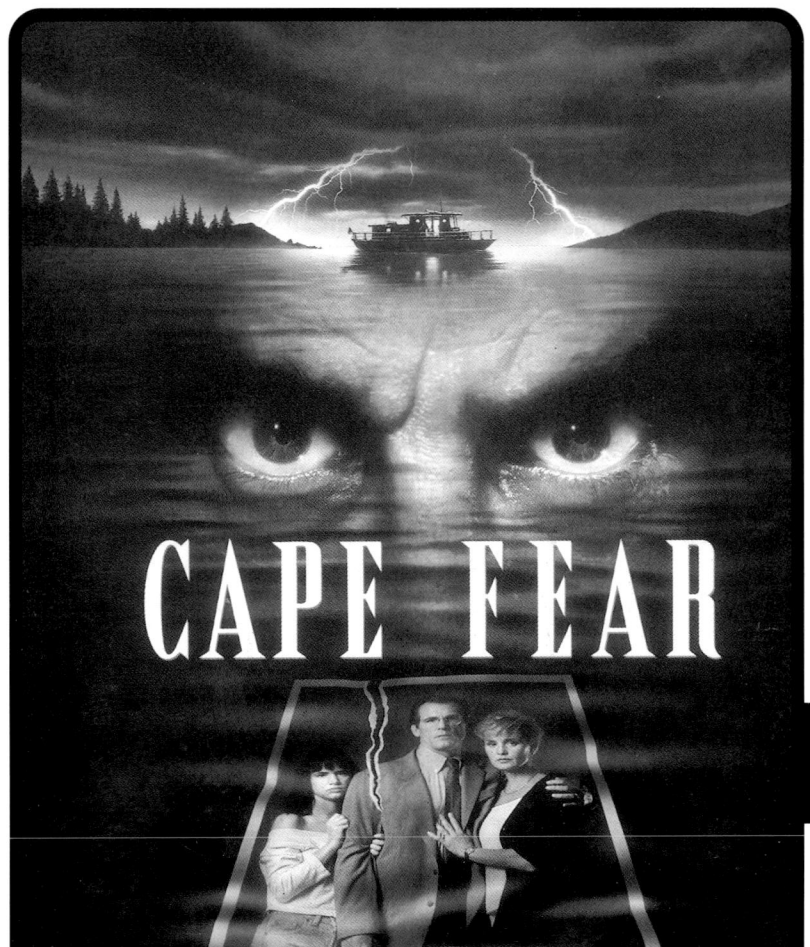

Die Familie aus *Kap der Angst*:
Jessica Lange, Nick Nolte und
Juliette Lewis (oben).
Unten: Das Filmplakat.

Max Cady/Robert De Niro macht sich an Liegh Bowden/Jessica Lange (*oben*) heran, die Frau des Rechtsanwalts Sam (*unten*).
Auf der nächsten Seite: Noch mal Jessica Lange.

T.: Whou, Whoa, Whoa. Er ist ein großer Junge. Er weiß, was er sagt. Was wolltest du sagen?
S.: Du hast Recht.
T.: Wie, komisch?
H.: Nur... weißt du, einfach komisch, verstanden?
T.: Du willst sagen, lass mich das verstehen, weil ich bin wie ... weißt du, kann sein, dass ich mir mein Gehirn verspielt habe, kann sein. Aber ich bin komisch, wie? Ich meine, komisch wie ein Clown? Amüsiere ich dich? Bring ich dich zum Lachen? Bin ich hier, damit du deinen Scheißspaß hast? Was heißt komisch? Wie komisch? Wieso bin ich komisch?
H.: Na, so, weißt du, wie du deine Geschichte erzählt hast, stimmt's?
T.: Nein, nein, ich weiß nicht. Du hast's gesagt. Woher soll ich das denn wissen? Du hast gesagt, ich bin komisch. Warum verdammt noch mal, bin ich komisch? Was ist nur so komisch an mir? Sag schon. Sag mir, was so komisch ist.
H.: (zögert einen Moment, bevor er anfängt zu reden) Na hör schon auf, Tommy! (allgemeines befreiendes Lachen)
T.: Scheißkerl. Beinahe hätte ich dich gehabt.

T.: Willst du etwa sagen, ich bin komisch?
H.: (Immer noch lachend): Das ist komisch. Weißt du, du ... bist... Das ist vielleicht eine Geschichte. Sie ist komisch. Du bist ein komischer Typ.
T.: (ebenfalls etwas gequält lachend): Was soll das heißen, meinst du ich rede komisch, oder was?
H.: Das ist nur, weißt du, du bist ...es ist... du bist richtig komisch. Es ist ... ist komisch ... weißt du ... wie du eine Geschichte mit allem Drum und Dran erzählst.
T.: Wie, komisch? Was ist denn da komisch dran? (Keiner lacht mehr, um den Tisch herum ist es still geworden).
STABILE: Hey, Tommy, weißt du, du hast das falsch verstanden.

Was für ein Scheißstotterer du bist. Frankie, ist er nervös geworden? Huh? Manchmal zweifle ich an dir. Unter Verhör könntest du auspacken.

Dieser impulsive und unerbittliche Dialog führt uns in den Kern der Problematik ein. Personen wie Tommy oder Vito sind die finsterste Verkörperung des Terrors, der in die Unvorhersehbarkeit von Verhaltens- und Reaktionsweisen eindringt, die keiner gewohnten psychologischen Logik folgen. Die Grenze zwischen ernsthaftem und scherzhaftem Ton ist niemals klar erkennbar, wie zum Beispiel als Tommy den jungen Kellner Spider erschießt, nachdem er ihn bereits zuvor mit einer Kugel in den Fuß zum Arzt geschickt hatte, weil er den ironischen Ton von Jimmy Conways Worten missverstanden hatte, die ihn dazu aufforderten, auf das Leck-mich-doch-am-Arsch des Jungen zu reagieren, der die demütigen Schmähungen Tommys Leid war. Die von Joe Pesci dargestellte Figur erinnert an den kinematografischen Gangster-Archetyp der 30er-Jahre, wie Edward G. Robinson, James Cagney und Paul Muni. Gewalttätig, impulsiv, prahlerisch, beleidigend, unterstellend, überheblich und reizbar Frauen gegenüber, getrieben von einer Gier, die bei der besessenen Jagd nach Besitz keine Hindernisse kennt. Scorsese besteht aber mehr auf dem ungebändigten und bürgerlichen Aspekt des Gangsters. Das, was für alle Mitglieder des Clans gilt, hat natürlich auch offizielle Gültigkeit, und als Lebensregel darf beispielsweise niemand der Scheidung eines »Freundes« von seiner eigenen Frau zustimmen (»wir sind doch keine Tiere« weist Paul Cicero Henry zurecht, der mit seiner attraktiven Geliebten Janice durchbrennen will); doch wenn man im Clan bleiben will, so muss man ein ganz präzises gesellschaftliches Verhalten beweisen, was im Prinzip auch heißt, dass man die Gelegenheit hat, die Gerechtigkeit auf höchst willkürliche Weise zu behandeln. Es heißt, alle möglichen Leute anlügen zu dürfen, vorausgesetzt, dass man vorsichtig ist. Dies trifft auf Henry Hill zu, der, wie von Tommy De Vito angekündigt, »unter Verhör auspacken könnte«. Es handelt sich hierbei nicht nur um die ironische Andeutung dessen, was wir auch im Film sehen werden (oder besser noch, was bereits passiert ist, denn der gesamte Film *Goodfellas* folgt der Erzählung des Protagonisten), das heißt, dem Betrug Henrys und seiner Zusammenarbeit mit dem F.B.I., die damit endet, den gesamten Clan in

die Enge zu treiben; Scorsese will vielmehr hervorheben, dass in diesen wilden und nur scheinbar beschützenden Hierarchien kein wirklich kameradschaftliches Verhalten erlaubt ist und dass es naiv ist, sich Illusionen über die Loyalität des eigenen »Freundes« zu machen. Der Wutausbruch im Bamboo hatte bereits Tommy De Vitos Größenwahn wiedergegeben, doch auch ein ausgeglichener Typ wie Jimmy Conway ist gewöhnlich auch nicht »milder« zu seinen Untergebenen. Da, wo die von Joe Pesci dargestellte Figur brutal und wild und auch, oder vielleicht vor allem, für die Mitglieder des Clans sichtbar gefährlich ist, da arbeitet Jimmy Conway mehr im Schatten und plant seine Aktionen wie ein richtiger Architekt des Verbrechens. Nach dem großen Sechs-Millionen-Coup verwaltet er als großer Fachmann die Beute und skrupellos beseitigt er einen »wenig verdienstvollen« Mitarbeiter nach dem anderen. In diesem konfliktgeladenen, aber scheinbar stets kontrollierten Milieu herrschen Unsicherheit und Angst, wie die Sequenz sehr gut zeigt, in der Karen Jimmy um einen Kredit bittet und dieser, nachdem er sie zufrieden gestellt hat, sie einlädt, sich in einem Geschäft an der Ecke ein Schmuckstück auszusuchen; doch die Höhle, die auf die Frau wartet, scheint sehr gefährlich zu sein, und Karen flieht, denn sie ist überzeugt davon, dass Jimmy entschieden hat, sie gemeinsam mit ihrem unvorsichtigen Mann zu beseitigen. Denn zwischenzeitlich haben Henry und Karen begonnen, mit Kokain zu handeln, und wenn der »große Häuptling« Paul Cicero dies erfahren würde, würde er zusammen mit ihnen auch Jimmy umbringen. Man kann nicht zugleich

Freund und Komplize sein, dies ist die traurige Botschaft der blutigen Szene von *Goodfellas*. Dem Paar gelingt es zu überleben, wenngleich auch ohne jegliche Romantik. Karen sieht sich gezwungen, Henry zu folgen, der beschließt, nicht zu sterben und dem F.B.I. alles zu gestehen, da ihr ansonsten in kürzester Zeit die Kehle durchgeschnitten würde. Diese Entscheidung unter Zwang ist wieder einmal charakteristisch für das Schicksal einer weiblichen Figur. Auch die Beziehung von »Ace« und Ginger ist das Ergebnis eines »Warenhandels« (er kauft sie und hofft, eines Tages auch ihre Liebe zu kaufen). Das romantische Gefühl als Traum an der Grenze zum Pathologischen wird sich hingegen erst in *Die Zeit der Unschuld* herausstellen.

In *Goodfellas, Kap der Angst, Die Zeit der Unschuld* und *Kasino* wird in klarer Fülle das Thema der Abkapselung und der Einsamkeit in einer grausamen und heuchlerischen Umwelt gezeigt, wobei der Zuschauer in vollem Maße begreift, wie dieses Unbehagen durch eine ganz bestimmte Art der Dramatisierung vermittelt wird. Die Erzählung von *Goodfellas* wird immer dichter und gespannter und gipfelt in den frenetischen Bildern der Isolation von Henry und Karen, die Erregung der psychologischen Spannung geht einher mit dem Überfluss an Elementen, die es zu berücksichtigen gilt: Das von der Polizei und dem Clan kontrollierte Telefon, die Autos und Hubschrauber, die auf bedrohliche

Weise dem immer nervöser werdenden Lauf Henrys folgen (der am Steuer seines Autos beinahe einen Passanten umfährt), die Nudelsoße, die immer wieder umgerührt werden muss....

Die verwirrende Schnelligkeit der Bilder, der gebrochene und meta-kinematographische Stil Scorseses, um dieses vom Übermaß verschlungene Leben zu beschreiben, erzeugen einen undurchschaubaren Strudel, den wir in seinen folgenden Filmen wieder finden werden. Vor allem im Film *Kasino* (1995), der die Erzählung sofort in ein grelles Kaleidoskop flüchtiger Aufnahmen, unendlicher Kamerafahrten und Aufnahmesequenzen am Rande des Möglichen explodieren lässt, um mit den frenetischen Zeitabläufen des Las Vegas der Mafia der 70er-Jahre mithalten zu können. Scorsese wendet hier mehr als anderswo ungewöhnlich schräge Einstellungen an, die das Gefühl der Vorläufigkeit und der Deplaciertheit schüren, und eine enge, »unmögliche« Montage, die von Orson Welles und Max Ophüls stammt. Meisterhaft ist die Eröffnungssequenz, mit die triebhaften Gewohnheiten Gingers dargestellt werden: Wir sehen Sharon Stone, die von einem Bett zum anderen, von einem Zimmer des Hotels ins andere wechselt und dabei ständig neue, auffallende und teure Kleider trägt, wie sie ständig als Visitenkarte beachtliche Trinkgelder verteilt, und doch scheint sich ihre Bewegung, oder ihr sozialer Aufstieg, in einem einzigen Raum abzuspielen, weil die Montage dafür sorgt, dass all diese Kleider- und Wohnungswechsel zur selben Zeit und am selben abstrakten Ort stattfinden, wo es keine Pause gibt, um sich umzuziehen, oder an das zu denken, was man machen möchte; in dieser deterministisch geordneten Welt existiert nur die Logik des Geldes und des Erfolges, weshalb alles sicher und grell aussieht. Ginger verlässt ein Hotelzimmer in einem bestimmten Kleid und dank eines eindeutigen Anschlusses der Montage erscheint sie sogleich mit einem neuen Kleid und ist bereit für ein neues Rendezvous. Der Regisseur entwirft eine Erzählstruktur, die das Gefühl von Unwohlsein verbreitet, was aber von dem Netz des Vorherbestimmten der sozialen Szene verhüllt bleibt. Bei genauer Betrachtung stellt dieser Strudel des Unentzifferbaren, der als Weiterentwicklung des triebgesteuerten Theaters von *Goodfellas* angesehen werden kann, im Las Vegas der 70er-Jahre eine Übereinstimmung mit der puritanischen Sozialszene dar, mit der fast hundert Jahre zuvor

die schöne Gräfin Olenska abrechnen muss. In thematischer Hinsicht scheint uns ein Vergleich zwischen den Figuren keineswegs gewagt und allgemeiner gesehen auch nicht, was die Ausdrucksform der beiden Filme angeht. Obwohl *Die Zeit der Unschuld* mehr auf den frustrierten Gefühlen von Newland und Ellen besteht, während *Kasino* mehr mit der Inszenierung eines ungezügelten Materialismus aufwartet, scheint uns, dass die Protagonisten beider Filme Opfer eines Masochismus und eines ermüdenden Narzissmus sind und die Flucht aus einem Schicksal suchen, zu dem sie selbst mit ihren Handlungen beigetragen haben. Natürlich können wir die Unterschiede der Geschehnisse nicht unter den Tisch kehren. Newland und Ellen leiden auf Grund einer wahren, beidseitig erlebten Leidenschaft und haben den Triumph des Gefühls, das die Gefahr in sich birgt, im konformistischen Amerika des ausgehenden 19. Jahrhunderts umstürzlerisch zu wirken, während »Ace« und Ginger, die ebenfalls eine schmerzvolle Beziehung voller Abhängigkeiten und erbarmungslosem Besitz erleben, derart von den Gewohnheiten ihres Umfeldes eingenommen sind, das sie nicht im Geringsten an eine andere Daseinsform denken können. Ihre Geschichte ist derart verworren und gewalttätig, weil es keinem der beiden gegeben ist, eine Perspektive zu erkennen, die nicht vom puren Überlebenskampf entfremdet wäre. Und dennoch zwingen die Gewohnheit einer trügerischen Gesellschaft sowohl in *Die Zeit der Unschuld* als auch in *Kasino* gute Seelen in die Verdammung, und über jeder persönlichen Entscheidung liegen bleischwer die von der schweigenden Mehrheit angenommenen Verhaltensregeln. Newland Archer würde Olenska gerne dabei helfen, nach den Regeln der New Yorker Aristokratie zu leben, und sie, die sofort das Geheimnis der Liebe Newlands erwidert,

nimmt resigniert die Ratschläge des faszinierenden Verlobten der Kusine May an: Auf diese Weise beginnt eine ungeschützte und qualvolle Liebe, die im Schatten erbarmungsloser und veralterter Regeln gelebt wird. Der Puritanismus im Amerika des ausgehenden 19. Jahrhunderts schafft es, jeglichen menschlichen Wunsch, der über bereits geschriebene Regeln hinausgeht, ins Reich des Unausgesprochenen zu verbannen. Der Regisseur beschreibt in diesem am Roman von Edith Warthon inspirierten Film die trügerische Gesellschaft, indem er auf Mittel zurückgreift, die in Analogie zu Fälschungen stehen, was sich auf sprachlicher Ebene in der Vorliebe zu antinaturalistischen Effekten ausdrückt. Um das Beklemmende eines schwierigen Lebens hervorzuheben, richtet er den Scheinwerfer auf Newland und Ellen, die sich im Theater befinden und ungesehen von allen miteinander sprechen, und sondert

Linke Seite: Leigh Bowden beschützt ihre Tochter Danielle vor dem rasenden Zorn Max Cadys in *Kap der Angst*.
Unten: Newland Archer/Daniel Day Lewis und Ellen Olenska/Michelle Pfeiffer sind das Liebespaar in *Die Zeit der Unschuld. Oben:* Der erste Auftritt Ellen Olenskas in dem Film, der auf dem Roman von Edith Wharton basiert.

Oben: Ellen Olenska mit Frau Welland/Geraldine Chaplin und May Welland/Winona Ryder.
Unten: Newland Archer/Daniel Day Lewis.

sie somit ab, wobei die Stimmen der anderen Zuschauer verschwinden und es um sie her dunkel wird. Doch denken wir auch an die Stimme der Erzählerin, die sich über das Geschehnis legt, und durch ihre monotone Feierlichkeit das Leben des Anwalts skandiert, als handle es sich um einen bereits geschriebenen Nachruf. Als Echo einer gleichgültigen, reuelosen Gesellschaft können wir außerdem an den absolut unkonventionellen Gebrauch der Überblendung erinnern, die hier an Stelle eines Zeitsprungs angewandt wird, um eine Art Zeitlupeneffekt zu erzeugen, und dies auch in einer ganz einfachen Geste wie der Handhabung einer Zigarre, wodurch der Eindruck einer langen und leeren Zeremonie als gefälliges Kennzeichen eines gesamten gesellschaftlichen Milieus entsteht. Von der Titelsequenz ausgehend, die wie in *Kasino* von Elaine und Saul Bass realisiert wurde, wird auf die Frustration Newlands angespielt (diese Blume, die als Zeichen der Entstehung und der Befreiung wiederholt hinter einem bestickten Schleier auf-

blüht, um dann abgepflückt und wie eine »künstliche Blume« ans Knopfloch gesteckt zu werden), so zeigt auch die Anfangssequenz über Las Vegas eine ironische Projektion dessen, was im Film passieren wird: Sam »Ace« Rothstein wird von oben nach unten in Zeitlupe aus seinem Auto geworfen, was den unerbittlichen und richtungslosen Abgrund symbolisiert, dem sein Leben entgegengeht, das vom aufgezwungenen Erfolg vorherbestimmt wird. Doch das Schicksal von Newland und Ellen ist tatsächlich in die Symbologie der Eröffnungsszene eingeschrieben, während in *Kasino* nicht alles so verläuft wie vorhergesehen. Am Ende entgeht »Ace« nämlich dem langsamen und erbarmungslosen Flammentod, der vom Incipit angekündigt wird. Er befreit sich im letzten Moment aus dem brennenden Auto. Trotzdem wird dem scorsesischen Charakter auf diese Weise keine neue Chance gewährt. Allein und gealtert wird sich »Ace«, wenngleich auch mit weniger Ehrgeiz, dem Spiel und dem Wettgeschäft widmen und dies nach wie vor als positiv ansehen. Auch er kann der deterministischen Logik einer abergläubigen und auf finstere Weise prosaischen Welt nicht entgehen. Vielmehr ist er ein Bestandteil dieser Welt. Und die Problematik dieses so wie anderer scorsesischer Filme ist in der Entscheidung spürbar, die Geschehnisse in die Unvorhersehbarkeit eines ungeordneten Daseins einzuschreiben. Auch *Die Zeit der Unschuld* wird durch diese ständige Spannung belebt, wie das im Übrigen bereits in einem nicht minder »sentimentalen« Film, nämlich in *New York, New York* geschah. Der Blickwinkel Scorseses ist niemals der eines Geschichtsschreibers oder eines Moralisten und sein »historischster« Film ist daher, wie beobachtet wurde, keine Nachahmung Viscontis. Die Zeit der Unschuld ist zwar, abgesehen selbstverständlich von *Die letzte Versuchung Christi,* der erste Film des amerikanischen Regisseurs, der zeitlich soweit zurückverlagert wird. Doch wenn bei Viscontis *Der Leopard* der geschichtliche Bezug präzise und vorrangig ist und den Konflikt entstehen lässt, um den sich die Dramatisierung dreht, die das volle Eintauchen der Figuren in die Geschichte beschreibt, so versteht sich Scorseses Film doch keinesfalls als historischer Film der Geschehnisse und wichtigen Daten. Er will vielmehr die Verkleidung einer gesellschaftlichen Klasse, und zwar des gehobenen New Yorker Mittelstandes, darstellen, die das eigene Wertesystem rein formal löst. In dieser abstrakten, überzeugenden und phlegmatischen Methode liegt zugleich die Aktualität des Films: In ihrer absoluten Ereignislosigkeit, die keiner Konvention zuwiderläuft, und in ihrer feierlichen Unerschütterlichkeit ist dieses von Scorsese beschriebene Milieu die ausdrückliche metaphorische Darstellung eines Großstadtlebens, das untergründig mit dem heutigen Leben verwandt ist. Die Opulenz der Erzählung basiert nicht auf einer überflüssigen Ästhetik, sondern ist die Thematik eines Lebens voller Trug, das durch Sequenzen mit unverletzlichen Ritualen veranschaulicht wird, wobei die Kamera, die in einem »historischen Film« noch nie so beweglich war, Panoramaaufnahmen bevorzugt, wenn sie von Nahaufnahmen der Gesichter zu Gegenständen übergeht, um das Gefühl der »Verdinglichung« der Figuren, oder besser noch, ihrer völligen, akzeptierenden Übereinstimmung mit der feierlich unbeweglichen Filmarchitektur zu vermitteln.

Dieser Materialismus durchzieht im Grunde auch den Film *Kasino*, dessen Rätselhaftigkeit unerbittlich mit der Gegenwart verwandt ist. Die Betonung der Details, die in den jüngsten Filmen Scorseses eine ausdrucksvolle stilistische Komponente ist und mit der Absicht einhergeht, keine vordergründige Geschichte zu erzählen, sondern einen problematischen und überwältigenden Blick auf das Dasein darzustellen: »Eine durch ein Kaleidoskop betrachtete Welt, die nur zeitweise unvermutet oder einen Moment lang konkrete Züge annimmt, um dann in einem Gymkhana der Farben, Musik, Schreie, Würfel, gebrochener Finger, Morde, Schmuckstücke und Neonschriften zu explodieren« (E.Martini, *Paradise Lost*, in »Cineforum«, Nr.353, April 1996). Eine Aufeinanderfolge kleiner Geschehnisse, die im Gesamtüberblick bedeutend werden und von der pulsierenden Tragödie und dem geheimen Bewusstsein der unabwendbaren Vorläufigkeit aufgesogen werden; von einer Tragödie, die alles in trügerische und unmögliche Träume sublimiert und umkehrt. Die Aufteilung in Akte (Spiele, Wetten, Erpressungen, possessive Zwangsgesten), die darstellen, wie menschliche Handlungen zu Sachen werden, erzeugt geometrisch logische Bilder, doch kaum erweitert sich der Blick und entfernt sich von den kleinen Ereignissen eines frenetischen Alltages, erscheint die Szene gar nicht mehr so logisch und von oben bestimmt. So wie ein Labyrinth ständig neue Möglichkeiten eröffnet, hält die Erzählstruktur kein einfaches Ende bereit, sondern lässt

das Leben auch dann weitergehen, wenn die Umstände genau das Gegenteil bereitstellen, wobei das Geheimnis darin besteht, sich in einer Welt voller vorher festgelegten Gegebenheiten der eigenen Vorläufigkeit bewusst zu werden. In *Kasino* geht die Geschichte der Figuren (diesmal sind es sogar drei Personen, deren Los verfolgt werden muss: »Ace«, Ginger und Nicki) mit dem Untergang einer ganzen Mafiageneration einher, die das Glücksspiel in Las Vegas kontrollierte, der untergegangenen und laut »Ace« dank eines Betruges wieder auferstandenen Stadt, der den fürstlichen Hotels der 90er-Jahre den Weg geebnet hat. Der unaufhaltsame Niedergang hat sich durch den jähen und explodierenden Verlust der Kontrolle über eine unüberschaubare wirtschaftliche Lage eingestellt. Während in *Goodfellas* der Untergang der Organisation einem Fehler Henry Hills zuzuschreiben ist, der sich ohne das Wissen der anderen Clanmitglieder dem Drogenhandel verschrieben hat, so ist in *Kasino* die Überheblichkeit und der Größenwahn von »Ace« an allem Schuld, der es als Betreiber des wichtigsten Lokals von Las Vegas nicht für nötig hält, Kompromisse mit den öffentlichen Institutionen einzugehen (in seinem Überschwang vergisst er unter anderem, dass er es auch ihnen verdankt, in Texas allen möglichen verbrecherischen Handlungen entgangen zu sein). Er entlässt einen unzuverlässigen Angestellten und lehnt trotz der ausdrücklichen Bitte von Patt Webb, dem regionalen Kommissar für Glücksspiele, dessen Wiedereinstellung ab. Dieser wesentlich falsche Schachzug löst eine Untersuchung aus und stellt seine Inkompetenz als Betreiber eines Spielkasinos fest (»Ace« besitzt keinerlei Lizenz), womit seine Abkapselung abgesteckt wird: »Ace« will auch dem Druck seines Freundes Nicki nicht weichen, er ist überzeugt davon, in einer so brutalen Welt allein bestehen zu können; obschon er gern möchte, kann er auch der geliebten Ginger nicht trauen, da sie einzig fürs Geld lebt, wobei er sich auch hier idealistisch zeigt und ihr die Perspektive einer lebenslangen finanziellen Sicherheit bietet (sie allein erhält von ihm den Schlüssel zu einem Safe, der zwei Millionen Dollar enthält, die bei seiner eventuellen Entführung als Lösegeld dienen könnten). Auf der Basis dieses stillschweigenden Vertrages – in Wirklichkeit dient dieses Geld dazu, Ginger zu kaufen – erneuert sich daher in der ungebändigten Welt von *Kasino* die todbringende puritanische Welt New Yorks von *Die Zeit*

111

Newland Archer ist hin- und hergerissen zwischen seiner Leidenschaft für die Gräfin Olenska (oben) und dem Eheversprechen an May Welland (nächste Seite). Unten: Auf dem Set von Zeit der Unschuld.

der Unschuld. Der Umstand, dass diese Welt intoleranter und erbarmungsloser scheint (im aristokratischen Amerika des ausgehenden 19. Jahrhundert beschmutzte man sich die Hände nicht mit blutigen Morden), heißt nicht, dass die gesellschaftlichen Regeln ein weniger starkes Gewicht haben. Denn auch hier herrscht wie in Newland Archers Kreisen Rechtschaffenheit, doch befinden wir uns im Grunde in einem weniger »zivilisierten« Dschungel, obschon diese wilde und hierarchische Szene bei näherer Betrachtung unserer Gegenwart nicht unähnlich ist. Die Details sind derart präzise, dass sie wieder einmal einem überrealistischen Blick nahe kommen, und der künstliche Dokumentarismus wird zur Quintessenz der Tragödie oder des Melodramas. »Die Zerstörung dieser Stadt muss die Großartigkeit Luzifers haben, der aus dem Paradies vertrieben wird, weil er zu überheblich gewesen ist. Es handelt sich um sehr offensichtliche Verweise auf die Bibel. Aber der Zuschauer des Films soll von der Musik beeindruckt werden. Auch wenn einem die Figuren und das, was sie tun, nicht gefallen,

so sind es doch Menschen, und meiner Meinung nach ist das hier eine Tragödie« (M.S.'s Testament, von Ian Christie in »Sight and Sound«, Januar 1996, Bd. I). Scorsese schränkt die Handlungsräume sofort ein und verstärkt die Bilder durch den Choral von Bach aus der Matthäuspassion. Zu Beginn zeigt die Kamera das Lichter- und Farbenspektakel von Las Vegas, das von der Finsternis der Wüste umgeben ist, während die Stimme von »Ace«, den wir parallel zu den Titelschriften in den Flammen haben umkommen sehen, als eine Art Totenwächter die neu erworbene Freiheit zu kommentieren scheint: »Den ganzen Film über glaubt der Zuschauer, dass die Erzählerstimme Sam Rothsteins aus dem Jenseits kommt, ähnlich wie bei der Stimme Joe Gills in Sunset Boulevard. In Wirklichkeit ist es die Stimme von Nicki Santoro, aber das entdeckt man erst nach der Szene, in der er auf grausame Weise niedergemetzelt wird« (Stefano Boni, Quei bravi ragazzi di Las Vegas, »Garage«, Nr.8, S. 156). Scorsese spielt hier wie in anderen Filmen mit unseren »unangekündigten Vermutungen«: »Ace« wird weiterleben, während Nicki Santoro auf tragische Weise sterben wird (nach einem schrecklichen Massaker mit Stockschlägen wird er in der Wüste lebendig begraben – was uns teilweise sogar emotional berührt, da der Film derart getrieben und das Schauspiel von Joe Pesci dermaßen nervös und »wahr« ist, dass wir an diesem Punkt völlig in die schrecklichen Erlebnisse dieser verfluchten aber menschlichen Figur einbezogen werden); seine Darstellung ist eine Spitzenleistung, und dem Zuschauer fällt es schwer, Stellung zu beziehen. Wer kann aber der meisterhaften, dramatischen Sequenz des Wutausbruchs zwischen »Ace« und Ginger gleichgültig gegenüberstehen, als er sie am Arm zur Türe zerrt, sie mit allen Kräften beleidigt und sich bewusst wird, das seine finstere Absicht, Liebe zu kaufen, gescheitert ist. Wir sind zwar mit dem Verhalten von »Ace« und Ginger

112

nicht einverstanden, aber diese Szene des Films ist dennoch, was auch von der Kritik bemerkt wurde, nicht ganz gefühllos; Scorsese schlägt ganz im Gegenteil vor, ins Herz der Figuren zu blicken, die in diesem Falle vielleicht »irdischer« als gewöhnlich sind, beziehungsweise besser als in anderen Situationen mit der sinnlichen und grellen Oberfläche ihres Herkunftsmilieus identifiziert werden können. Kasino ist die Welt des Opportunismus und der Entfremdung, der hemmungslosen Bewegungen des Steadicam-Systems (nicht selten mit Handkamera kombiniert), um Schritt halten zu können mit den Geldboten, die Münzen kiloweise von einem Spielsaal in den anderen bringen. Las Vegas wird uns von den Erzählerstimmen von »Ace« und Nicki vermittelt (zunächst spricht der »Jude« und dann, nachdem seine Macht gewachsen ist, kann sich auch Nicki hören lassen), geradezu als handle es sich um die Kommentare zweier gewissenhafter und überaus fachmännischer Schlächter. Diese »Voices Over« sind indessen nur in Kasino zu vernehmen, der in höchstem Maße eine Männerwelt darstellt, während in Die Zeit der Unschuld, einem extrem auf die unterdrückte Leidenschaft zwischen Newland und Ellen konzentrierten Film, nur weiblichen »Voices Over« zu vernehmen waren, und niemals die Stimme von Newland; zunächst hörten wir die Stimme einer anonymen Erzählerin und dann die von May und Ellen, geradezu so, als ob in dieser vornehmeren und achtbareren Welt weibliche Töne den Vorrang über männliche haben. Bei näherem Hinsehen jedoch erkennt man, dass in der beklemmenden Welt der Archers und der Van Der Luydens die Frauen nur in der abstakten, verbalen Welt den Vorrang hatten, ohne dass dies im Geringsten die Vorraussetzungen und Regeln eines gefestigten Verhaltens beeinflussen könnte. Im Gegensatz dazu existiert in Kasino nur die Möglichkeit einer Stimme und somit eines männlichen Blickwinkels. Ein Blick, der begierig und voller Besessenheit kontrollieren will, was bedeutet, das er jedem misstrauen und stets bereit sein muss einzugreifen, um die Ordnung zu seinen eigenen Gunsten wieder herzustellen. Das Spielkasino ist zweifellos ein Ort, an dem kein Vertrauen herrschen kann, weil da immer jemand ist, der aus den Fehlern anderer Nutzen ziehen will. »Ace« Rothstein drückt diesen Kontrollwahn besser als jeder andere aus. Wie ein Besessener untersucht er persönlich alles, angefangen bei der Menge der Brombeeren, die

in dem für die Tänzerinnen bestimmten Kuchen, der abgewogen werden muss, enthalten sind. Er ist der aufmerksamste Bewacher der Kontrollen innerhalb des Tangiers, den man sich nur vorstellen kann. In dieser Hinsicht liefert Scorsese eine andere erinnerungswürdige Sequenz, die aus kurzen Panoramaaufnahmen zusammengesetzt ist und von den Croupiers über die Männer verläuft, die die Tische kontrollieren, über den Saaldirektor und die ehemaligen Falschspieler mit Fernglas, die das Spiel von oben beobachten, bis schließlich hin zum »obersten Bewacher« der Videoanlage, die ironischerweise nicht von Gott, sondern vom Kontrollbüro aus gesteuert wird. Ausgerechnet hier, das heißt von der höheren Etage aus, erblickt »Ace« erstmals Ginger, und es ist für ihn Liebe auf den ersten Blick. Im selben Moment wird er gewahr, dass diese Frau eine Betrügerin ist. Die Spielmarken, die sie vom Tisch wegstiehlt und in ihrer Tasche verschwinden lässt, müssten ihn alarmieren, aber er ist davon überzeugt, dass auch die Liebe eine käufliche Ware ist, weshalb er auch in diesem Fall nicht zögern will und der künftigen Ehefrau alles bereitstellen möchte, was sie für immer an das Joch der Macht fesseln soll. Wer hingegen vollständig die Kontrolle über sein Leben verliert und nicht einmal

mehr so wie am Schluss »Ace« den ungebändigten Skrupel hat, ein Gewehr in die Hand zu nehmen und sich zu verteidigen, ist Anwalt Sam Bowden in *Kap der Angst* (1991). In diesem Falle ist der Kontrollverlust symptomatisch für einen anderen sozialen Kontext, der aber nicht minder streng und grausam ist: Die wohlhabende Familie von New Essex und die Anwaltslobby, von der das »Familienoberhaupt« Sam Bowden ein vorbildliches Mitglied ist. Dieser Film, der auf den nachdrücklichen Wunsch seines Freundes Robert De Niro gedreht und von der Amblin von Spielberg produziert wurde, ist eine Umarbeitung des gleichnamigen *Kap der Angst* (1962) von Jack Lee Thompson.

Die Tatsache, dass sich der Autor nach dem erfolgreichen und arbeitsaufwändigen Film *Goodfellas* zu den Aufnahmen eines sicheren »Blockbusters« (was im Amerikanischen einen Boxchampion bezeichnet) hat überreden lassen, ist nicht sehr verwunderlich: Martin Scorsese weiß sehr wohl, dass man sich in Hollywood hart auf die Probe stellen muss, um auch auf Dauer geachtet zu werden. Wenn man seinen Beruf selbst lenken und seine Autonomie bewahren will, so muss unter Beweis gestellt werden, dass man sich mit dem Showgeschäft vereinbaren lässt. Es wird verlangt, dass ein Film nicht über das Anfangsbudget hinausgeht und soviel Geld einbringt, dass die Kosten einer ganzen Produktionssaison gedeckt werden. Der Regisseur aus Long Island, dessen Kinoleidenschaft sich in der modernen Klassik seiner Werke widerspiegelt, zeigt sich den Produzenten ebenfalls als geschickter Entertainer. Er ist ein guter Filmfachmann und achtet stets auf die Entwicklungen der modernen Technologie, weshalb er von den Aufnahmestudios Hollywoods als einer der »unabhängigsten« und auch einer der modernsten Regisseure betrachtet wird. Und einigen aufmerksamen Produzenten ist es nicht entgangen, dass jeder seiner Filme den neuesten Stand des Publikumsgeschmacks trifft. Dennoch hat es in der Vergangenheit nicht an Problemen mit der Produktion gefehlt, wobei man nur an die Mühen zu denken braucht, die ihn die Realisierung »seines« Films, *Die letzte Versuchung Christi*, gekostet hat, und an die Entscheidung, einige Themen abzulehnen, die von der Paramount vorgeschlagen wurden, und als er es schließlich Leid war, sein Projekt zu verschieben und darum bat, dass ihm so bald wie möglich irgendein Film in Auftrag gegeben werden

möge. »Statt meine Wut herauszulassen, ging ich in mich und versuchte, eine Lösung zu finden. Die Antwort war, einen Film zu machen – jeden Film, den wir kriegen konnten – und zwar sofort. Ich hatte eine gute Beziehung zu Katzemberg und Eisner bei Paramount, und sie boten mir sofort ein paar Drehbücher an. Sie sahen mich an und sagten: »*Berverly Hills Cop*, willst du den machen? Er ist für Sylvester Stallone.« Ich fragte, worum es ginge, und sie antworteten: »Er ist ein Fisch an Land.« »Was ist ein Fisch an Land?« »Na ja, ein Bulle aus der Provinz kommt nach New York.« Ich erwiderte: »Das ist doch *Coogan's Bluff* von Don Siegel.« Und sie sagten: »Nein, nein, das ist *Beverly Hills Cop*.« Die gleiche Unterhaltung hatten wir über *Witness*, aber ich sagte, ich könne ihn nicht machen, ich weiß nichts über die Amish-People, und ich sah mich nicht unter ihnen da draußen in Pennsylvania. Aber mein Agent Harry Ufland sagte, das sei alles, was es derzeit gäbe. «(*Scorsese über Scorsese*, S. 145).

Im Jahr 1984 fühlte Scorsese sich daher nicht danach, einen Film zu drehen, den er nicht nachempfinden konnte, denn seine Kinoleidenschaft hätte ihn wohl daran gehindert, diesen Film in aller Fülle zu realisieren, und vor allem hätte er keinen Wahn in einer ihm vertrauten sozialen Wirklichkeit darstellen können. Er widmete sich aber den Aufnahmen von *Die Zeit nach Mitternacht*, einem Film voller Rhythmus, thematischer und stilistischer Elemente, der einer neuen und symbolischen Version der klassischen Screw-ball Comedy nahe kommt. In den 90er-Jahren zeigt Scorseses Entscheidung zu einer Neubearbeitung von *Kap der Angst,* dass er seinem Vorbild einer nachempfundenen und bewussten Filmsprache treu zu bleiben vermag. Bei diesem Film, der vor allem darauf ausgerichtet war, als Produkt von Klasse viele Millionen Dollar einzubringen (nach dem relativen Misserfolg von *Die letzte Versuchung Christi* schließen sich zu diesem Anlass die Tribeca von De Niro und die Amblin von Spielberg zusammen, um das erfolgreiche Paar Scorsese-De Niro erneut zu lancieren, das im Übrigen das jüngste amerikanische Kino wesentlich prägt), verpasst es der Regisseur dennoch nicht, etwas Persönliches zu realisieren. Dieser Film ist ein weiterer Beweis dafür, dass Scorsese richtig daran getan hatte, die ihm von Katzemberg und Eisner angebotenen, rein »beruflichen« Aufträge abzulehnen. In *Kap der Angst* wird bereits in den Titelsequenzen klar, die wie in *Kasino* von Elaine und Saul Bass realisiert wurden, dass diese Umarbeitung eines Kinofilms aus der Vergangenheit, eines guten Thrillers, der sich innerhalb der Grenzen eines Spannungsfilms bewegt, es dem Autor erlaubt hat, sich mit ihm vertrauten Themen zu befassen, in eine Neubetrachtung kinematografischer Stilarten und der Psychothriller der 50er- und 60er-Jahre einzutauchen (vor allem in die Welt Alfred Hitchcocks) und wieder einmal ein Thema anzugehen, das ihm die Überschreitung sprachlicher und gesellschaftlicher Konventionen und die Ausprägung eines unverwechselbaren Stils ermöglicht hat.

Wenn es auch oft schwer fällt oder willkürlich erscheint, einem Filmemacher einen ganz besonderen Stil zuzuschreiben, da ein Film stets das Ergebnis der Zusammenarbeit mehrerer Personen ist, so besteht doch kein Zweifel darüber, dass Scorsese auch in seinen kommerziellsten Arbeiten das Publikum dazu anleitet, sich über den Stil des Werks zu befragen. Auch einem weniger fachmännischen Zuschauer wird klar, dass *Kap der Angst* kein banales Werk ist. Bereits im Vorspann macht das Wasser der blutigen Farbe und den metaphysischen Orten des Unbewussten Platz: dem Gebiet der Seele oder des Deliriums, das von diesen Bildern heraufbeschworen wird, die auf das hinweisen, was jenseits ihrer direkten Bedeutung liegt.

Als psychologischer Thriller, bei dem christologische Werte ganz eindeutig dargelegt werden, reißt *Kap der Angst* den Zuschauer dadurch mit, dass die Regie seine Konfliktladung und den befreiten Groll symbolisch aufheizt und die potentielle Aggressivität des Verhaltens und der Einstellung der Protagonisten explodieren lässt. Eine starke Spannung prägt das Klima dieser Szenerie mit ihren klar gezeichneten Charakteren und Situationen. Um das Unbehagen dieser kleinen, von Gespenstern der Vergangenheit (und permanenten Fehlern der Gegenwart) heimgesuchten Familie zu verschärfen, musste Scorsese vor allem den »emotionalen« Aspekt des Films berücksichtigen, das heißt, er musste die visuellen Effekte mit der Originalmusik in unerbittlichen Einklang bringen. Strengere Urteile über diesen Film des amerikanischen Regisseurs haben diesbezüglich nicht rein zufällig einen entscheidenden Punkt berührt: Scorsese habe unter Spielbergs Einfluss vor allem einen Effektfilm gedreht. Tatsache ist aber, dass Scorsese zweifellos einen Film gemacht hat, der leicht auf das Publikum einwir-

Sam »Ace« Rothstein/ Robert De Niro, der gerissene Verwalter des Lokals Tangiers im verbrecherischen Las Vegas aus *Kasino*.

ken konnte, da er ein unbestreitbares Talent besitzt, den Zuschauer zu fesseln und gleichzeitig kathartische Wirkung auszuüben, was zu einem Element realer Bildfaszination wird. Der Strafanwalt Sam Bowden (Nick Nolte), der im alten Film vom friedfertigen Gregory Peck dargestellt wurde, hat unter dem früheren Sträfling Max Cady (Robert De Niro) zu leiden, der vierzehn Jahre Gefängnis abgesessen hat und sich jetzt an seinem Verteidiger Bowden rächen will, der

115

damals absichtlich Beweise unter den Tisch gekehrt hatte, um dafür zu sorgen, dass er eines Gewaltverbrechens an einer Minderjährigen für schuldig gesprochen werden würde. Max Cady ist gewiss kein Heiliger, obwohl er sich in seinem »gesellschaftlichen« Leben allem Anschein nach wie ein vertrauenswürdiger Mensch verhält (abgesehen davon, dass er seine ganze ungezähmte Wut an Lori, der gerade von Bowden entlassenen Freundin ablädt, oder vom spektakulären Abschlussduell am Todesfluss), doch ist Bowdens Verhalten nicht minder fehlerhaft, der seine immer neurotischer werdende Frau (Jessica Lange) anlügt, sie betrügt, sich um seine heranwachsende Tochter sorgt, da sie noch keine erotischen Erfahrungen gemacht hat, von der Vergangenheit besessen ist und sich aus Verfolgungsangst in seinem Haus verbarrikadiert.

In diesem Klima des Grolls und der von Gewohnheiten und Unaufrichtigkeit zerstörten familiären Gefühlen (Sams Frau verpasst es nicht, ihm jedes kleinste Fehlverhalten ihr gegenüber vorzuwerfen, was ein Symptom für die bereits seit langem bestehende Unaufmerksamkeit ist), erscheint Max Cady als Rache- und Schuldengel. Anwalt Bowden ist wieder einmal eine Figur, die im Unbehagen von Regeln eingeschlossen ist, zu deren Aufstellung er selbst beigetragen hat, und dieses Element bindet *Kap der Angst* thematisch

an die Filmografie Hitchcocks, wobei auch die von Elmer Bernstein stilistisch unverwechselbare Umarbeitung der ursprünglichen musikalischen Partitur Bernard Hermanns nicht unbeachtet bleiben mag.

Das Thema des Eingeschlossenseins des Individuums in der Einsamkeit seiner Isolation, das die vergangenen Filme des Autors geprägt hat (von *Hexenkessel* bis *Taxi Driver*, von *Die Zeit nach Mitternacht* bis *Wie ein wilder Stier*), wird in der kinematographischen Form der Filme der 90er-Jahre konkret objektiviert. Hier wird nicht nur narzisstischer und selbstzerstörerischer Solipsismus dargestellt: Durch den immer ausdrücklicheren gebrochenen und meta-kinematographischen Stil, der in der Parzellisierung der Gefühle und Konflikte immer klarer wird, objektiviert Scorsese den Übergang der individuellen Einsamkeit zum Versuch, mit anderen in Beziehung zu treten, um einer neuen Form der Einsamkeit zum Sieg zu verhelfen, die von der Umwelt akzeptiert und begünstigt wird; im überaktiven Gesellschaftsleben von Newland Archer, wie in dem von Sam »Ace« Rothstein, gibt es viel Entfremdung und eine verwirrende Rechtschaffenheit, doch wenig Platz für innere Harmonie. Zu dem verblüffenden Resultat einer thematisch äußerst heiklen Stilisierung in *Die Zeit der Unschuld* und *Kasino* ist Scorsese über eine »Eingewöhnungszeit« in *Kap der Angst* gelangt. Hier vollzieht sich die Thematik des Eingeschlossenseins vorerst und vor allem auf symbolischer Ebene. Der Körper Cadys mit seinen allegorischen Tätowierungen drängt der widersprüchlichen Kultur Bowdens unweigerlich Dinge auf, die den Anwalt beunruhigen: Auf seiner Brust lesen wir Sätze aus den Briefen des Heiligen Paulus und den Evangelien (Mein ist die Rache, Die Zeit naht, Ich habe dem Herrn meinen Glauben geschenkt, An Ihn glaube ich, Der Herr ist der Rächer, Meine Zeit ist noch nicht gekommen), während wir auf seinem Rücken die Waage der Wahrheit (die Bibel) und der Gerechtigkeit (das Schwert) sehen. Diese schreckliche Mystik, die die Augen Cadys vor Rachegelüsten erblinden lässt, erschreckt den ängstlichen Bowden noch mehr, der sich bald gewahr wird, dass der frühere Sträfling gelernt hat, sich selbst genauso Gerechtigkeit zu verschaffen, wir er es selbst vor vierzehn Jahren als unbescholtener Anwalt getan hatte, als er beschlossen hatte, Cady zu richten und die zu seiner Freisprechung notwendigen Beweise zu unterschlagen. Auch er wird aus dem Paradies irdischer Harmonie vertrieben und muss nun auf die Strafe Gottes

116

warten. Nur dass dieser mystische Unterton auf gefährliche Weise in die Wirklichkeit eingedrungen ist und ungeheuer finster und beunruhigend ist, da er mit Hilfe ganz konkreter und antastbarer Lösungen dargestellt wird: Die Tätowierungen sind echt und nehmen das drohende Blutbad vorweg, für das Cady sorgen wird, der selbst, mehr noch als das abstrakte Gespenst eines betrogenen individuellen Bewusstseins, die triebgesteuerte und ungezähmte Verkörperung einer realen sozialen Gefahr bedeutet. Scorsese gelingt es, die Angst anfassbar und zugleich gespenstisch zu machen: Sie ist im Übrigen seit geraumer Zeit ein Bestandteil des Ehepaars Bowden, und Max Cady sorgt für eine sichtbare Explosion der Albträume Sams. Zunächst erscheint Cady als unerbittliche Verkörperung der sozialen Gefahr, die sich auf das Privatleben legt, in kurzen nächtlichen Blitzlichtern am Fuße des Ehebettes, um sogleich wieder zu verschwinden, wenn Sam die Augen öffnet. Es handelt sich um eine Projektion des Unterbewussten und zugleich um eine konkrete Todesgefahr. Nicht vielen Regisseuren ist es gelungen, das Beben der existentiellen Unruhe wiederzugeben, das einhergeht mit dem psychologischen Schrecken, der das alltägliche Leben durchzieht. Dies ist das Grundthema von *Kap der Angst.* Ist es nicht Max Cady, der Sam inmitten der Menschenmenge erscheint, die dem Festzug zu Ehren des Siegs von Iwo Jima und der Unabhängigkeitserklärung zusieht? Und akzeptiert der unbescholtene Anwalt Sam nicht etwa den Vorschlag von Oberleutnant Kersek, Cady ein für allemal zu beseitigen und ihm eine Falle zu stellen? (während Kersek seinerseits, als er sich an Sam wendet, nicht zögert, den atavistischen Fremdenhass der Amerikaner heraufzubeschwören, der derart tief verwurzelt und nachempfunden wird, dass er sozusagen für das Überleben einer ganzen Nation als unumgänglich betrachtet wird: »Du hast Angst. Na gut. Ich will, dass du diese Angst spürst. Weißt du, der Süden ist mit der Angst groß geworden. Angst vor den Indianern, Angst vor den Sklaven, Angst vor der verdammten Einheit. Der Süden besitzt eine ganz besondere Tradition der Angst«). Der Schrecken ist daher ein Teil der Amerikaner und erneuert sich im zyklischen Bedürfnis nach einem Feind, der gehasst und bekämpft werden kann. Doch Scorseses Annäherung an dieses Thema ist weder schematisch noch beschönigend. Die Angst ist vor allem ein Thema, das in den Familien brütet und durch Mechanismen der Unterdrückung erneuert

und begünstigt wird. So wie Schriftsteller Jordan, die Hauptfigur des Fernsehfilms *Mirror, Mirror* (1985), der in der Isolation seines Erfolges nur überleben kann, wenn er niemals in den Spiegel blickt, so kann auch Sam nur dann auf eine Bewahrung seiner Familie hoffen, die mit einem Pulverfass gleichgesetzt werden kann, wenn er sich zu Hause einschließt und mit niemandem spricht. Nach einem der besten Rezepte Scorseses wird an diesem Punkt der Stil eins mit dem Inhalt des Films. Auf der Ebene der Einstellungen drückt der Film nun ganz konkret den Sinn der Gefangenschaft aus, die durch die Flucht in die eigenen vier Wände bewirkt wird: Scorsese übernimmt direkt aus *Mirror, Mirror* das Muster der fünf Detaileinstellungen, die die frenetische Verbarrikadierung Sams in sein Haus aufzeigen. Solche Einstellungen können aber, wie in *Kap der Angst,* die Angst und die Sorgen um eine Bedrohung zum Ausdruck bringen, deren Herannahen man spürt, oder aber in einem metaphorischeren Sinne die Wahrnehmung »unangekündigter Voraussetzungen« seitens der Figuren begünstigen. So dreht

Ginger/Sharon Stone (*unten*), das unternehmungslustige Biest im Spielkasino, in die sich »Ace« Rothstein verliebt (*linke Seite*).

»Ace« Rothstein/Robert De Niro mit dem äußerst gefährlichen Nicky Santoro/Joe Pesci.

sich die Kamera verschiedene Male um sich selbst und kehrt nicht nur die Szene, sondern auch die Situation um. Als Cady beispielsweise mit Danielle am Telephon spricht und dabei weiterhin im Kopfstand bleibt, kann das Aufnahmegerät nur aufrecht stehen und das wiedergeben, was für Danielle im Gegensatz zu dem, was ihr Vater meint, ein gültiger und achtbarer Gesichtspunkt ist, oder aber die Anordnung der Tatsachen, wie sie sich aus Cadys persönlicher und umgekehrter Perspektive zeigt. Die Wahrnehmung seines Gesichtspunktes wie auch sein Gerechtigkeitssinn wandeln sich mit der Veränderung der Umstände und dem Grad der kulturellen Unsicherheit einer vom Kult der Anarchie angefeuerten Sozialszene. Sam wird mehrmals vom Lauf der Ereignisse deplaciert, sei es, weil seine Frau ihn wegen seiner Feigheit verachtet, oder weil seine heranwachsende Tochter begierig darauf zu sein scheint, mit dem gefährlichen Max Cady in Kontakt zu treten, oder aber, weil der Anwalt, unter dessen Schutz er sich begeben will, mittlerweile der Rechtsberater von Cady geworden ist. Scorsese stellt hiermit wieder einmal die Grundsätze und Wiederholungsmechanismen der amerikanischen Kultur in Frage: Die zyklisch umgekehrten Szenen versetzen am Ende die Überzeugungen Bowdens, der ein scorsesischer Archetyp ist, in eine ernsthafte Krise, da er von Schuldgefühlen heimgesucht und von der insgeheimen Furcht zermürbt wird, dass schon bald der Engel der Vernichtung erscheint. Bei der Konfrontation zwischen dem Individuum und der widerspenstigen kollektiven Dimension macht es der Regisseur durch eine Konkretisierung der gesellschaftlichen Gefahr möglich, die auflösende Katharsis bis ans Ende zu durchleben. Er leitet uns dazu an, die eigenen Konflikte auf bewusstere Weise zu leben, damit Vergangenheit und Gegenwart nicht ein Einziges werden und schließlich jede Aussicht auf Hoffnung abblocken, wie es Newland, dem letzten Gefangenen eines Kulturgewebes ergangen ist, das dazu bestimmt war, sich selbst auszulöschen. Auch die ruhige amerikanische Familie erneuert, wie wir in *Kap der Angst* sehen, periodisch ihre Perversionen: Die Vergangenheit wird vollkommen aus der Gegenwart verbannt, da sie nicht bewusst eingegliedert werden will. Dieser Verlust führt dazu, dass vergangener Groll und Unbewusstes auf bedrohliche Weise in das Jetzt eindringen. Mit dem abzuschließen, was gewesen ist, soll daher nicht bedeuten, es zu vergessen. Die Worte der jungen Danielle, die das Ende von *Kap der Angst* besiegeln, scheinen ein für Scorsese eher ungewöhnliches Licht der Hoffnung auf den Bewusstseinsgrad des modernen Menschen zu werfen: »Wir haben nicht über das gesprochen, was passiert ist. Zumindest unter uns. Angst. Ich denke, dass wir ihn in unsere Träume einlassen, wenn wir uns an seinen Namen und an das erinnern, was er getan hat. Und ich, ich träume sehr selten von ihm. Auf alle Fälle wird nichts mehr so sein, wie es war, bevor er kam. Das ist gut so, denn wenn du dich an die Vergangenheit klammerst, stirbst du jeden Tag ein bisschen. Und was mich angeht, so weiß ich, dass ich es vorziehe zu leben«.

118

Das unsichtbare Filmen
(Dalai-Lama, Frank)

Am 12. Januar 1998 kommt *Kundun* nahezu zur gleichen Zeit wie der Superkolossalfilm *Titanic* von James Cameron in die amerikanischen Kinosäle, der einige Monate lang die Aufmerksamkeit der Medien und der Zuschauermassen des gesamten Planeten monopolisiert hatte. Die Dreharbeiten zu *Kundun* hatten Martin Scorsese mehrere Monate lang beansprucht, was eng mit seinem schon seit langem bestehenden Wunsch zu tun hatte, einen Film über das Leben des Oberhauptes der Buddhisten zu machen. Dieser Film sollte den Ausschlag geben über die Art der Wahrnehmung der Zuschauer in Bezug auf die Möglichkeit, individuelles Unbehagen in einer mehr und mehr verweltlichten Medienlandschaft sichtbar werden zu lassen. Weit entfernt von der westlich orientierten und abenteuerlichen Sichtweise des zeitgenössischen *Sieben Jahre in Tibet* von J. J. Annaud befinden wir uns mit *Kundun* am äußersten Rande eines subjektiven Blicks auf das Dasein und die Wirklichkeit. Da wo das tragische Epos *Titanic* auf eine nie da gewesene spektakuläre Maschinerie die westliche Dekadenz offenbart und die Möglichkeit ausschöpft, das historische Geschehen zu einer eisigen Metapher des Lebens zu machen, das der Kontrolle einer auf dramatische Weise der Technologie untergeordneten Rationalität entgleitet, behandelt Martin Scorsese ebenfalls die Geschichte, versetzt sie aber in die menschlichen Widersprüche eines ihrer charismatischen Protagonisten. Der Dalai Lama wird innerhalb der Lumineszenz eines Handlungsablaufes untersucht, der Schweigen und Rätselhaftigkeit mit drängendem Rhythmus abwechseln lässt, um die geheimnisvolle Dimension eines Mannes darzustellen, dessen Sensibilität die Materialität eines prosaisch an die Dinge und das Kontingente gebundenen Lebens in Frage gestellt hat.

Martin Scorsese wollte den Film *Kundun* mit echten tibetanischen Darstellern drehen.

Das Interesse Scorseses an Tibet entsteht, wie es ihm im Übrigen öfter ergangen ist, durch den Vorschlag eines etwas bizarren Kinoproduzenten. Die Aufmerksamkeit auf diese Dimension der Zerrissenheit und der inneren Herausforderungen geht auf die 50er-Jahre zurück, als er noch ein Kind war und sich seine eigene Einsamkeit bei der Ansicht des Films *Storm over Tibet* von Andrew Marton vorstellt (der Regisseur von *König Solomons Diamanten*), einem Abenteuerfilm in Schwarzweiß, der die Vorstellungskraft des zukünftigen Regisseurs in eine geografische Dimension einführt, die hauptsächlich als phantastisches Gebiet empfunden wird. In der Nachfolge erforscht er Mitte der 80er-Jahre in einer Fern-

sehsendung des BBC *Lost Tibet, Lost Land of Mystery*, die dank der Erfahrung von Heinrich Harrer realisiert wurde, die wirklichen Ereignisse, die das erwählte spirituelle Oberhaupt der Buddhisten in die Isolation und zur Verleugnung der Unterordnung der Spiritualität unter das Joch materieller Beweggründe geführt hat. Die Begegnung mit Richard Gere Anfang 1992 und die Lektüre eines Scripts von Melissa Mathison überzeugen Scosese, den Vorschlag seines Agenten Jay Moloney anzunehmen, und einen Film über den Dalai Lama zu drehen. Doch dies erscheint bereits auf dem Papier als außerordentlich schwierig. Dank Melessa Mathison hat der Regisseur verschiedene persönliche Begegnungen mit dem wahren Dalai Lama. Er erscheint ihm als das Bild der Ewigkeit, das nicht durch Ideologien der historischen Zufälligkeiten geprägt ist. Ein ungezähmter Geist wie Scorsese scheint nun im Dalai Lama die Verkörperung seiner Lieblingsfigur in ihrer rituellsten und emblematischsten Form gefunden zu haben: Das Ebenbild Gottes auf Erden. Aber im Unterschied zu den Protagonisten von *Hexenkessel* und *Taxi Driver* hat dieser Mann, der ein Symbol des Glaubens ist, die Kunst erlernt, die den Figuren der Großstädte verschlossen bleibt, sich spirituell zu bereichern, sich von weltlichen Dingen zu entfernen und Mitleid üben zu können. Somit findet er im Dalai Lama den Archetyp seines ganz persönlichen kinemato-

graphischen Christus, aber in einer ganz neuen und noch nie da gewesenen Form: Dieses Mal muss der Archetyp mit der Realität abrechnen und in seiner intimsten und fassbarsten Form aufgenommen werden. Diese Herausforderung und die Erwartungen sind enorm. Es handelt sich hier nicht nur um die Gelegenheit eines nicht wiederholbaren Ereignisses (das Leben des Dalai Lama unter dessen eigener Mithilfe zu filmen, was in ähnlicher Weise bereits mit Jake La Motta bei der Realisierung von *Wie ein wilder Stier* Früchte getragen hatte), sondern auch um die Möglichkeit, auf ganz exklusive Weise jene beachtliche Strömung von Werken neu zu interpretieren, die sich in den letzten Jahren als Kino der Heraufbeschwörung oder der Wiederauffindung herauskristallisiert hat, deren Hauptvertreter zweifellos Steven Spielberg mit seinen Dinosauriern und dem Schicksal der Juden ist (wobei natürlich die traumähnliche Erinnerung an die *Titanic* von Cameron nicht vergessen werden darf). Der von den Umständen verlangte Realismus schreckt Scorsese nicht ab, der mit dem geschichtlichen Aspekt nicht so umgeht, wie es Spielberg getan hätte, das heißt, durch das Ambiente und die Landschaft die Vorstellung von einer Welt zu geben, die sich mit dem deckt, was sich die westlichen Massen unter der Seele und ihrer Unfassbarkeit vorstellen. Obwohl *Kundun* ein Film ist, der von der großen Disney-Filmgesellschaft vorgeschlagen und produziert wird, hat der Regisseur bei der Behandlung des Ausgangstextes große Freiheit: Er bevorzugt eine intellektuelle Montage und rückt die Sichtweise in

120

die Nähe von *Taxi Driver* und *Wie ein wilder Stier*. Nach *Kasino*, seinem stilistisch vielleicht fortschrittlichsten Film, hat Scorsese aus Bescheidenheit beschlossen, seine Experimentierfreude beiseite zu lassen und sich der Erzählung dieses großen Protagonisten anzuvertrauen, wobei ihm auch die sorgfältige Lektüre der Biografie des Dalai Lama *My People, My Land* von Nutzen ist. Gemeinsam mit Melissa Mathison hat er die Erfahrungen der tibetanischen Begegnungen gesammelt, und die tüchtige Drehbuchautorin und Ehefrau Harrison Fords hat ein Drehbuch

Kundun ist der 17. Spielfilm Scorseses und auch einer der mutigsten.

fertiggestellt, das reich an philosophischen und politischen Schattierungen ist. Es wird die Regel der absoluten Treue zum Kontext befolgt: Kein berühmter Name erscheint im Cast, dafür aber 500 Tibetaner, von denen 200 echte Mönche sind und die 100 Dollar pro Tag erhalten; vier Laienschauspieler (zwei Kinder, ein Jugendlicher und ein Mann, Tenzin Thutob Tsarong, der dem Dalai Lama überraschend ähnlich sieht, auch weil er der Sohn seiner Schwester ist) werden ausgewählt, um die verschiedenen Altersstufen des Oberhauptes der Buddhisten zu verkörpern. Um Scorsese schart sich ein bewährtes Team, das sich mit dem Kino der unterdrückten Emotionen und inneren Klänge auskennt: Roger Deakins, der zuständig ist für die Fotografie, die treue Thelma Schoonmaker (zuständig für den Schnitt), Dante Ferretti (zuständig für die Kostüme und Oskarpreisträger für *Die Zeit der Unschuld* und bei Scorseses neuem Projekt über das Leben von Dean Martin ebenfalls mit dabei), Philip Glass, erklärter Buddhist, dem die Musik von Koyaanisqatsi zu verdanken ist, und der an einem unveröffentlichten Tonstreifen über die musikalische Tradition des Tibets gearbeitet hat. Diese Gruppe von Künstlern hat eine

äußerst gute Zusammenarbeit mit Scorsese durchgeführt, wobei jeder seine eigene Tätigkeit unmittelbar auf die Entdeckungen folgen ließ, die von Mal zu Mal aus den Unterhaltungen zwischen dem Dalai Lama und dem Regisseur hervorgingen. So ist beispielsweise Dante Ferretti, dessen Genauigkeit geradezu sprichwörtlich ist, Stunde um Stunde mit dem Geistlichen zusammen gewesen und hat ihn über jedes Detail sowohl des Winterpalastes als auch der Sommerresidenz von Norbulinka befragt. Und um die Räume und die Proportionen auf bestmögliche Weise definieren zu

121

NICOLAS CAGE

ANY CALL CAN BE MURDER, ANY STOP CAN BE SUICIDE, ANY NIGHT CAN BE THE LAST

A MARTIN SCORSESE PICTURE

AND YOU THOUGHT YOUR JOB WAS HELL?

BRINGING OUT THE DEAD

7TH JANUARY 2000

www.bvimovies.co.uk

Das amerikanische Filmplakat zu *Nächte der Erinnerung*.

können, hat er ihn sogar gefragt, wie viele Schritte er von einem Saal zum anderen täte oder von zwei verschiedenen Punkten in ein und demselben Saal. »Ab und an schloss er die Augen, um sich erinnern zu können, und dann malte er mir Skizzen auf, die ich heute noch aufbewahre«, hat Ferretti erklärt.

Wie *Die letzte Versuchung Christi* war auch die Produktion von *Kundun* nicht leicht, aber dieses Mal weniger qualvoll: einerseits auf Grund der produktiven Hilfe von Barbara De Fina, einer der vier Ex-Ehefrauen des Regisseurs, und anderseits wegen der Entscheidung der Disney-Filmgesellschaft, den Film trotz der Drohung seitens der chinesischen Autoritäten, seine Verleihung auf ihrem Gebiet zu unterbinden, weiter zu produzieren. Das politische Verbot hat es zwar unmöglich gemacht, den Film in Tibet zu drehen, und als Drehort hat

man auf die marokkanische Wüste von Quarzazate ausweichen müssen, den der Regisseur bereits für *Die letzte Versuchung Christi* ausgewählt hatte, aber diese Rekonstruktion hat dem Gelingen der politischen und ästhetischen Anklage gegen den Gewaltakt der chinesischen Invasion Tibets nicht geschadet. Der erste Teil des Films, der 1937 beginnt, zeigt den Eintritt des kleinen Dalai Lama in den Podala, den dunklen Königspalast von Lahsa, der Hauptstadt Tibets. An dieser Stelle entscheidet Scorsese, das tiefe und unermessliche Ritual der spirituellen Erziehung leben zu lassen. Eingehüllt in unwandelbare Stille und die Tonklänge von Phillip Glass, lernt das Kind, das als neues geistliches Oberhaupt der Buddhisten anerkannt wird, weitab von der Hektik der Welt zu leben, um sein Herz an menschlichem Erbarmen zu nähren. Doch seine Liebe, die auch den Chinesen gegenüber aufrichtig ist, wird mit der Invasion der Armee von Mao Tse-tung beantwortet. Die Verleugnung des menschlichen und spirituellen Aspektes des

Individuums (»Religion ist Opium für das Volk«, erklärte Mao) ist das, was die Geschichte dem 20. Jahrhundert hat anbieten können. Die schreckliche und schmerzvolle Flucht des Dalai Lama aus seinem Land führt das geistliche Oberhaupt in die scorsesische Dimension des zerrissenen Menschen ein, der einsehen muss, dass seine Träume nicht verwirklicht werden können. Nicht nur Gott wird entthront, sondern der Mensch mit seiner dunklen und existentiellen Symbiose aus Körperlichkeit, Sinnen und Geheimnissen. Die

Die Hauptperson aus *Nächte der Erinnerung*: Nicolas Cage als gepeinigter Sanitäter, der täglich mit dem Tod auf den Straßen von New York konfrontiert wird.

Komplexität von *Kundun* wird da offenbar, wo man erkennt, dass es sich nicht um einen Film über eine Geschichte handelt, sondern um einen Film über den Sinn dieser Geschichte. Wenn wir *Kundun* als geschichtliche Abhandlung angehen wollten, so könnten wir leicht einen zu einfachen, einen banalen Ansatz hervorkehren. Wenn wir *Kundun* aber so nehmen wollen, wie er wirklich ist, oder besser noch, als Film von Martin Scorsese, so werden wir gewahr, dass diese »Welt für sich«, der Tibet, es dem Cineasten ermöglicht, innerhalb seiner Filmografie eine nutzvolle Wende zu verwirklichen.

Die Aufgabe des Mutter- bzw. Vaterlandes 1959 ist für den Dalai Lama ein großer Schmerz und riesiges Leid. Es ist für ihn so wie 1937, als er sein Mutterhaus verlassen musste. Auf alle Fälle ist der kleine Tibetaner erstmals als *Kundun*, oder besser, als geistliches Oberhaupt eines Volkes identifiziert worden, und das Verlassen seiner Heimat ist uns (und wurde so auch von den Tibetanern erlebt) als Ergebnis göttlicher Gnade dargestellt worden; später hingegen wird diese Erfahrung der Trennung zu einem Moment entwaffnender Menschlichkeit, in dem der gesamte Sinn des Films, der buddhistischen Philosophie und vielleicht auch des scorsesischen Kinos liegt. Die Erfahrung der Trennung ist schmerzvoll aber auch ein unvermeidbarer Moment zur Feststellung des Ausbildungsprozesses des Kindes, das dazu berufen worden war, der Kundun zu werden. Im Laufe des Geschehnisses wird die

Entfernung des Dalai Lama aus dem Tibet ein spürbares Zeichen für die Bestätigung einer kulturellen Identität sein: ein Zeichen für den Verzicht auf Gewalt, für die Annahme der Niederlage des Materiellen, aber zugleich der Triumph spirituellen Überlebens. Auf den gedrängten und gespenstischen Bildern von *Kundun* liegt der Hauch des Glaubens, der die vom Sand gezeichneten Arabesken als Bilder der Vergänglichkeit des Menschen wegweht. Diese Erfahrung der Trennung ist furchtbar, doch in dem von der chinesischen Armee besetzten Tibet zu bleiben würde heißen, keinerlei Erbarmen mit sich selbst zu haben, und das wäre so, als ob man all die blutigen Körper der ermordeten Mönche vergessen würde, die den Dalai Lama in einer beispielhaften Einstellung umgeben, in der die menschlichen Figuren zu klitzekleinen roten Punkten werden, die sich, wie die Sandkörner eines riesigen Mandalas, nicht voneinander unterscheiden. *Kundun* ist der Film vom Tod und vom Abstand. Es ist kein Zufall, dass dieser siebzehnte Langfilm Scorseses seiner Mutter Catherine gewidmet ist, die während der Dreharbeiten gestorben ist. Das Werk sollte daher als bewusste und schmerzvolle Trauerarbeit betrachtet werden, und diese Empfindung durchdringt den Film auf mehreren Ebenen. Es ist daher ein spiritueller und keines-

123

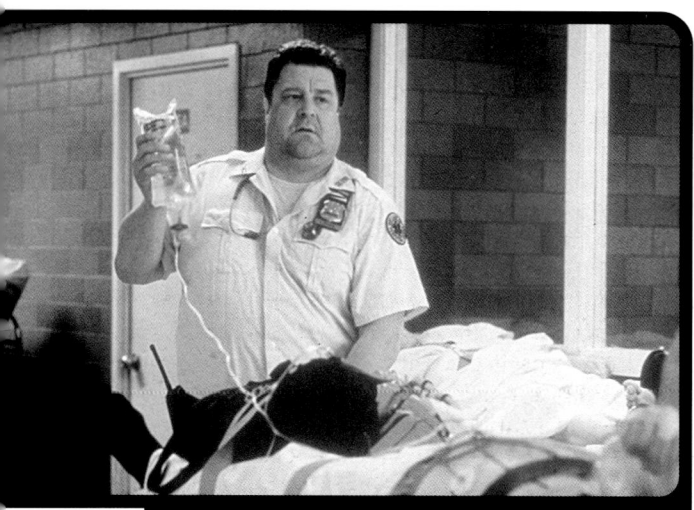

Der ausgezeichnete Charakterdarsteller John Goodman spielt ebenfalls in dem Film mit.

falls banaler Film. Ein Film über den Schmerz, der durch eindringliche Bilder ans Licht tritt, die die Seele des Dalai Lama auf eine harte Probe stellen. In Sequenzen blutiger Grausamkeit übt Scorsese, der von Bewusstseinszweifeln zerrissen ist, auch in diesem Film keinerlei Nachsicht: Werke wie *Goodfellas* und *Kasino* hatten gezeigt, wie weit Gewalt gehen kann. In seiner Atmosphäre des Tagtraumes ordnet *Kundun* der materialistischen Dimension einer Szenerie der Entfremdung die tiefer empfundene Dimension eines Blicks über, der über die Dinge hinausgeht, der zugleich initiativ und grundlegend ist. Das Mystische wird uns von den Bildern der Geschichte so wiedergegeben, wie das Individuum, das in sich selbst die Kraft findet und sagt: »Ich allein kann mich befreien«. Nur der, der in sich geht und die Endlichkeit der materiellen Welt begreift, kann verstehen, wie sehr es nötig ist, einen unüberlegten Wettlauf einzustellen; nur der, der den Mut hat, barbarisches Verhalten nicht zu unterstützen, kann eine über die Dinge hinausgehende Kultur einsetzen. Ein Verhalten, das in seiner scheinbaren Einfachheit Mut zeigt: Eine Haltung der Standhaftigkeit, die eine Glaubenserklärung darstellt, »weil es keine größere Opposition gibt als die, die Standhaftigkeit vor dem Feind zeigt«. Denn »Standhaftigkeit« bedeutet »Entschlossenheit«, und damals hat in derselben Gegend

ein Student einfach dadurch einen Panzer angehalten, indem er »standhaft« vor den Raupen stehen geblieben ist« (Federico Calamante, »Duel«, Nr. 59, April, 1998). Stilistisch betrachtet ist *Kundun* ein Emotionsfluss, der mit einer Musikalität als Zeichen der Geschichts- und Ausdrucksanalyse einhergeht. Andere Regisseure hätten sich für eine größere Wesentlichkeit in der Darstellung dieses Exils entscheiden können und einen literarischeren Ton anschlagen können. Scorsese geht aber einen sehr ehrgeizigen und unkonventionellen Weg: Er entwirft eine Sprache, die die Emotionen, die Hoffnungsschimmer und den Idealismus wiederzugeben versucht, die den Lebensraum eines Mannes durchdringen, dessen Gedanken die eines Mystikers sind. Der Film wird auf diese Weise eine Sinfonie des Schmerzes, die einen sozialen und individuellen Wandel herbeifleht, jene Art der »Befreiung«, die auch über eine Phase des Exils verlaufen kann, die es aber auch ermöglicht »weit« zu blicken, wie es der Dalai Lama im letzten Bild des Films tut. Er ist ein Prisma, das überschäumt vor eisigem und schmerzvollem *Erbarmen*, dessen Ehrgeiz auch im musikalischen Beitrag von Philip Glass durchscheint: »Insbesondere für *Kundun* habe ich nach einer stark emotionalen Musik gesucht, die jedoch nicht so komplex sein sollte. Die Idee war die der Annäherung an visuelle Künstler, die starke Effekte geben können, obwohl sie einfaches Material benutzen. Das war die Strategie des Tonstreifens. Was man dabei vielleicht am meisten spürt, ist die Verbindung zwischen der tibetanischen und der westlicher Musik, was auf einer wirklich einfachen, »minimalen« Methode basiert; es ist keine ideologische und/oder intellektuelle, sondern eine emotionale Musik (...) Die Geschichte ist kompliziert, und Martin hat sie nicht leicht gemacht. Ich hab' ihm zu verstehen gegeben, dass es schwer werden würde, alles verständlich zu machen, aber er hat mir geantwortet: »Das ist aber, was passiert ist«. Für ihn war es wichtig, die ganze Geschichte zu erzählen, und die Musik sollte ihren Teil dazu tun. Im Laufe unserer Diskussionen sind wir zu dem Schluss gelangt, dass der Tonstreifen in einigen Fällen auf Fragen wie »Wo sind wir?« antworten konnte. Das ist die Kraft der tibetanischen Musik: Sie gibt dir zu verstehen,

124

wo du bist, sie spricht von den Landschaften und den Geheimnissen des Tibets, die Musik ist die Eingangstür zum Film! Nur wenige Leute wissen, wo der Tibet liegt, und die Musik dient hauptsächlich dazu, die westlichen Zuschauer in diese Welt eintreten zu lassen« (Massimo Rota, *Le magiche vibrazioni di Philip Glass*, in »Duel«, Nr. 59, April, 1998). Der letzte Blick des Dalai Lama ist nicht nur nostalgisch: Kundun, der mit dem Fernglas zum geliebten Tibet schaut, erinnert sich daran, dass die Seele des Mystischen dort, auf jener Erde geblieben ist, während das Exil des Menschen sich als bewusste und klare Entscheidung darstellt. Als fiebrige, ansteckende Klarheit, die den Bildern des Films etwas Surrealistisches verleiht, auf das auch die neu aufpolierten Schuhe hinweisen, mit denen sowohl Kundun als auch Mao in geschichtlich dunklen Zeiten protzen. Diese Schuhe, die vom Tibetaner und auch vom Chinesen bewundert werden, stellen einen Einschub dar, der von der Erzählung nicht erklärt wird, und gerade deshalb kommen sie einer surrealistischen Nuance gleich, an der Luis Buñuel wohlmöglich Gefallen gefunden hätte. Doch dem berühmten Spanier hätte vermutlich der nachfolgende Film Scorseses, *Nächte der Erinnerung,* noch mehr gefallen. In diesem Werk begegnen wir

in der Erzählung einer Erneuerung der formalen Spannung von *Taxi Driver*, dessen Ausdrucksgrad zwischen dokumentarischem und halluzinatorischem Blick liegt. Der Wahn des Krankenpflegers Frank Pierce, oder besser, sein beispielhafter Kreuzweg in einem New York, das Dante Ferretti wahrheitsgetreu nachgestaltet hat, ermöglicht es dem Cineasten, die ästhetisch perfekte Form und den Stil einiger vorheriger Werke, *Die Zeit der Unschuld* und *Kasino,* aufzulockern. Aus diesem Befreiungsprozess geht ein energischer, unbefangener, rätselhafter und zugleich klarer Film hervor, dessen Drehbuch wie *Die Zeit nach Mitternacht* unter Mitarbeit von Paul Schrader verfasst wird, wobei dieser einige seiner bevorzugten Themen wieder aufgreift, wie die Unabwendbarkeit des Opfers und die mystische Extase von Menschen, die spüren, dass sie nicht der Endlichkeit und Niedrigkeit dieser Welt angehören. Wenn man genau hinsieht, handelt es sich um wesentliche »scorsesische«

In *Gangs of New York* kann die Gaunerin Jenny nicht umhin, sich in Amsterdam Vallon zu verlieben. Cameron Diaz, die diese Rolle spielt, gehört heute zu den von Regisseuren und Produzenten meist gefragten amerikanischen Schauspielerinnen.

125

Gangs of New York: Leonardo DiCaprio verkörpert Amsterdam Vallon, der den Tod seines Vaters rächen will. *Auf der nächsten Seite*: der böse Bill »The Butcher« Poole wird von Daniel Day-Lewis dargestellt, der die Rolle übernommen hat, nachdem Robert De Niro und Willem Dafoe abgelehnt hatte..

Themen, welche in diesem Film erneut dargestellt werden: Er spielt sich in einer Traumdimension ab, der eine Reihe von Orten als Symbole eines seelischen Zustandes entsprechen. So wie in *Taxi Driver* haben die nächtlichen Farben die Dichte eines Tagtraumes, die auf Grund der realen dokumentarischen Einschübe aufglühen. Scorseses Krankenpfleger, der von Nicolas Cage dargestellt wird, ist eine Figur, die mit Travis Bickle, dem unduldsamen Taxifahrer, in Verbindung gebracht werden kann. Beide scheinen dazu verdammt zu sein, durch die nächtlichen Straßen New Yorks fahren zu müssen und sich dabei als »Retter« der Gescheiterten zu fühlen. Beide werden von dem Bedürfnis bedrängt, an der »Res Pubblica« mitzuwirken. Beide sind unfähig, einen wirklichen Dialog mit anderen zu führen und versuchen daher, sich selbst »loszukaufen«, indem sie ihr menschliches Bemühen in den Dienst einer idealisierten sozialen Sache stellen. Beide sind verletzt und enttäuscht. Und doch ist der gezeichnete Blick des Krankenhelfers und sein Gesichtausdruck, der vom Anblick zu vieler Toter unruhig geworden ist,

Zeuge einer Anteilnahme am Schmerz, der der Seele von Travis Bickle, dem egozentrischen und dem Wahn verschriebenen Taxifahrer verschlossen geblieben war. Im leidvollen Blick und in der Erschütterung des Krankenpflegers kann man die empfindlichste Neuigkeit lesen, die *Nächte der Erinnerung* in die scorsesische Filmografie hineinträgt: Einen Blick auf die Realität, die durch die leidvolle Anteilnahme am Schmerz mit Wahrheit aufgefüllt wird. Während Travis geschlagen aus der Begegnung mit dem Nächsten hervorgegangen ist, sich der Welt leugnet und die Wahnvorstellung einer deformierten Welt hat, fährt der ebenfalls völlig erschöpfte Frank fort, den Kontakt mit den anderen zu suchen. Scorsese und Schrader schaffen eine Figur, die dem Schmerz gegenüber noch nicht unempfindlich geworden ist: In Frank Pierce sind Züge existentieller Zermürbung erkennbar, die in der Begegnung mit dem Nächsten zu Zuständen der Erregung und flüchtiger Extase führen, wie zum Beispiel, als der Krankenpfleger einem Kranken das Leben rettet oder einer Frau, deren Vater nicht sterben will, ein mitfühlendes Wort zu Teil werden lässt. Es heißt, dass Scorsese sich dieses Mal zu sehr von der Geschichte des Romans von Joe Connelly habe mitreißen lassen und mit der Anwendung von ungewohnten »Spezialeffekten« übertrieben habe. Doch nach Catherine Scorseses Tod und der intensiven Arbeit an *Kundun* zeigt ein Film wie *Nächte der Erinnerung* schließlich das Beste von Scorsese, das heißt, seine Nähe zu den Instinkten und der Gier des zeitgenössischen Menschen, der ständig den Traum eines erfüllteren Lebens träumt; er ist ein unbefriedigter, einsamer und sehnsüchtiger Mensch, der genauso wie Frank Pierce die Wärme und den mütterlichen Trost verloren hat und von den Gespenstern der Erinnerung verfolgt wird. Mehr als jeder andere Film Scorseses stellt uns *Nächte der Erinnerung* vor Interpretationsprobleme: Handelt es sich um eine Variante von *Taxi Driver*? Oder um die Gedanken eines unversöhnten Katholiken, der versucht, in einem Film die Gespenster seiner Psyche aufzuzeichnen? Wahrscheinlicher ist es, dass *Nächte der Erinnerung* keine leichten Antworten sucht, aber Fragen stellt, die sich als ästhetische Intuitionen darstellen. Ein Film, in dem sich der Schmerz als konstantes und unver-

126

meidliches Element darstellt, während die große Wette, die Frank abschließt, die zu sein scheint, es ein für alle Mal zu schaffen, sein eigenes Trauma nicht zu verleugnen. Denn nur so besteht die Möglichkeit, dass er in Zukunft nicht mehr brutal von der qualvollen Beklemmung großstädtischer Realität heimgesucht wird, und dass er, der leidende Retter der Straßen, nicht als unsensibler Todeshelfer abgeurteilt wird. *Nächte der Erinnerung* ist letztlich ein Film voller Körperlichkeit, Gewalt, Schmerz und Qual. Aber es ist auch ein Werk über die Distanz zwischen uns und dem wirklichen Nächsten. Jedes Milieu enthüllt eine Schranke. Jedes Zimmer von New York ist durch eine Tür, ein Fenster, eine Sprechanlage abgetrennt. Die scorsesische Figur schlägt hier vor, diese Abkapselung zu überwinden, und wir sehen, wie sie den Tod in die Hand nimmt, oder besser noch, unsere Endlichkeit als Individuen. Frank Pierce nimmt mehrere Male im Film das entschwindende Leben in seine Arme: zuerst das neugeborene Zwillingskind, dann den drogensüchtigen Marcus von *Hell's Kitchen*. Die Gewalt behindert bei diesem Scorsese die Wiederherstellung der mitleidvollen Umarmung nicht, die Frank an die Grenze der mütterlichen Liebe bringt. Vielleicht werden die Tage und Nächte des dargestellten Charak-

ters nunmehr nicht alle gleich sein, wie der Taxifahrer Travis in sein Tagebuch schrieb. Vielleicht hat der Reifeprozess des Schmerzes den Figuren, die die Filme Martin Scorseses bevölkern, einen neuen Sinn verliehen.

Nächte der Erinnerung ist ein exemplarischer Film für Scorseses »existentiellen« Blick, aber es darf auch nicht vergessen werden, dass der Cineast seit den Anfängen seiner Karriere eine nie zugegebene, anthropologische Absicht verfolgt. Scorsese nähert sich der Geschichte auf erzählerische Weise. Dies bezeugt auch der Dokumentarfilm in Schwarzweiß mit dem provisorischen Titel *Das süße Kino,* der 1999 zum ersten Mal als Sondervorführung beim Festival von Venedig gezeigt wurde. Unter Mithilfe von Suso Cecchi D'Amico beim Script widmet Scorsese diesen Film dem Cineasten und früheren Schwiegervater, Roberto Rossellini, indem er die Bilder des Vaters des Neorealismus mit Sequenzen von Antonioni, Visconti und De Sica abwechselt. Der neunzigminütige Film, dessen Schnitt die übliche Eleganz Thelma Schoonmakers bezeugt, hat leider noch nicht die entsprechenden Verleiher gefunden, obwohl diese Arbeit von der italienischen Holding Mediaset in Auftrag gegeben wurde. In der Tat ist Scorsese sofort nach den Dreharbeiten zu *Das süße*

Eine weitere Aufnahme von Leonardo DiCaprio

Kino zum Set »geflüchtet« und hat sich zwei-
mal hintereinander New York gewidmet.
Zuerst in *Nächte der Erinnerung* dem zeitgenössischen New York. Gleich danach in
Gangs of New York den fast zwanzig Jahren
zwischen 1846 und 1863.

Für diese letzte Filmerfahrung muss Scorsese einem Aufnahmekalender nachkommen
(die Aufnahmen haben offiziell am 18. September 2000 begonnen), der Cast und Truppe
zu sechs Monaten auswärtigen Dreharbeiten
verpflichtet. Die Hintergründe dieses Films
werden, wie es sich für ein solches Projekt
gehört, geheim gehalten, und er zieht natürlich fiebrige Aufmerksamkeit auf sich. Die
Anwesenheit von Leonardo DiCaprio und
Cameron Diaz, die monumentale Ausstattung
Dante Ferrettis, die an den Prunk von *Es war
einmal in Amerika* und *Fellinis Schiff der Träume*
erinnert, ein Budget, das sicherlich überstiegen werden und die 100-Millionen Dollar
Grenze überschreiten wird, lange Dreharbeiten in Cinecittà: all dies sind Elemente, die
zusammen mit den vom Film behandelten
Themen an eine Art *Heaven's Gate – Das Tor
zum Himmel* zwanzig Jahre später denken lassen. In Wirklichkeit hat Scorsese zusammen
mit einer Gruppe amerikanischer Cineasten,
von denen auch De Palma und Michael Mann

zu erwähnen sind, gezeigt, dass er einer der
Filmemacher ist, der seine kreative Autonomie
auch dann noch durchsetzen kann, wenn er
mit den Majors von Hollywood zusammen
arbeitet. Mit anderen Worten ist Scorsese stets
als großer Regisseur angesehen worden, und
das Risiko eines Overbudgets hat noch nie so
hart zur Grenze geführt wie bei Michael
Cimino mit seinem *Heaven's Gate* (wobei
erwähnt werden muss, dass Cimino, im Gegensatz zu Scorsese, in seiner traditionsfeindli-
chen Einstellung so weit gegangen ist, dass er
einen Monumentalfilm ohne einen wirklichen
»Star« unter den Hauptdarstellern gedreht
hat). *Gangs of New York*, der sich in seiner
geschichtlichen Verankerung kurz vor den
Geschehnissen von Ciminos Film abspielt, hat
mit diesem, abgesehen von der gigantischen
Produktion, vor allem das Thema der Einwan-
derung und der multiethnischen Konflikte
gemeinsam. *Gangs of New York* ist, was
bereits der Titel sagt, ein Gangsterfilm, aber
theoretisch könnte er auch ein Dyptichon zu
Die Zeit der Unschuld sein: nachdem er den
Krieg und die Niederlage der Gefühle der
höheren Etagen des New Yorks des ausgehenden 19. Jahrhunderts behandelt hat, widmet
sich Scorsese nun den Stadtvierteln des einfachen Volkes, wo erbarmungslose Banden mit
Messern bewaffnet um ihre Gebiete kämpfen.
New York ist dieses Mal, im Gegensatz zu *Die
Zeit der Unschuld,* eine einzige Außenauf-
nahme. Auf den Straßen gibt es keine
Unschuld: Der junge irische Mobster Amster-
dam Vallon (Leonardo DiCaprio), Mitglied der
Gang der Dead Rabbits, möchte sich für den
Tod seines Vaters rächen, und sein Hauptfeind
ist der Anführer der Gang Native Americans
(Daniel Day-Lewis), einer Gruppe puritanischer
antikatholischer Rassisten. Der Abstieg in das
Innere der Stadt ermöglicht es Scorsese, eine
Art antiklassischen Western zu drehen, was
ein weiteres gemeinsames Element mit *Heaven's Gate* ist. Doch die Mitarbeit von Michael
Ballhaus hinter der Kamera ist eine Garantie
für eine glühend-lebendige kinematographische Form, die Ciminos Film, der dem Natura-
lismus Fords folgte, nicht zu Eigen war. Es ist
die Quintessenz des scorsesischen Kinos, dass
es auch in Funktion einer Montage wahr-
nehmbar ist, die den Zuschauer den jeweiligen
Erfordernissen des Handlungsablaufes verfol-

128

gen lässt: »Ich habe in »Village Voice« gelesen, dass Jim Jarmusch, der Regisseur von *Stranger Than Paradise* und *Daunbailò*, so etwas gesagt hat wie: »Ich hab' keine Lust, die Leute bei den Haaren zu ziehen und ihnen zu sagen, wo sie hingucken sollen. Ich will einfach nur, dass sie die Dinge so sehen, wie ich sie sehe. Dass sie auf der Straße spazieren, sich plötzlich umschauen, dass die Kamera eine Kamerafahrt macht, eine Panoramaaufnahme, zoomt und ähnliche Sachen. Mir gefällt's, wenn sich zwei Bilder verbinden und sich bewegen. Vielleicht bin ich nicht »reif«, aber ich mag das so« (David Thomson, Ian Christie, Scorsese über Scorsese, Ubulibri, Milano, 1991). Das moderne, konnotative und stark dialektische Kino Scorseses hat seinen Stil in den Dienst einer rationalen Wahrnehmung der Gewalt und einer neuerlichen Problematisierung sozialer Mechanismen gestellt, die Regeln der Gewalttätigkeit schüren und bewahren. Werke wie *Hexenkessel* und *Goodfellas*, die sich vom Filmmuster André Bazins zu entfernen scheinen, stellen indessen eine optimale Wiederaufnahme des Kinobegriffs von Welles dar, demnach ein Werk durch seine Bilder einen starken Sinn hervorbringen sollte. Hierbei wird auf jene konnotative Montage zurückgegriffen, die sich mit Eisenstein durchgesetzt hat und weiterhin dank solcher Cineasten wie Scorsese und De Palma Kinofilme voller Leidenschaft prägt. Jarmusch und die Filmemacher des Realismus schaffen es trotz ihres Stiles und ihrer unangefochtenen Intensität nicht, an die Fähigkeit Scorseses heranzukommen, der das Beben eines Lebens wiederzugeben vermag, das einem Schicksal der Gewalttätigkeit unterliegt.

Gangs of New York ist somit ein urbanes Epos, dessen scorsesische Themen der Schuld und der Selbstbestrafung in einem geschichtlichen Kontext verankert sind, der teilweise ihren Ursprung erklärt. Der Widerhall der klassischen Tragödie wird bereits am Anfang bei den Mann-zu-Mann-Kämpfen offensichtlich, die an eine moderne Ilias erinnern. Beispielhaft hierfür ist die Begegnung zwischen Amsterdam und dem furchterregenden Bill the Butcher, dem Anführer der Native Americans, für dessen Darstellung Scorsese nach einigem Nachdenken den irischen Schauspieler Daniel Day-Lewis ausgewählt hat, der in

Die Zeit der Unschuld eine leidenschaftliche schauspielerische Leistung bewiesen hatte. Es ist eine Rolle, die ethisch gesehen im Gegensatz zur Rolle des Newland Archer, dem reservierten Protagonisten aus dem Roman von Edith Warton, steht, und die hier eine Art exorzistische Wirkung hat. Wie in *Hexenkessel* und *Goodfellas* handelt es sich um ein vornehmlich männliches Szenarium (wobei Robert De Niro nach vielem Zögern auf den Film verzichtet hat, weil er sich nicht längere Zeit von New York entfernen wollte). Im emotionalen Klima des erbarmungslosen Kampfes, der das Zeitalter des Prohibitionismus vorwegnimmt und an dem auch Polizei und Politiker teilnehmen, bei dem es um die ethnische und wirtschaftliche Herrschaft in New York geht, wo es noch keine Stadtviertel gibt, hebt sich nur eine einzige Frau hervor: die skrupellose und faszinierende Jenny (Cameron Diaz), eine

129

Art Mischung zwischen Ginger aus *Kasino* und der Gräfin Olenska aus *Die Zeit der Unschuld*, eine professionelle Diebin, in die sich Amsterdam unsterblich verliebt. Doch dieses Mal befiehlt das Objekt der Begierde eine eigene Gang. Auch Jenny ist wie Amsterdam und Billie the Butcher die Anführerin einer Gruppe waschechter Bad Girls. Scorsese bringt uns auf diese Weise solchen Leuten nahe, die kämpfen, ausrasten und morden. Es ist eine ganz andere Version der New Yorker Welt und weitab von den Ritualen der Aristokratie, die das Klima von *Die Zeit der Unschuld* wie ein Stillleben färbte, wobei die Gleichstellung zwischen der Welt der Künstlichkeit und den Grausamkeiten auf den Straßen plausibel bleibt. Wie immer stellt sich der Cineast auf die Seite derjeniger, die Unrecht erleiden, und sein Werk ist der Ausdruck seines überschwänglichen Wunsches, die Realität ändern zu wollen. Scorseses stark symbolisches Kino ist auch weiterhin ein Zeichen für den prägnanten Wunsch nach Befreiung und für die Unruhe, die, wie *Gangs of New York* wieder einmal bezeugt, ihren Nährboden in der grausamen Gewalttätigkeit hat, die auf finstere Weise die scheinbare Ordnung der modernen multiethnischen Gesellschaft bewohnt.

New York Stories
Gespräch mit Martin Scorsese

Inwiefern haben die 60er-Jahre deine Laufbahn als Filmemacher beeinflusst?

Ich habe von 1960 bis 1965 Filmwissenschaften studiert. Das sind die Jahre, in denen die französische »Nouvelle Vague« ihre Blüte hatte... aber es sind auch die Jahre des internationalen Erfolges des italienischen Kinos und der Entdeckung anderer Filme, wie zum Beispiel den osteuropäischen Film. Das Kino hatte auf mich und auf die Regisseure meiner Generation einen sehr wichtigen Einfluss. Die Filme von Welles und Resnais waren für mich ein Moment der absoluten Befreiung. Das war Kino. Ich liebe alles, was Welles gemacht hat. Wenn man einen seiner Filme sieht, so fühlt man sich bereits in der Zukunft. Welles, das ist Montage, Welles projiziert dich jenseits unseres Begriffs von Moderne...

Welche Erinnerungen aus deiner Kindheit im italienischen Stadtviertel von New York sind dir am stärksten verhaftet geblieben?

Wir lebten unter Gangstern, die sich wie die Herren, wie der neue Adel aufführten. In Little Italy gab es dem Anschein nach keine Klassenunterschiede wie anderswo, wie zum Beispiel auch in Europa. Ich persönlich begann recht schnell, mich in dieses Milieu einzugliedern. Meine Eltern hatten aber vor allem Angst wegen meiner empfindlichen Gesundheit. Von klein auf habe ich unter Asthma gelitten. Sie befürchteten, dass ich mich nicht wehren konnte. Die Lokale, die ich besuchte, waren keine wirklichen Clubs, sondern so eine Art Freizeitsäle, in die man am Wochenende ging. Man ging um acht Uhr abends hinein und kam erst gegen Morgengrauen wieder heraus. Dort wurde getrunken, geraucht und dann kam die Polizei und wollte bezahlt werden. Diese »Lokale« wurden gewöhnlich ausschließlich von Enkeln oder Söhnen von Gangstern betrieben und normalerweise war ihnen kein langes Leben beschieden.

Heute unterliegt das amerikanische Kino den vielschichtigsten Produktionsbedingungen, die in hohem Maße an die zahlreichen und unterschiedlichsten Realisierungsbegriffe gebunden sind. Neben den großen Produktionsfirmen gibt es unabhängige Produzenten, aber auch eine neue Generation junger Filmemacher, die ihre Filme mit leichteren Auflagen und digitalen Technologien realisieren. Wie bewertest du diese Produktionsszene?

Ich finde diese Situation der unabhängigen Produzenten stimulierend. Diese Leute schaffen es, einen Film mit 60.000 Dollar zu machen. Die Gefahr besteht darin, dass wirkliches Talent untergeht. Sie drehen einen guten Film und geben weniger als eine Million aus. Ob ihre Arbeit dann gut oder schlecht ist, spielt keine Rolle. Sie werden von einem Studio ausfindig gemacht und mit 30.000 Dollar finanziert. Alles passiert viel zu schnell. Die jungen Regisseure sollten dagegen mehr Zeit haben, um zu lernen, mit Geld, Macht und den Strukturen umzugehen. Das ist wie eine Art Krieg. Und das Risiko ist, dass man dabei ganz schnell untergeht.

Wie hat deine Kinokarriere angefangen?

Ich ging nach Hollywood, um bei Woodstock mitzumachen. Ich war ganz bestimmt kein Hippie. Als ich nach Woodstock ging, trug ich eine ziemlich unangemessene Kleidung. Dann ging ich nach Los Angeles und zog mir Cowboy-Hemden von Nudie's an... Das war wirklich hart da unten. Bis ich es schaffte, einen ersten Film mit Roger Corman zu machen. Dann kam *Hexenkessel*. Ich spürte, dass ich nicht in diese Stadt reingekommen wäre. Aber die Stadt holte mich ein. Das waren die siebziger Jahre. Da waren Persönlichkeiten und talentierte Leute wie George Lucas, Steven Spielberg, John Milius. Francis Ford Coppola war schon so eine Art Pate. Und da war auch Brian de Palma, ein wahrer Freund, der mir sehr geholfen und mich allen

vorgestellt hat. Kaum hatte ich die Möglichkeit dazu, bin ich 1982 nach New York zurück gekommen, um *The King of Comedy* zu drehen.

Wie schätzt du die Phase deiner Kinokarriere zu jenem Zeitpunkt ein?

Ich hatte ziemlich viel Glück. Ich denke, dass ein Teil des Erfolges der siebziger Jahre Robert De Niro zu verdanken ist. Die Filmgesellschaften schätzten ihn sehr, und nach dem Erfolg von *Hexenkessel* waren sie bereit, neue Verträge abzuschließen, wenn es da nur eine Rolle für ihn gäbe. Ein Film wie *Wie ein wilder Stier* hätte ohne De Niro niemals gemacht werden können. Er wollte ihn machen und glaubte sehr daran. Jedenfalls hat die Vorbereitung dazu vier Jahre lang gedauert. Nach *New York, New York* Anfang der achtziger Jahre merkte ich, dass ich wieder von vorne anfangen musste.

Welche Änderung haben die achtziger Jahre dem Kino gebracht?

Sie haben alles verändert, denke ich. Das Ende der siebziger Jahre war das letzte goldenen Zeitalter des amerikanischen Kinos. Die Macht des Regisseurs hat mit *Heaven's Gate* von Michael Cimino aufgehört, einem außergewöhnlichen aber auch einzigartigen Film. Dann kam dieser Film *E.T.*. Der hatte einen riesigen finanziellen Erfolg und nur zehn Millionen Dollar gekostet. Wie viel er eingebracht hat? 700 Millionen? Die Kassen hörten nicht auf, sich zu füllen. Diese Situation sorgte für große Änderungen. Ich musste von vorne anfangen. Ich versuchte vergebens, mit der Paramount *Die letzte Versuchung Christi* zu drehen. Aber es herrschte ein anderes Klima, und die Kassen der Majors waren für Autorenprojekte nicht mehr offen. Da ging ich nach New York zurück und drehte einen Film mit niedrigen Kosten, *Die Zeit nach Mitternacht*, wo ich versuchte zu lernen, einen Film in 40 und nicht in 100 Tagen zu machen.

Das Produktionsdebakel der United Artists ist ein klares Beispiel für die Änderungen, die Ende der siebziger Jahre im amerikanischen Kino stattgefunden haben. In den achtziger Jahren werden die meisten Studios Opfer der Spekulationen der Corporations. Der Fall der United Artists war am Ende so eine Art Sündenbock der Finanzleute, die mehr am Geschäft als am Ideenhandel interessiert waren.

Die United Artists war wunderbar. Ich war auch dabei. Ich habe *Wie ein wilder Stier* gedreht, *The Band* und *New York, New York*, alles Filme, die das Budget überstiegen haben und die heute noch laufen.

Im Laufe der letzten Jahre hast du das geliebte New York in den unterschiedlichsten und faszinierendsten Werken wie Nächte der Erinnerung *oder* Gangs of New York *wiedergefunden....*

New York ist eine Stadt, die man jedes Mal mit neuen Adjektiven definieren könnte. Ihre Zentralität in der Vorstellung geht unter anderem auf ihre ästhetischen und anthropologischen Merkmale zurück. Anders als andere amerikanische Städte wie zum Beispiel Los Angeles prägt New York einen Film mit seinem Charakter. Es kann niemals als tatenloser Hintergrund dienen. Es ist niemals nur Kulisse. Es ist natürlich die Stadt, zu der ich mich gefühlsmäßig am meisten hingezogen fühle, aber das ist es nicht allein. Es ist ein Gebiet voller Faszination und Rätsel. Es ist erschreckend, magisch und gewöhnlich …

In Gangs of New York *überschneiden sich die Welten und Stile von* Goodfellas *und* Die Zeit der Unschuld. *Was hat dich an dieser neuerlichen Konzentration auf das Kino der Unruhe fasziniert?*

Das ist eine Geschichte, die ich seit den siebziger Jahren mit mir herumtrage. Erst als ich mir bewusst war, dass ich sie tatsächlich ver-

wirklichen konnte, habe ich begriffen, dass ich mich völlig darauf konzentrieren musste und mich nicht einmal von einem Interview zerstreuen lassen durfte. In diesem Film versuche ich, die Entstehung Amerikas zu erklären. Das Geschehen fängt in New York an und beschreibt die erste Herausforderung, die diese Stadt erdulden musste, als die Schiffe Hunderte von Männern und Frauen entließen, die von weit her gekommen waren.

Dieses Mal ist New York aber im Studio nachgebaut worden. Was hat dich dazu gebracht, diesen Film in Italien, in Cinecittà zu drehen?

In Italien zu drehen war eine gezwungene Wahl: Das New York von damals gibt es nicht mehr. Außerdem sollte der Film ein italienisches Flair haben. Außerdem ist es leichter, Cinecittà zu durchqueren als New York.

Nach einem Film wie Kundun *ohne berühmte Schauspieler oder sogar ohne wirkliche Schauspieler bist du letztlich wieder zur Arbeit mit Stars zurückgekehrt. Zuerst mit Nicolas Cage in* Nächte der Erinnerung *und jetzt mit Leonardo DiCaprio und Cameron Diaz. Es ist klar, dass die hohen Budgets auch ein angemessenes Casting verlangen, aber hast du noch nie befürchtet, dass das Charisma der Stars irgendwie deine Arbeit beeinflussen könnte?*

Mit Leonardo DiCaprio zu arbeiten war keine aufgezwungene Wahl. Ganz im Gegenteil, ich liebe Stars wie De Niro und wie Al Pacino, weil sie unsere Gefühle auf dem Bildschirm ausdrücken können. Und DiCaprio hat diese Qualitäten bereits besessen, bevor er *Titanic* gedreht hat, denn er ist ein Naturtalent.

■Filmografie

WHAT'S A NICE GIRL LIKE YOU DOING IN A PLACE LIKE THIS?
Kurzfilm
Regie, Idee, Drehbuch: Martin Scorsese. *Kamera:* Frank Truglio. *Musik:* Richard H. Coll. *Lied:* »Swivel Hip Sal« (Richard H. Coll und Sandor Reich). *Schnitt:* Robert Hunsicker. *Darsteller:* Zeph Michaelis (Harry), Mimi Stark (Harrys Frau), Sarah Braveman (Psychoanalytikerin), Fred Sica (Freund), Robert Uricola (Sänger). *Produktion:* New York Universitity Department of Television, Motion Picture und Radio Presentations (Summer Motion Picture Workshop). *Land:* Usa, 1963. *Dauer:* 9'.

IT'S NOT JUST YOU, MURRAY!
Kurzfilm
Regie: Martin Scorsese. *Idee und Drehbuch:* Martin Scorsese und Mardik Martin. *Kamera:* Richard H. Coll. *Bauten und Kostüme:* Lancelot Braithwaite und Victor Magnotta. *Schnitt:* Eli F. Bleich. *Darsteller:* Ira Rubin (Murray), Andrea Martin (Murrays Frau), Sam De Fazio (Joe), Robert Uricola (Sängerin), Catherine Scorsese (Mutter), Victor Magnotta, Richard Sweeton. *Produktion:* New York University Department of Television, Motion Picture und Radio Presentations. *Land:* Usa, 1964. *Dauer:* 15'.

THE BIG SHAVE
Kurzfilm
Regie, Idee, Drehbuch, Schnitt: Martin Scorsese. *Kamera:* Ares Demertzis. *Spezialeffekte:* Eli F. Bleich. *Lied:* »I Can't Get Started« (Bunny Berrigan). *Ausstattung:* Ken Gaulin. *Darsteller:* Peter Bernuth (der junge Mann). *Produktion:* Martin Scorsese/Gevaert-Agfa/Cinémathèque Royale de Belgique. *Land:* Usa, 1967. *Dauer:* 5'.

WER KLOPFT DENN DA AN MEINE TÜR?
(Who's That Knocking at my Door?)
Regie, Idee, Drehbuch: Martin Scorsese. *Kamera:* Michael Waldeigh und Richard H. Coll. *Lieder:* »Jenny Takes a Ride« (Mitch Ryder & The Detroit Wheels), »The Closer You Are« (The Channels). *Ausstattung:* Victor Magnotta. *Schnitt:* Thelma Scoonmaker. *Ton:* John Binder und Jimi Datri. *Darsteller:* Harvey Keitel (Charlie), Zina Bethune (Katie), Annie Colette (Mädchen im Traum), Lennard Kuras (Joey), Michael Scala (Gioia), Hary Northup (Harry), Bill Minkin (Iggy). Produktion: Tri-Mod. *Land:* Usa, 1969. *Dauer:* 90'

STREET SCENES 1970
Produktionsüberwachung und Regie der Nachproduktion: Martin Scorsese. *Kamera:* Harry Bolles, Bill Etra, Tiger Graham, Fred Hadley, Don Lenzer, Bob Pitts, Peter Rea, Danny Schneider, Ed Summer, Nat Trapp, Nancy Bennet, John Butman, Dick Catron, Fred Elmes, Tom Famighetti, Peter Flynn, Robert Foresta, David Freeberg, Tony Janetti, Arnold Klein, Ron Levitas, Didier Liseau, David Ludwig, Laura Primakof, Gordon Stein, Oliver Stone, Bruce Tabor, Stan Weiser, Bob Zahn. *Schnitt:* Angela Kirby, Maggie Koven, Gerry Pallor, Peter Rea, Thelma Schoonmaker, Larry Tisdall. *Darsteller:* William Kunstler, Dave Dellinger, Alan W. Carter, David Z. Robinson, Harvey Keitel, Verna Bloom, Jay Cocks, Martin ScorseseProduktion: New York Cinetracts Collective. *Land:* Usa, 1970. *Dauer:* 75'.

DIE FAUST DER REBELLEN
(Boxcar Bertha)
Regie: Martin Scorsese. *Buch:* frei nach der Autobiografie von Bertha Thompson, aufge-

zeichnet von Ben L. Reitman. *Ausstattung:* Joyce H. Corrington und John William Corrington. *Kamera:* John Stephens und Gayn Rescher (ungenannt). *Musik:* Gib Guilbeau und Thad Maxwell. *Bauten und Beratung:* David Nichols. *Kostüme:* Bob Modes. *Schnitt:* Buzz Feitshans und Martin Scorsese (unbenannt). *Darsteller:* Barbara Hershey (Boxcar Bertha), David Carradine (Big Bill Shelley), Barry Primus (Rake Brown), Bernie Casey (Von Morton), John Carradine (H. Buckram Sartoris), David R. Osterhout und Victor Argo (die McIvers), Grahame Pratt (Emeric Pressburger). *Produktion:* Roger Corman für American International Pictures. *Land:* Usa, 1972. *Dauer:* 93'.

HEXENKESSEL
(Mean Streets)
Idee und Regie: Martin Scorsese. *Drehbuch:* Martin Scorsese und Mardik Martin. *Kamera:* Kent L. Wakeford. *Lieder:* »Desirée« (The Chants), »Malafemmena« (Jimmy Roselli), »Those Oldies But Goodies« (Little Caesar & The Romans). *Ausstattung und Beratung:* David Nichols. *Schnitt:* Sid Levin und Martin Scorsese (ungenannt). *Darsteller:* Harvey Keitel (Charlie), Robert De Niro (Johnny Boy), David Proval (Tony), Amy Robinson (Teresa), Richard Romanus (Michael), Victor Argo (Mario), George Memmoli (Joey). *Produktion:* TPS Productions (Taplin-Perry-Scorsese). *Land:* Usa, 1973. *Dauer:* 110'.

ALICE LEBT NICHT MEHR HIER
(Alice Doesn't Live Here Anymore)
Regie: Martin Scorsese. *Idee und Drehbuch:* Robert Getchell. *Kamera:* Kent L. Wakeford. *Lieder:* »Where or When«, »When Your Lover Has Gone«, »Gone with the Wind«, »I've Got a Crush on You« (Ellen Burstyn), »I'm So Lonesome I Could Cry« (Kris Kristofferson), »You'll Never Know« (Alice Faye). *Musik:* Richard LaSalle. *Ausstattung:* Toby Carr Rafelson. *Schnitt:* Marcia Lucas. *Darsteller:* Ellen Burstyn (Alice Graham Hyatt), Kris Kristofferson (David Barrie), Alfred Lutter III (Tommy Hyatt), Billy »Green« Bush (Donald Hyatt), Diane Ladd (Flo), Lelia Goldoni (Bea), Harvey Keitel (Ben Eberhart). *Produktion:* David Sus-

skind und Audrey Maas für Warner Bros *Land:* Usa, 1974. *Dauer:* 112'.

ITALIANAMERICAN
Regie: Martin Scorsese. *Idee und Drehbuch:* Mardik Martin, Larry Cohen und Martin Scorsese. *Kamera:* Alex Hirschfeld. *Schnitt:* Bertram Lovitt. *Darsteller:* Charles Scorsese, Martin Scorsese, Catherine Scorsese. *Produktion:* National Endowment for the Humanities. *Land:* Usa, 1974. *Dauer:* 48'.

TAXI DRIVER
(Taxi Driver)
Regie: Martin Scorsese. *Idee und Drehbuch:* Paul Schrader. *Kamera:* Michael Chapman. *Spezialeffekte:* Tony Parmelee. *Musik:* Bernard Hermann. *Lieder:* »Late for the Sky«, »Hold Me Close« (George McKern). *Ausstattung:* Charles Rosen. *Kostüme:* Ruth Morley. *Schnitt:* Tom Rolf und Melvin Shapiro. *Darsteller:* Robert De Niro (Travis Bickle), Jodie Foster (Iris »Easy« Steensman), Cybill Shepherd (Betsy), Peter Boyle (Mago), Albert Brooks (Tom), Leonard Harris (Charles Palantine), Harvey Keitel (Sport). *Produktion:* Michael und Julia Phillips für Italo-Judeo. *Land:* Usa, 1975. *Dauer:* 114'.

NEW YORK, NEW YORK
(New York, New York)
Regie: Martin Scorsese. *Idee:* Earl Mac Rauch. *Drehbuch:* Earl Mac Rauch und Mardik Martin. *Kamera:* Laszlo Kovacs. *Musikalische Überwachung und Leitung:* Ralph Burns. *Originallieder:* »Theme from *New York, New York*«, »There Goes the Ball Game«, »But the World Goes Round«, »Happy Endings« (Liza Minnelli). *Lieder aus dem Repertoire:* »You Brought a New Kind of Love to Me«, »Just You, Just Me« (Liza Minnelli), »Blue Moon« (Robert De Niro & Mary Kay Place). *Darsteller:* Liza Minnelli (Francine Evans), Robert De Niro (Jimmy Doyle), Lionel Stander (Tony Harwell), Barry Primus (Paul Wilson), Mary Kay Place (Bernice Bennet), Georgie Auld (Frankie Harte), George Memmoli (Nicky). *Produktion:* Robert Chartoff-Irwin Winkler Productions. *Land:* Usa, 1977. *Dauer:* 153'.

THE BAND
(The Last Waltz)
Regie: Martin Scorsese. *Treatment und künstlerische Beratung:* Mardik Martin. *Kamera:* Michael Chapman, Laszlo Kovacs, Vilmos Zsigmond, David Myers, Bobby Byrne, Michael Watkins, Hiro Narita. *Lieder:* »Theme from The Last Waltz« (The Band), »Sip the Wine« (Rick John), »Who Do You Love« (Ronnie Hawkins), »Such a Night« (Dr. John), »Helpless« (Neil Young), »Coyote« (Joni Mitchell), »Further On Up the Road« (Eric Clapton), »Caravan« (Van Morrison), »I Shall Be Realased« (Bob Dylan, The Band, Ringo Starr, Ron Wood und andere). *Ausstattung:* Boris Leven. *Kostüme:* Richard La Morte. *Schnitt:* Yeu-Bun Yee und Jan Roblee. *Darsteller:* The Band (Rick Danki, Levon Helm, Garth Hudson, Richard Manuel, Robbie Robertson), Ronnie Hawkins, Dr. John, Neil Young, The Staples, Neil Daimond, Joni Mitchell, Muddy Waters, Eric Clapton, Van Morrison, Bob Dylan. *Produktion:* Robbie Robertson für Last Waltz Productions. *Land:* Usa 1978. *Dauer:* 117'.

AMERICAN BOY: A PROFILE OF STEVEN PRINCE
Regie: Martin Scorsese. *Treatment:* Mardik Martin und Julia Cameron. *Kamera:* Michael Chapman. *Lied:* »Time Fades Away« (Neil Young). *Schnitt:* Amy Jones und Bertram Lovitt. *Ton:* Darin Knight. *Darsteller:* Steven Prince, Martin Scorsese, George Memmoli, Mardik Martin, Julia Cameron, Kathy McGinnis, Michael Chapman. *Produktion:* New Empire Films/Scorsese Films. *Land:* Usa, 1978. *Dauer:* 55'.

WIE EIN WILDER STIER
(Raging Bull)
Regie: Martin Scorsese. *Idee:* nach der Autobiografie »Raging Bull, My Story« von Jacob »Jake« LaMotta, geschrieben in Zusammenarbeit mit Joseph Carter und Peter Savage. *Drehbuch:* Paul Schrader und Mardik Martin. *Kamera:* Michael Chapman. *Musik:* »Intermezzo« aus *Cavalleria rusticana*, »Intermezzo« von *Guglielmo Ratcliff*, »Barcarolle« aus *Silvano* (Pietro Mascagni). *Lieder:* »Scapricciatiello« (Renato Carosone), »Blue Velvet« (Tony

Bennett), »Bye, Bye, Baby« (Marilyn Monroe), »Tell the Truth« (Ray Charles). *Künstlerische Beratung und Ausstattung:* Gene Rudolf. *Kostüme:* Richard Bruno und John Boxer. *Schnitt:* Thelma Schoonmaker. *Darsteller:* Robert De Niro (Jake LaMotta), Cathy Moriarty (Vickie), Joe Pesci (Joey LaMotta), Frank Vincent (Salvy), Nicholas Colasanto (Tommy Como), Theresa Saldana (Lenore), Frank Adonis (Patsy). *Produktion:* Chartoff-Winkler Productions. *Land:* Usa, 1980. *Dauer:* 129'.

THE KING OF COMEDY
(The King of Comedy)
Regie: Martin Scorsese. *Idee und Drehbuch:* Paul D. Zimmerman. *Kamera:* Fred Schuler. *Musik:* Robbie Robertson. *Lieder:* »Jerry Langford Theme«, »Rupert's Theme« (Bob James), »Fly Me to the Moon« (Frank Sinatra), »Swamp« (Talking Heads). *Ausstattung:* Boris Leven. *Kostüme:* Richard Bruno. *Schnitt:* Thelma Schoonmaker. *Ton:* Les Lazarowitz. *Darsteller:* Robert De Niro (Rupert Pupkin), Jerry Lewis (Jerry Langford), Diahnne Abbott (Rita), Sandra Bernhard (Masha), Ed Herlihy (er selbst), Marta Heflin (Mädchen), Catherine Scorsese (Mutter von Rupert). *Produktion:* Arnon Milchan für Embassy International. *Land:* Usa, 1983. *Dauer:* 109'.

DIE ZEIT NACH MITTERNACHT
(After Hours)
Regie: Martin Scorsese. *Idee und Drehbuch:* Joseph Minion. *Kamera:* Michael Ballhaus. *Musik:* Howard Shore. *Ausstattung:* Jeffrey Towsend. *Kostüme:* Rita Ryack. *Schnitt:* Thelma Schoonmaker. *Ton:* Chat Gunter. *Darsteller:* Griffin Dunne (Paul Hackett), Rosanna Arquette (Marcy Franklin), Verna Bloom (June), Thomas Chong (Pepe), Cheech Marin (Neil), Linda Fiorentino (Kiki Bridges), Teri Garr (Julie). *Produktion:* Amy Robinson, Griffin Dunne und Robert F. Colesberry für Double Play/Geffen Company. *Land:* Usa 1985. *Dauer:* 97'.

MIRROR, MIRROR
(Mirror, mirror)
Episode der Fernsehserie *Amazing Stories*
Regie: Martin Scorsese. *Idee:* nach einer Er-

zählung von Steven Spielberg. *Drehbuch:* Joseph Minion. *Kamera:* Robert Stevens. *Musik:* Michael Kamen. *Ausstattung:* Rick Carter. *Schnitt:* Joe Ann Fogle. *Darsteller:* Sam Waterson (Jordan Melmouth), Helen Shaver (Karen), Dick Cavett (er selbst), Tim Robbins (Jordans Phantom), Dana Gladstone (Produzentin), Valerie Grear (Gastgeberin), Michael C. Gwynne (Gefängnisangestellter). *Produktion:* David E. Vogel für Amblin Entertainment. *Land:* Usa, 1985. *Dauer:* 24'.

DIE FARBE DES GELDES
(The Color of Money)
Regie: Martin Scorsese. *Idee:* nach dem Roman von Walter Tevis. *Drehbuch:* Richard Price. *Kamera:* Michael Ballhaus. *Spezial-Effekte:* Curt Smith. *Musik:* Robbie Robertson. *Ausstattung:* Boris Leven. *Kostüme:* Richard Bruno. *Schnitt:* Thelma Schoonmaker. *Ton:* Glenn Williams. *Darsteller:* Paul Newman (»Fast« Eddie Felson), Tom Cruise (Vincent Lauria), Mary Elizabeth Mastrantonio (Carmen), Helen Shaver (Janelle), John Turturro (Julian), Bill Cobbs (Orvis), Keith McCready (Grady Seasons). *Produktion:* Irving Axelrad und Barbara De Fina für Touchstone Pictures. *Land:* Usa, 1986. *Dauer:* 118'.

ARMANI 1
(Armani)
Erster Werbefilm für Armani
Regie und Treatment: Martin Scorsese. *Kamera:* Nestor Almendros. *Darsteller:* Christophe Bouquin, Cristina Marsillach. *Produktion:* Barbara De Fina für Emporio Armani. *Land:* Italien, 1986. *Dauer:* 30".

BAD
(Bad)
Video
Regie: Martin Scorsese. *Idee und Drehbuch:* Richard Price. *Kamera:* Michael Chapman. *Choreografie:* Michael Jackson, Gregg Burge, Jeffrey Daniel. *Schnitt:* Thelma Schoonmaker. *Darsteller:* Michael Jackson (Daryl), Adam Nathan (Tip), Pedro Sanchez (Nelson), Webley Sniper (Mini Max), Greg Holtz jr. (Cowboy), Jaime Perry (Ski), Paul Calderon (Dealer). *Produktion:* Quincy Jones und Barbara

De Fina für Optimum Productions. *Land:* Usa, 1987. *Dauer:* 16'.

SOMEWHERE DOWN THE CRAZY RIVER
Video
Regie und Treatment: Martin Scorsese. *Kamera:* Mark Plummer. *Drehbuch:* Marina Levikova. *Darsteller:* Robbie Robertson, Sammy Bo Dean, Maria McKee. *Produktion:* Amanda Pirie und Tim Clawson für Limelight. *Land:* Usa, 1988. *Dauer:* 4'30".

DIE LETZTE VERSUCHUNG CHRISTI
(The Last Temptation of Christ)
Regie: Martin Scorsese. *Idee:* nach dem Roman »O teleutaios peirasmòs« von Nikos Kazantzakis. *Drehbuch:* Paul Schrader. *Kamera:* Michael Ballhaus. *Musik:* Peter Gabriel. *Choreografie:* Lahcen Zinoune. *Ausstattung:* John Beard. *Kostüme:* Jean-Pierre Delifer. *Schnitt:* Thelma Schoonmaker. *Ton:* Douglas L. Murray. *Darsteller:* Willem Dafoe (Jesus Christus), Harvey Keitel (Judas), Paul Greco (Simon Zelot), Steven Shill (Zenturio), Verna Bloom (Maria), Barbara Hershey (Maria Magdalena), Robert Blossom (alter Meister). *Produktion:* Barbara De Fina für Universal/Cineplex Odeon. *Land:* Usa, 1988. *Dauer:* 163'.

ARMANI 2
(Armani)
Zweiter Werbefilm für Armani
Regie und Treatment: Martin Scorsese. *Kamera:* Michael Ballhaus. *Darsteller:* Jens Peter, Elisabetta Ranella. *Produktion:* Barbara De Fina für Emporio Armani. *Land:* Italien, 1988. *Dauer:* 20".

NEW YORKER GESCHICHTEN – LEBENSSTUDIEN
(Life Lessons – New York Stories)
Erste Episode des Films *New York Stories* (die zweite und dritte Episode wurden jeweils von Francis Ford Coppola und Woody Allen gedreht).
Regie: Martin Scorsese. *Idee und Drehbuch:* Richard Price. *Kamera:* Nestor Almendros. *Lieder:* »Whiter Shade of Pale«, »Conquista-

dor« (Procol Harum), »Politician« (Cream), »The Right Time« (Ray Charles), »Like a Rolling Stone« (Bob Dylan & The Band). *Ausstattung:* Kristi Zea. *Kostüme:* John Dunn. *Schnitt:* Thelma Schoonmaker. *Ton:* James Sabat und Frank Graziadei. *Darsteller:* Nick Nolte (Lionel Dobie), Rosanna Arquette (Paulette), Patrick O'Neal (Phillip Fowler), Phil Harper (Geschäftsmann), Jesse Borrego (Reuben Toro), Gregorij von Leitis (Kurt Bloom), Steve Buscemi (Gregory Stark). *Produktion:* Barbara De Fina für Touchstone Pictures. *Land:* Usa, 1989. *Dauer:* 44'.

GOODFELLAS – DREI JAHRZEHNTE IN DER MAFIA
(Goodfellas)
Regie: Martin Scorsese. *Idee:* nach Nicholas Pileggis Tatsachenbericht (*Wiseguy*) . *Drehbuch:* Nicholas Pileggi und Martin Scorsese. *Kamera:* Michael Ballhaus. *Spezialeffekte:* Conrad Brink Senior. *Lieder:* »Rags to Riches«, »The Boulevard of Broken Dreams« (Tony Bennett), »Can't We Be Sweethearts« (The Cleftones), »Hearts of Stone« (Chris Williams and The Charms), »Sincerely« (The Moonglows), »Parlami d'amore Mariù« (Giuseppe Di Stefano), »Stardust« (Billy Ward and His Dominoes), »My Way« (Sid Vicious). *Ausstattung:* Kristi Zea. *Kostüme:* Richard Sabat und Frank Graziadei. *Titel:* Saul & Elaine Bass. *Darsteller:* Ray Liotta (Henry Hill), Robert De Niro (James Conway), Joe Pesci (Tommy De Vito), Lorraine Bracco (Karen Hill), Paul Sorvino (Paul Cicero), Frank Sivero (Frankie Carbone), Tony Darrow (Sonny Brunz). *Produktion:* Irwin Winkler für Warner Bros. *Land:* Usa, 1990. *Dauer:* 145'.

MADE IN MILAN
(Made in Milan)
Kurzfilm
Regie: Martin Scorsese. *Idee und Drehbuch:* Jay Cocks. *Kamera:* Nestor Almendros. *Musik:* Howard Shore. *Schnitt:* Thelma Schoonmaker. *Darsteller:* Giorgio Armani, Rosanna Armani, Martin Scorsese. *Produktion:* Barbara De Fina für Mercurio Cinematografica. *Land:* Italien, 1990. *Dauer:* 27'.

KAP DER ANGST
(Cape Fear)
Regie: Martin Scorsese. *Idee:* nach dem Roman »The Executioners« von John D. MacDonald und nach einem Drehbuch von James R. Webb. *Drehbuch:* Wesley Strick. *Kamera:* Freddie Francis. *Musik:* Bernard Hermann. *Musikalisches Treatment und Leitung,:* Elmer Bernstein. *Orchestrierung:* Emilie A. Bernstein. *Ausstattung:* Henry Bumstead. *Kostüme:* Rita Ryack. *Schnitt:* Thelma Schoonmaker. *Ton:* Tod Maitland und Shawn Mursphy. *Titel:* Saul & Elaine Bass. *Darsteller:* Robert De Niro (Max Cady), Nick Nolte (Sam Bowden), Jessica Lange (Liegh Bowden), Juliette Lewis (Danielle Bowden), Joe Don Baker (Claude Kersek), Robert Mitchum (Lieutenant Elgart), Gregory Peck (Lee Heller). *Poduktion:* Barbara De Fina für Amblin Entertainment/Universal. *Land:* Usa, 1991. *Dauer:* 128'.

DIE ZEIT DER UNSCHULD
(The Age of Innocence)
Regie: Martin Scorsese. *Idee:* nach dem gleichnamigen Roman von Edith Wharton. *Drehbuch:* Jay Cocks und Martin Scorsese. *Kamera:* Michael Ballhaus. *Musik:* Elmer Bernstein. *Orchestrierung:* Emilie A. Bernstein. *Ausstattung:* Dante Ferretti. *Kostüme:* Gabriella Pescucci. *Schnitt:* Thelma Schoonmaker. *Ton:* Tod Maitland. *Titel:* Saul & Elaine Bass. *Darsteller:* Daniel Day-Lewis (Newland Archer), Michelle Pfeiffer (Ellen Olenska), Wynona Ryder (May Welland), Richard E. Grant (Larry Lefferts), Alec McCowen (Sillerton Jackson), Geraldine Chaplin (Frau Welland), Mary Beth Hurt (Regina Beaufort). *Produktion:* Barbara De Fina für Columbia Pictures. *Land:* Usa 1993. *Dauer:* 138'.

A PERSONAL JOURNEY WITH MARTIN SCORSESE THROUGH AMERICAN MOVIES
Regie: Martin Scorsese und Michael Henry Wilson. *Schnitt:* Thelma Schoonmaker. *Produktion:* BFI Productions/Florence Dauman/ Capa Productions. *Land:* Großbitannien/Usa/ Frankreich, 1995. *Dauer:* 225' (in drei Teilen zu jeweils 75').

KASINO
(Casino)
Regie: Martin Scorsese. *Idee:* nach dem gleichnamigen Buch von Nicholas Pileggi. *Drehbuch:* Nicholas Pileggi und Martin Scorsese. *Kamera:* Robert Richardson. *Musikalische Beratung*: Robbie Robertson. *Lieder und andere Musikstücke*: »Angelina«, »Zooma Zooma«, »Basin Street Blues/When It's Sleepy Time Down South«, »Sing, Sing, Sing (With a Swing)« (Louis Prima), »I Can't Get No Satisfaction« (The Rolling Stones), »Stella by Starlight« (Ray Charles), »Go Your Own Way« (The Fleetwood Mac), »Sunrise« (Richard Strauss). *Ausstattung:* Dante Ferretti. *Kostüme:* Rita Ryack und John Dunn. *Schnitt:* Thelma Schoonmaker. *Titel:* Saul & Elaine Bass. *Darsteller:* Robert De Niro (Sam »Ace« Rothstein), Sharon Stone (Ginger McKenna), Joe Pesci (Nicky Santoro), James Woods (Lester Diamond), Don Rickles (Billy Sherbert), Alan King (Andy Stone), Kevin Pollak (Phillip Green), Frank Vincent (Frank Marino). *Produktion:* Barbara De Fina für Universal/Syalis D.A./Legende Enterprises. *Land:* Usa, 1995. *Dauer:* 178'.

KUNDUN
(Kundun)
Regie: Martin Scorsese. *Drehbuch:* Melissa Mathison. *Kamera:* Roger Deakins. *Schnitt:* Thelma Schoonmaker. *Ausstattung und Kostüme:* Dante Ferretti. *Musik*: Philip Glass. *Darsteller:* Tenzin Yeshi Paichang (Dalai Lama als Kind), Tenzin Thutob Tsarong (der erwachsene Dalai Lama). *Produktion:* Barbara De Fina für Buena Vista. *Land:* Usa, 1997. *Dauer:* 130'.

NÄCHTE DER ERINNERUNG
(Bringing out the Dead)
Regie: Martin Scorsese. *Drehbuch:* Paul Schrader (nach dem Roman *Bringin Out the Dead – Nächte der Erinnerung* von Joe Connelly). *Kamera:* Robert Richardson. *Schnitt:* Thelma Schoonmaker. *Musik:* Elmer Bernstein. *Ausstattung:* Dante Ferretti. *Darsteller:* Nicolas Cage (Frank Pierce), Patricia Arquette (Mary Burke), John Goodman (Larry), Sonja Sohn (Kanita), Uing Rhames (Marcus), Marc Anthony (Noel), Tom Sizemore (Tom Walls). *Produktion:* Scott Rudin und Barbara De Fina für Buena Vista. *Land:* Usa, 1999. *Dauer:* 121'.

DAS SÜßE KINO – ERSTER TEIL – (1999)
Regie: Martin Scorsese. *Drehbuch:* Suso Cecchi D'Amico, Martin Scorsese, Kent Jones, Raffaele Donato. *Schnitt:* Thelma Schoonmaker. *Produktion:* Martin Scorsese, Barbara De Fina, Giuliana Del Punta, Bruno Restuccia für Paso Doble Film. *Filmverleih:* Mediatrade Dauer: 90'.

GANGS OF NEW YORK (2001)
Regie: Martin Scorsese. *Drehbuch:* Herbert Asbury, Jay Cocks, Ken Lonergan, Martin Scorsese, Steven Zaillan. *Darsteller:* Leonardo Di Caprio (Amsterdam Vallon), Cameron Diaz (Jenny), Daniel Day-Lewis (Bill »The Butcher« Poole), Liam Neeson (Pirest Vallon), Liam Carney (Fuzzy). *Kamera:* Michael Balhaus. *Schnitt:* Thelma Schoonmaker. *Ausstattung:* Dante Ferretti. *Produktion:* Gerry Robert Byrne, Laura Fattori, Alberto Grimaldi, Maurizio Grimaldi, Michael Hausman.

PRODUKTIONEN

GRIFTERS
(The Grifters)
Regie: Stephen Frears. *Drehbuch:* Donald E. Westlake, nach dem gleichnamigen Roman von Jim Thompson. *Kamera:* Oliver Stapleton. *Darsteller:* John Cusak (Roy Dillon), Angelica Huston (Lily Dillon), Annette Benning (Myra), Pat Hingle. *Produktion:* Martin Scorsese Protuctions. *Land:* Usa, 1990. *Dauer:* 100'.

SEIN NAME IST MAD DOG
(Mad Dog and Glory)
Regie: John McNaugthon. *Drehbuch:* Richard Price. *Kamera:* Robbie Muller. *Schnitt:* Craig McKay, Elena Magagnini. *Musik:* Elmer Bernstein. *Kostüme:* Rita Ryack. *Darsteller:* Robert De Niro (Wayne), Uma Thurman (Glory), Bill

Murray (Frank), Davi Caruso (Mike), Mike Starr (Harold), Tom Towles (Andrew), Kathy Baker (Lee). *Produktion:* Barbara De Fina für Mad Dog Productions (*Esecutive Producers:* Martin Scorsese, Richard Price). *Land:* Usa, 1992. *Dauer:* 100'.

CLOCKERS
(Clockers)
Regie: Spike Lee. *Idee:* nach dem gleichnamigen Roman von Richard Price. *Drehbuch:* Richard Price, Spike Lee. *Kamera:* Malik Hassan Sayeed. *Musik:* Terence Blanchard. *Schnitt:* Sam Pollard. *Darsteller:* Mekhi Phifer (Strike), Harvey Keitel (Rocco Klein), John Turturro (Larry Mazilli), Delroy Lindo (Rodney Little), Isaiah Washington, Keith David. *Produktion:* Spike Lee, Martin Scorsese und John Kilik für 40 Acres and a Mule Film works und für Universal (Associate Producer: Richard Price). *Land:* Usa, 1995. *Dauer:* 128'.

GRACE OF MY HEART
Regie und Idee: Allison Anders. *Darsteller:* Illeana Douglas, Jennifer Leigh Warren, John Turturro. Esecutive Producer: Martin Scorsese. *Land:* Usa, 1996. *Dauer:* 115'.

MITARBEIT

DAS LOCH IN DER WAND
Regie: Pim de La Parra. *Mitarbeit am Drehbuch:* Martin Scorsese. *Land:* Deutschland, 1968.

THE HONEYMOON KILLERS
Regie: Leonard Castle. Koordination der Vorproduktion und Regie der ersten Aufnahmewoche: Martin Scorsese. *Land:* Usa, 1970.

WOODSTOCK
(Woodstock)
Regie: Michael Wadleigh. *Regieassistent und Schnittüberwachung:* Martin Scorsese. *Mitarbeit am Schnitt:* Thelma Schoonmaker. *Produktion:* Warner Bros. *Land:* Usa, 1970. *Dauer:* 184' (Director's cut: 215')

MEDICINE BALL CARAVAN
Regie: Francois Reichenbach. *Schnittüberwachung und Associated Producer:* Martin Scorsese. *Produktion:* Warner Bros. *Land:* Usa, 1971. *Dauer:* 88'.

MINNIE UND MOSKOWITZ
(Minnie and Moskowitz)
Regie: John Cassavetes. *Mitarbeit am Schnitt:* Martin Scorsese. *Land:* Usa, 1971. *Dauer* 114'.

UNHOLY ROLLERS
Regie: Vernon Zimmerman. *Schnittüberwachung:* Martin Scorsese. *Produktion:* American International Pictures. *Land:* Usa, 1972. *Dauer:* 88'.

ELVIS ON TOUR
Regie: Pierre Adidge und Robert Abel. *Schnittüberwachung:* Martin Scorsese. *Produktion:* MGM. *Land:* Usa, 1972. *Dauer:* 93'.

DARSTELLUNGEN

1963: *What's a nice girl like you doing in a place like this?* (in der Rolle des Mannes im Boot auf dem Bild); 1969: *Wer klopft denn da an meine Tür?* (in der Rolle des Gangsters); 1972: *Die Faust der Rebellen/Boxcar Bertha* (in der Rolle des Bordellbesuchers); 1973: *Hexenkessel* (in der Rolle von Shorty, Auftragskiller); 1974: *Alice lebt nicht mehr hier* (Gast im Mel and Ruby's); 1976: *Taxi Driver* (in der Rolle des Mannes, der sich die Schatten aus dem Fenster ansieht) und *Cannonball* von Paul Bartel (in der Rolle eines Mafiagangsters); 1980: *Wie ein wilder Stier* (Bühnenarbeiter im Barbizon); 1981: *Il Pap'occhio* von Renzo Arbore (in der Rolle des Fernsehregisseurs) und *Pavlova – A woman for all time* von Frixos Costantine (in der Rolle von Gatti-Cassazza, Direktor des Metropolitan Opera House); 1985: *Die Zeit nach Mitternacht* (Mann am Scheinwerfer); 1986: *Round midnight* von Bertrand Tavernier (in der Rolle von Goodley, dem Manager des Birdland); 1987: *Die Farbe des Geldes* (in der Rolle eines Billardspielers); 1989: *Träume* von Akira Kurosawa (in der Rolle von Van Gogh) und *New York Stories: Lebensstudien* (in der Rolle des Mannes mit dem Hund); 1991: *Schuldig bei Verdacht* von Irwin Winkler (in der Rolle des Regisseurs Joe Lessere); 1993: *Die Zeit der Unschuld* (in der Rolle des Photografen); 1995: *Quiz Show* von Robert Redford (in der Rolle des Sponsors); 1999: *Die Muse* von Albert Brooks (in der Rolle von sich selbst).

Bibliographische Hinweise

A.A.V.V., *Martin Scorsese*, »Garage«, n° 8, Scriptorium, Turin, 1996.

E. Alberione, *La violenza e il sacro*, »Duel«, n. 59, April, 1998.

L. Barisone, *Corpi in pericolo, sulla soglia*, »Duel« n. 77, Februar, 2000.

G. C. Bertolina, *Martin Scorsese*, Reihe »Il castoro cinema«, La Nuova Italia, Florenz, 1981.

E. Bruno (Herausgeber), *Martin Scorsese*, Gremese, Rom, 1982.

F. Calamante, *Metonimia di un amore*, »Duel«, n. 59, April, 1958.

F. Casetti, *Teorie del cinema. 1945-1990*. Bompiani,1993.

C. Chatrian, *Carne viva*, »Duel« n. 77, Februar, 2000.

M. Cieutat, *Martin Scorsese*, Rivages, 1986.

M. Del Ministro (Herausgeber), *Martin Scorsese*, »Script/Leuto«, Dino Audino Editore, Rom,1995.

M. P. Kelly, *Martin Scorsese: A Journey*, Thunder's Mouth Press, New York, 1991.

R. Fabbri, *Cinema e culture giovanili*, Aufzeichnungen des Seminars über »Cinema e Movimenti Giovanili«, »La Goliardica«, Urbino, 1997.

G. Galli – F. Rositi, *Cultura di massa e comportamento collettivo*, Il Mulino, 1967.

V. Kast, *L'immaginazione attiva*, Edizioni Red, 1997.

G.Kenny, *Leap of Faith*, in »Premiere«, Dezember 1997.

R. P. Kolker, *A Cinema of Loneliness. Penn, Kubrick, Scorsese, Spielberg, Altman*, Oxford University Press, New York – Oxford, 1980.

F. La Polla, *Il nuovo cinema americano. 1967-1975.*, Marsilio, Venedig, 1977.

R. Lasagna, *Il cinema americano degli anni Novanta. Dimensione istituzionale e figure dell'immaginario*, Graphos, Genua, 1996.

G. Mammarella, *L'America da Roosevelt a Reagan. Storia degli Stati Uniti dal 1933 a oggi*, Laterza, 1984.

A. G. Mancino, *Angeli Selvaggi. Martin Scorsese – Jonathan Demme, c/o Hollywood, U.S.A.*, Métis, Chieti, 1995.

K. Mannheim, *Ideologia e utopia*, Il Mulino, 1957.

G. Michelone, *Il Jazz-Film. Rapporti tra cinema e musica afroamericana*, Edizioni Pendragon, Bologna 1997.

E. Morin, *Il cinema o l'uomo immaginario*, Feltrinelli, 1982.

E. Morin, *L'industria culturale*, Il Mulino, 1963.

A. Pezzotta, *Martin Scorsese. Taxi Driver*, Lindau, Turin, 1997.

A. Rosazza, *L'America e il nemico. 50 anni di cinema e politica*. Métis, 1994.

M. Rota, *Le magiche vibrazioni di Philip Glass*, »Duel«, n. 59, April, 1998.

M. Ryan – D. Kellner, *Camera Politica. The Politics and Ideology of Contemporary Hollywood Film*, Indiana University Press, Bloomington-Indianapolis, 1988.

P. Sorlin, *Sociologia del cinema*, Garzanti, 1979.

B. Thompson, *Box-Car Bertha*, Autobiografia di una vagabonda americana, Giunti, Florenz, 1986.

D. Thompson und I. Christie (Herausgeber), *Scorsese secondo Scorsese*, Ubulibri, Mailand, 1997.

R. Thompson, *Screenwriter. Taxi Driver's Paul Schrader*, »Film Comment«, vol. 12, n° 72, 1976.

M. Weiss, *Martin Scorsese: A Guide to References and Resources*, G. K. Hall & Co., Boston, 1987.

R. Wood, *Hollywood from Vietnam to Reagan*, Columbia University Press, New York, 1986.

S. Zumbo, *Un tassinaro a Gerusalemme, Anamnesi del Cristo Scorsesiano*, »Visionario«, n.1, 1989-90.

Inhalt

In der selben Reihe:

Piero Spila

PIER PAOLO PASOLINI

Alle Filme eines Dichters, der zu großen Provokationen fähig ist und die Filmsprache als »Handlungsmittel benutzt«.

GREMESE

128 S.
€19,80

Die nächste Veröffentlichung:

Leonardo Gandini – **Brian De Palma**
128 S.   €19,80